KB264654

한국대통령학

&

대권 시나리오

채수명 지음

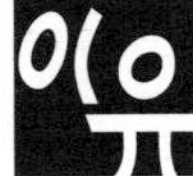

한국대통령학 & 대권시나리오

ⓒ 도서출판 이유 2002

글쓴이 · 채수명
펴낸이 · 김래수

초판 인쇄 · 2002. 3. 30
초판 발행 · 2002. 4. 5

기획 · 정숙미
편집 · 김성수 · 차현숙
마케팅 · 이종근
표지 디자인 · N.com(749-7123)
분해, 제판 · 성광사(2272-6810)
펴낸곳 · 도서출판 이유
주소 · 서울특별시 동작구 상도5동 103-5 성은빌딩 3층
전화 · 02-812-7217 팩스 · 02-812-7218
Email · eupubli@kornet.net
출판등록 · 2000. 1. 4 제20-358호

ISBN · 89-89703-14-X

●저자와 협의하에 인지를 생략합니다.
●이 책에 실린 글 · 자료의 출판권은 도서출판 이유에 있습니다.
저작권법으로 보호받는 저작물이므로
어떤 경우에도 도서출판 이유의 서면 동의없이
무단 전재나 복제를 금합니다.

잘못된 책은 본사나 판매처에서 바꿔 드립니다.

한국대통령학 & 대권 시나리오

머 리 말

21세기 한국대통령은 20세기 제왕적 대통령이 아니다. 주식회사 대한민국의 소액주주인 5,000만 국민들로부터 선출에 의해 일정기간 위임받은 최고통치자이므로 곧 최고전문경영자(CEO)임에 틀림없다.

이는 국제적으로 국제화, 정보화, 하이테크화의 무한경쟁 지구촌시대에 세일즈 외교를 표방하는 외국 대통령들의 통치 스타일과 국내적으로는 개방화 물결과 의식수준의 향상으로 그 동안의 불만 표출의 결과로 주체적인 국민욕구 충족을 원하고 있는 상황이다. 과거 20세기 시대상황과는 판이하게 다르므로 국가경영의 기본틀을 새로 설계하여 경영할 때 21세기 시대상황에 어울리는 대한민국주식회사가 생존하고 성장할 수 있는 중요한 시점에 놓여 있다.

이런 점에서 국가의 최고통치자는 급변하는 국가환경에 적응하기 위해 국가경영을 합리적으로 혁신하고 국민의 욕구를 충족시키며 창출하는 최고지도자로서의 통치자이므로, 행정관리마인드에서 신지식 CS행정경영마인드로의 전환을 요청받고 있는 실정이어서 21세기 국내·외적 환경에 맞는 대통령학의 패러다임(Paradigm)의 변화가 필요하다.

그러나 우리는 아직까지도 이씨조선시대를 연상케 하는 제왕적 대통령의 수준에 머무르고 있어 결국 역대 대통령들은 한결같이 하야·서거·구속·비난이라는 결과로 이어져 존경할 만한 전직대통령이 전무하다는 것은 개인적으로나 우리 국민 모두의 불행한 일로 결과론적으로 우리 모두의 책임인 것이다.

따라서 이를 교훈삼아 새로운 변혁시대에 국민들의 정신운동은 곧 정치혁명으로 이어질 수 있는 유일한 길이며, 각계각층의 국민들은 누구나 할 수 있는 아마추어에서 벗어나 창의적 개성과 책임효율성을 갖는 프로 근성으로 연구하고 봉사할 때 우리 정치문화가 향상, 발전할 수 있게 된다.

정치문화와 국민의식수준은 정비례한다고는 하나 적어도 선진국 도약을 앞둔 대한민국주식회사 최고경영자는 투철한 국가역사관 아래 국내·외 환경변화를 읽어 국가와 국민을 위해 진실하게 공헌하는 보다 차원높은 지도자를 국민들이 간절히 원하고 있다.

이런 상황하에서 국가를 위해 봉사하겠다고 대권의 꿈을 실현하려는 수많은 예비주자와 핵심참모, 킹메이커들에게 실전대통령학에 대한 지침 제시는 물론 대학에서 대통령학의 실무서로서 활용되길 바라며 미래대통령의 꿈을 꾸고 있는 중·고등학생 그리고 대통령학에 관심이 있는 독자들을 위해 보다 포괄적이고 체계적이며 구체적인 사례연구를 시도하였다.

정치학적인 측면보다 CEO(최고경영자)대통령 측면에서 신지식 대통령학의 이론정립과 역대 대통령당선 원인분석, 통치철학과 정책분석평가, 유권자분석을 통한 대권주자분석, 차차기주자분석을 살펴보고 나름대로 국가경영정책방안을 제시하는 등 과거, 현재, 미래와의 대화에 중점을 두어 나름대로 충실을 기했다고 자부한다.

즉 21세기 한국대통령은 국가최고권력자가 아니라 국가환경변화에 대비하여 국민들의 욕구를 충족시키는 한편 모든 인적, 물적, 환경적인 에너지를 모아 극대화시켜 시너지(Synergy:상승)효과를 통해 국가경쟁력을 기르게 하는 국가최고경영자로 변신하는 것이 시대적 요청이다. 하늘이 내린다는 대통령은 정치지도자라면 누구나 한번 하고 싶은 꿈의 성역이므로 철저한 국가관과 도덕성에 의한 신뢰책임성을 바탕으로 결단력, 경영관리력, 추진력, 외교력, 건강력 등 자질과 능력이 함축될 때만 국민들이 전폭적인 지지를 하여 힘을 실어 주는 것이다.

이처럼 철저한 준비없이는 꿈을 꾸어서도 안 되는 그야말로 고차원의 다른 세계이라는 점에서 자신을 점검하고 주변을 살피며 끊임없는 연마술을 통해 국민들의 전폭적인 지지를 얻어 도전속에 페어플레이를 통해 얻은 월계관은 국민 모두가 축복받을 만한 것이다.

21세기 우리의 과제는 단기적으로는 선진정신혁명을 통해 경제활성화로 모든 국민들이 행복하게 삶을 영위하고, 중기적으로는 우리 민족의 염원인 남북통일을 합리적으로 이루어 민족이 번영하며, 장기적으로는 신르네상스시대의 주역으로서 동북아에 지대한 역할과 세계중심축으로서의 세계인류평화와 문화

발전에 기여하는 것이다.

이같은 과제를 점진적으로 해결해야 하는 대통령은 투철한 국가경영능력을 갖추고 하드웨어, 소프트웨어, 휴먼웨어, 이미지웨어를 믹스해 선거춘추전국시대의 치열한 경쟁을 뚫고 승리의 월계관과 함께 역사에 남는 추앙받는 CEO대통령이 탄생하여 우리 나라는 물론 세계적인 지도자로 우뚝 솟았으면 하는 바램이다.

아무쪼록 본서가 한국대통령학으로써 이론정립과 사례연구 및 대권시나리오를 이해하고 필승을 다지는데 크게 기여하는 대통령학 바이블이 되었으면 하며 많은 분들에게 보탬이 된다면 더없는 기쁨이라 여기고 싶다. 이를 계기로 대통령학에 관련해 과거, 현재, 미래에 대한 보다 폭넓고 심오한 연구를 지속적으로 할 예정이오니 독자들의 동참과 애정어린 조언을 기대해 본다.

끝으로 본서가 나오기까지 언제나 자식 걱정과 조언을 아끼지 않으시는 부모님께 진심으로 감사드리며 수많은 관계자들의 출간 독촉에 힘입어 한 권의 책으로 탄생했으니 이분들에게 고마움을 표시하지 않을 수 없다. 또한 옆에서 날카로운 조언을 해준 아내와 건강하고 바르게 자라 행복함을 전해주는 사랑하는 자식 준병, 경진, 혜진이에게도 고마움을 전하며 도서출판 이유 임원진에게 감사함과 함께 출판사의 영원무궁 발전을 기원한다.

2002년 3월
연구실에서, 채수명

목 차

Ⅰ. 한국대통령학

Ⅱ. 역대 대통령의 당선·정책 분석

Ⅳ. 대권주자 분석, 필승시나리오

1. 정당의 특성과 정책

2. 대권과 성향 분석

3. 대권주자 심층 분석

V. 차기, 차차기 주자 분석

Ⅵ. 국가경영 정책방안

I

한국대통령학

1. 한국대통령학과 통치자론

1) 한국대통령학

(1) 한국 대통령의 임무

민주주의(Democracy)란 그리스어의 '민중(民衆)을 지배(支配)한다'에서 온 말이다. 이는 국민에게 주권이 있고, 국민에 의한, 국민을 위한 정치를 행하는 것을 그 근본사상으로 하여 다수인의 의사를 존중한다는 뜻이다. 즉 국민에 의해 선출된 최고통치자가 민중의 지배자나 군림자로서가 아니라 '민중 속에 있다'라는 뜻으로 「국민과 함께 한다」는 의미이다.

인간은 만인에 의한, 만인의 투쟁으로 인해 자연 상태에서는 바람직하게 살 수 없기 때문에 어쩔 수 없이 합의와 계약에 의한 소규모 집단사회를 이루게 되었고 점차 부족국가를 거쳐 국가형태로 발전시켜 왔다.

국가란 일정한 지역 안에 있는 사람들에게 최고통치자가 합법적인 권력을 독점해서 행사할 수 있는 인간의 운명공동체이다. 국가는 전통문화를 계승·발전시키고 법과 질서를 유지하며 주어진 상황에서 에너지를 극대화시켜 구성원 모두와 함께 안정과 번영 속에서 비전을 향해 발전해 나가는 집단을 말한다. 국민 전체가 참여하고 동의해서 만든 법에 따라 통치가 이루어지는 공화국은 국민·주권·영토라는 3요소를 중시한 국가권력을 갖게 된다. 따라서 국가는 국민 전체의 행복을 추구하는 덕과 윤리적으로 선한 정의를 함께 실현하는 존재로서 개인의 행복까지도 추구할 수 있도록 해 주어야 한다.

한국대통령은 취임선서에서 '나는 국헌을 준수하고 국가를 보위하며 대통령으로서의 임무를 성실하게 수행할 것을 엄숙히 선서합니다.'라고 국민 앞에 선언한다. 이는 최고권력자로서의 취임사라기보다는 국가비전가이자 국가경영자이고 민주적 통치자로서의 임무를 성실하게 수행하겠다는 국민과의 굳건한 약속인 것이다.

〈그림 1-1〉　　　　　　　　　대통령의 임무

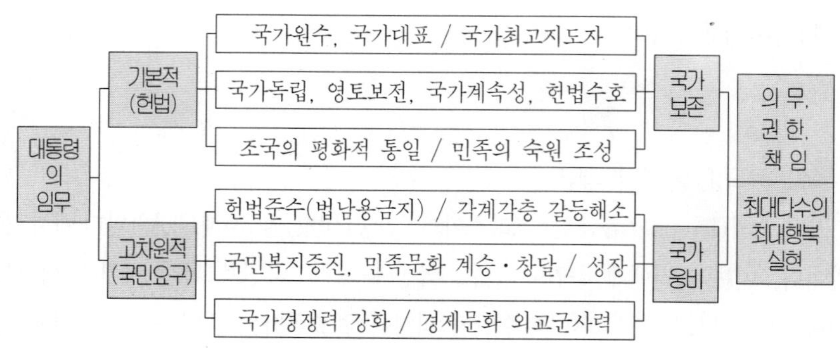

© Chae Soo Myung 1

　때문에 대통령은 밖으로부터의 위험을 막고 안에서 생길 수 있는 모든 혼란을 방지하며, 정립된 질서로 모든 국민들이 편안하게 일하면서 생존·성장·행복할 수 있는 여건을 조성해 주어야 한다. 국민의 생명과 재산을 안전하게 보존해 주고, 지역이나 계층 등의 균형 발전과 국민의 복지를 위한 열린 품질의 행정서비스를 실현해야 한다. 또한 전통문화를 계승하고 시대에 맞는 발전을 이룩하도록 에너지를 극대화하여 국가와 민족의 번영을 꾀해야 한다.

　이와 더불어 국민 개개인이 자신의 능력을 발휘할 수 있도록 해주고, 정신적·물질적 자유를 만끽할 수 있는 분위기를 조성해 주는 등 '최대 다수의 최대 행복'을 실현해야 할 의무와 책임이 있다. 더 나아가 우리 한민족의 반세기 숙원인 민족통일을 합리적으로 달성하고, 국제경쟁력을 강화해 국제사회 속에서 중추적이고 핵심적인 역할을 하면서 뻗어 나갈 수 있는 웅대한 비전을 제시해야 할 것이다. 이와 같은 거대한 민족적 과업을 수행하기 위해서는 최고통치자의 탁월한 능력과 더불어 각계각층의 협조와 국민들의 힘을 응집시켜 시너지 효과를 높여야 한다.

　즉 대통령은 국가의 최고통치자이며 최고경영자로서, 국가와 민족의 현재와 미래를 책임지고 있다는 점에서 그 사명과 임무가 막중하다. 때문에 대통령은 국민과 국가, 나아가 민족의 번영을 위해 존재하는 공익적인 헌신자이고, 소수 집단의 힘을 모아 방향을 제시하여 조화를 이루게 하는 거대한 오케스트라의 지휘자가 되어야 한다.

(2) 대통령학이란?

대통령은 국민들로부터 합법적이며 직·간접적인 방법을 통해 선출되어 일정 기간 동안 국가 경영을 위탁받은 최고행정 및 국가경영의 통치지휘자이다. 국민들은 대통령이 임무를 수행하는 과정에서 무엇이든 시원스럽고 완벽하게 잘 처리해 주기를 간절히 바라기 마련이어서 언제나 관심을 가질 수밖에 없다. 때문에 임무수행을 잘하면 국민들로부터 존경과 추앙을 받을 수 있지만, 권력을 남용하여 국민 위에 군림하거나 태만하면 영원히 비난받을 수도 있는 절대적 위치이다. 이와 같이 국가의 현재와 미래의 행복·불행은 대통령의 총체적인 지도력에 달려 있다. 이런 이유로 대통령의 통치기술에 앞서 보다 근원적이라 할 수 있는 대통령학에 대한 체계적인 이론연구와 실천방법론에 대한 준비가 필요하다.

'대통령'이란 단어를 풀어 보면, 大(큰 대) + 統(거느릴 통) + 領(다스릴 령)의 합성어로 '크게 명령하는 최고통치자'를 의미하며 그와 관련된 모든 것을 말한다. 대통령을 의미하는 영어 프레지던트(President)에도 다양한 의미가 포함되어 있다. 이처럼 대통령은 국내·외의 시대상황에 따른 국민 전체의 욕구를 충족시키고, 합리적인 의사결정과 리더십으로 국가의 역량을 응집·육성하는 통치자이며 초전문경영자이다.

때문에 대통령은 세계 변화의 흐름 속에서도 국민을 위한 헌신적인 통치철학과 실천력을 지녀야 하며, 에너지 파워가 넘치도록 노력해야 한다. 이런 이유로 대통령에 대한 체계적인 이론이 정립되어야 함에도, 학문적 기초조차 마련되지 않은 상태여서 그 필요성이 절실하다.

「대통령학」은 대통령에 대한 총체적·체계적·학문적인 연구로 현재의 통치

력뿐만 아니라 과거 역대 대통령에 대한 연구는 물론, 미래에 대한 예측연구까지도 포함된다. 대통령으로서의 자질과 능력을 갖추고, 합리적인 통치와 경영으로, 국민과 국가의 비전을 실현하는 통치자의 사고와 행동에 대한 연구이다.

〈표 1-1〉 대통령(President)의 의미

P	People	사람 / 국민	국민욕구충족력, 응집력
R	Right	올바른 / 적절한	바른 정치력
E	Effloresce	꽃이 피다 / 번영하다	국가 비전력
S	Sensation	감각 / 평판 / 화제	국가 경영관리력
I	Intelligence	지성 / 이해 / 포용	대통령 리더십력
D	Design	디자인 / 목표설계표현	통치목표철학력
E	Existence	존재 / 현존	국가안녕 존재력
N	New	새로운 / 신선한	세계흐름 혁신력
T	Technic	기술 / 전문성	통치 테크닉

© Chae Soo Myung 2

즉, 대통령으로서 갖춰야 할 사고비전력, 경영관리력, 포용력, 지휘력, 추진방법력, 위기돌파력, 국제경쟁력, 총체적인 효과발전력은 물론 도덕성까지도 포함하는 모든 사고와 행동이 「대통령학」의 연구 대상이다.

〈그림 1-2〉 대통령학(大統領學) 의미론

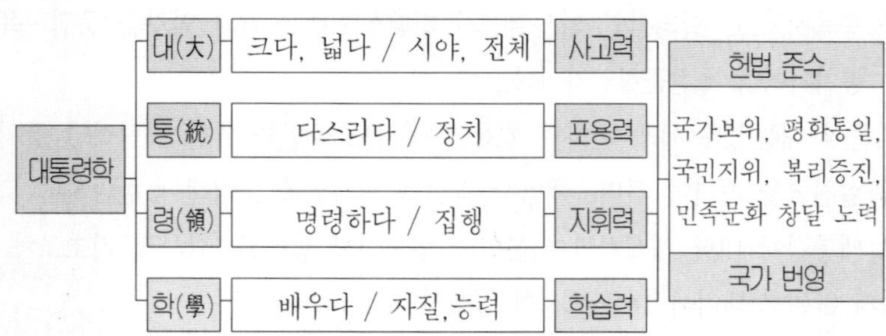

© Chae Soo Myung 3

「대통령학」에 대한 미시적인 연구는 집권 당시의 업무를 의미하나, 당선 전·집권중·정권이양 후로 구분하여 다각적이고 총체적인 측면의 거시적 연구가 이루어져야 한다.

<표 1-2>　　　　　　　　　　대통령학의 1·2차 연구대상

구 분		내 용
1차	기초(전문성)	자질력, 전문지식력, 외교력 → 자질
	응용(추진력)	포용력, 추진력, 도덕성, 결단력, 지지력 → 리더십
2차	이론(학문)	자질론, 법률상(의무, 권한, 책임), 통치방법론 → 지침론
	사례(직무)	과거(경력), 현재(통치) → 행위평가론

<표 1-3>　　　　　　　　　　대통령학의 범위

구 분	내 용
임무적	의무, 권한, 책임 / 국가보위안전, 경제발전, 정신적 편안
시간적	당선전, 당선과정, 임기중, 임기후 / 과거, 현재, 미래
공간적	국내, 국제(외교, 통상, 교민보호) / 원활
입법적	국회 여야관계, 법률 / 국회, 사법, 검찰, 경찰
창조적	청와대 비서진, 자문위원 / 기획력 강화
행정적	내각, 정부행정조직 지휘관리, 국영기업, 국영연구단체 / 효율성
정책적	국가 장기플랜, 단기정책 / 합리민주적, 국가발전
대중적	국민의견수렴, 인기도, 언론관계 / 안정
개인적	자질, 사상, 능력, 건강, 사생활, 친인척 / 도덕윤리

국가경영의 최고통치자이고 책임자로서 과거를 거울삼아 현재를 투영하여 문제점을 분석해 정책방향을 효율적으로 개혁하고, 미래를 향한 합리적인 의사결정과 민주적인 리더십 및 동기부여를 통해 오직 국민의 행복과 국가의 국제경쟁력을 강화시키는 데 주력해야 하는 것이다.

구　분	내　　　　용
개인상	성장배경, 경력, 성격, 도덕성, 주변인물, 추구방향 및 목표, 취미, 특기, 가족관리
법률상	법률상의 모든 의무, 권한, 책임
인사상	청와대 참모진, 정부조직, 내각조직팀
리더십	중요정책 의사결정 과정, 리더십, 동기부여, 재야권 지도자관계
과정상	정책방향, 당선과정, 선거법

© Chae Soo Myung 6

(3) 대통령의 통치철학 유형

대통령의 통치유형은 통치철학과 상황판단에 따른 리더십 등에 따라 여러 가지로 구별된다. 통치철학과 통치방법 또한 전직에 따라 다르기 마련이다.

〈표 1-5〉　　　　　　　한국대통령의 성장과정과 출신성분

구　분	내　　　　용		
정 치 가	독립운동가, 민족지도자, 당 총재	이승만, 김영삼, 김대중, 윤보선	선　거
관 료 인	국무총리, 행정관료, 도지사, 외교관	최규하	어부지리
직업군인	핵심요직 장군(참모총장, 정보작전보안·수도경비사령관 등)	박정희, 전두환, 노태우	군사쿠데타
법 조 인	판사, 검사, 변호사		선　거
언 론 계	방송사 사주, 언론사주		선　거
의 료 계	의사, 약사		선　거
사상철인	철학가, 교수, 종교지도자		선　거
대　　표	시민단체대표, 노동자대표, 농민대표, 사회운동가		선　거
기　　타	기업가(CEO), 체육·문화계 영웅		선　거

© Chae Soo Myung 7

<표 1-6>　　　　　　　　　대통령의 통치철학 유형

구 분		내　　　　용
정치론자	권력론	소신있는 추진, 개인과 정당의 한풀이 보스권력체제
	행정론	국가행정관리 서비스, 행정장악 남용
	의회론	의회중심, 의원내각제 보스체제 구축
사회론자	사회론	사회분위기 중시, 사회분위기 악용
	인기론	언론과 국민의견 수렴, 스타의식 남용
	치안론	안보와 치안 중시, 군·경 권한 이용 또는 남용
경제론자	성장론	경제성장 논리, 타분야의 지나친 희생
	균형론	계층과 지역 균형발전, 악이용, 불균형
	배분론	소득 재배분, 소득세법 악이용 정경유착
문화론자	문화론	예술문화 계승발전 산업투자, 자유방임주의
	복지론	인간의 복지공유, 불균형의 확대
	공유론	열린 문화마당, 차별화로 소외감 조성
외교론자	외교론	국가 친교 활동, 개인적인 친교전략
	협상론	고도의 머리싸움, 탁상공론으로 국력낭비
	실리론	경제·정치적인 실속, 밀실외교와 기부외교
통일론자	통일론	민족의 숙원 해결, 인기 또는 이용당할 염려
	흡수론	일방적인 통일, 저항과 극심한 모순 발생
	공존론	상호인정과 공존, 내부적인 갈등 심화
무색론자	시간론	시테크, 임기때우기식
	안전형	무사고 안전유지, 퇴임 후 몸조심
	인심형	과거 은혜 보답, 특혜자 남용, 사회혼란

　　혼란했던 과거에 권력의 횡포가 심하다 보니 이를 막기 위해서 권력을 싫어
하는 철인, 즉 공자와 맹자에게 정치를 맡기면 덕치주의와 왕도사상 아래 인
(仁)과 예(禮)가 지배하여 사회정의가 실현될 것이라는 '철인정치론'의 이상사
회국가는 실패하여 그 한계점이 드러나고 말았다.

　　현대사회는 국가를 보위하며 민중과 생사고락을 함께 할 수 있는 진정한 정

치지도자 중에서도 특히 경영마인드에 의한 리더십이 요청되고 있는 사회라 할 수 있다. 그러나 우리 나라의 통치 스타일은 여전히 억압적인 제왕정권의 연속이었다고 할 수 있다.

<표 1-7>　　　　　　　　한국대통령의 시대적 요청 변천사

구 분	분 위 기	통 치 자	
1950년대	국가건국체제 구축	독립투사	이승만
1960~70년대	조국근대화(중화학공업육성)	강력한 리더십	박정희
1980년대	사회·의식변화	강압적 리더십	전두환
1990년대	개방화, 민주화	과도적 민주화세력	노태우, 김영삼
2000년대	국제화, 정보화	신강력한 전문지도자	김대중

때문에 이와 같은 통치철학의 유형을 면밀히 살펴 시대상황과 국민들의 요청을 간파하고 발전 방향을 위한 보다 구체적인 연구가 이루어져야 올바른 통치 구축을 기대할 수 있다.

(4) 한국의 정치배경과 대통령의 과제

한국의 정치체제는 민주주의공화국이다. 그러나 한반도가 남·북으로 분단된 상황이고 4강 즉, 미·일·중·러의 이해관계가 얽혀 매우 복잡하다는 특수성 때문에 정치체제의 올바른 실현에 많은 제약을 받고 있다. 따라서 특정국가 나름대로 고유한 특성이 있듯이 민주주의 체제는 유지하되, 완전통일이 되기까지는 미국·유럽과는 다른, '우리 민주주의'를 실천해야만 한다.

그러나 이를 악이용해 대권에 도전하면 수단과 방법을 가리지 않고 온갖 이슈와 비전을 제시하여 국민들을 유혹하다가도 일단 당선만 되면 그와는 거리가 먼 상황으로 돌변하여 결국에는 국민들에게 불만과 고통만 안겨주는 결과를 낳았던 것이 우리 역대 대통령들의 행태였다.

<표 1-8>　　　　　　　　　　한국의 특수성에 의한 정치 배경

구 분	내　　　용
지형성	반도국으로서 겪어야 하는 끝없는 약육강식의 각축장, 과거 삼국시대(고구려, 백제, 신라) 형태 유지(2000년 이상), 지역갈등의 심화
역사성	반만년의 유구한 끈질긴 투쟁의 역사, 중국대륙과 일본과의 가교역할
민족성	끝없는 외세침입으로 한이 서린 저항민족, 내부갈등의 연속, 개인은 우수하나 팀워크가 취약, 높은 교육열, 이기적 개인주의 팽배
문화성	예술·문화를 사랑, 문화보존의 미흡으로 파괴와 도난 및 손실, 외래문화 수용·활용능력의 부족(무조건 수용)
사회성	여론에 집착, 감성 즉흥주의, 맹목적인 동조주의, 허례허식과 과시주의, 권력과 자본중시, 맹목적인 우상주의, 사회갈등 심화, 법질서 붕괴
정치성	남북의 민족분단, 상호간 악이용, 발전의 저해, 끝없는 장기독재와 지도층의 군림과 이해관계로 재편성, 부도덕성
경제성	초고속 경제성장, 돈이면 최고, 빈부의 격차로 인한 갈등 심화, 경제논리에 의해 기타분야 소외로 인한 문제점 도출

© Chae Soo Myung 10

<표 1-9>　　　　　　　　　　한국대통령의 장단기 과제

구 분	내　　　용
한 국	미시적 과제(인적·물적 자원의 에너지 극대화, 신사고 전환, 경제·정치의 성장), 중기적 과제(한민족 통일, 동·서해 중심권 확보, 일본·중국 및 유럽 연결) 장기적 과제(아시아의 맹주, 세계의 중심축)
대통령	봉사·헌신정신과 자질 및 능력 보유, 권력의 분산 및 국민과의 공유, 합리적인 수행 강화, 최고경영자(CEO)대통령, 세일즈마케팅대통령
한국대통령	세계물결 흐름 속에 동조, 강력한 한국의 경영통치자, 지역계층간의 갈등해소와 균형발전, 민주주의 정착 실현, 한반도 주변국간의 공존공영의 구체적 모색, 역사인식(과거, 현재, 미래)

© Chae Soo Myung 11

이는 최고통치자 뿐만 아니라 핵심참모들의 개인적인 한풀이 욕심을 위한 권력쟁취가 목적이었던 관계로 봉사정신보다는 국가를 사유화한 천민권력욕이 강했기 때문으로 해석할 수밖에 없다.

이에는 한국대통령의 과제가 학문적으로 정립되지 않았으며 적당히 결탁했던 어용학자와 각계지도자층이 그렇게 만든 요인이었던 탓도 있었기에 앞으로 이에 대한 총체적인 연구가 시급하다.

2) 대통령 통치철학론과 역대의 분석

(1) 대통령 통치철학론

한 국가의 통치는 절대권력을 가진 최고통치자의 철학에서 비롯된다. 어떤 사고와 사명을 갖고 어떻게 전개하느냐에 따라 한 국가의 현재와 미래의 운명을 좌우하게 되기 때문에 통치철학은 어디까지나 통치적 권력 관계에 의한 철학적인 문제로 보아야 한다.

이에 대해 홉스(Thomas Hobbes, 1588~1679 ; 영국의 철학자, 법학자)는 절대권력을 가진 통치자가 전체의 권익과 복지를 다 헤아려 지켜줄 수 있다고 보았다. 또 루소(Jean Jacques Rousseau, 1712~1778 ; 프랑스의 작가, 사상가)는 어떤 통치자 개인이 보편의지나 주권을 대신할 수는 없다고 보았다.

한 사람이 다스리는 것은 군주일인정치이고, 여러 사람이 지배하는 것은 귀족정치이며, 다수의 국민들이 다스리고 권력을 공유하는 것이 민주정치이나 이는 정부와 행정권의 형태만으로는 판단할 수 없고 국민 전체가 참여하고 동의해서 만든 법에 따라 통치되는 것이 진정한 공화국(Republic)인 것이다. 하지만 국민이 법을 만든다고 해도 국민이 우매하거나 무엇이 전체를 위한 최고선인지를 잘 식별하지 못하고 개인주의나 집단이기주의만 고집한다면 뜻하지 않게 법의 흐름이 잘못되는 수가 많아 더 큰 문제를 낳게 한다.

이런 점에서 최고권력자이자 통치자인 대통령의 통치 형태가 미치는 영향은 절대적일 수밖에 없다.

〈표 1-10〉   대통령의 통치 형태

구 분	내 용	비 고
민주효율형	합리적인 사고와 방법론으로 효율극대화 추구	민주형
의견수렴형	핵심참모 주변과 각계각층 의견을 수렴하여 반영 또는 참고	
중간혼합형	중간형(두리뭉실한 시간때우기), 혼합형(민주적·합리적, 무색무소신)	
핵심참모형	핵심측근 참모정치로 정책과 권력의 혼재, 참모들간의 장단기 권력투쟁	
과업추진형	목표의식 아래 강한 추진력으로 과업달성(단기성), 장기·비전플랜 후 실천 - 문제점 도출(혼란, 낭비)	
유아독선형	독불독재형, 정적제거, 아부형 참모만 생존, 차후 대권주자 양성 전무 - 독재의 말로는 개인과 국가의 비극	독재형

© Chae Soo Myung 12

가장 올바른 통치 형태는 국내·외의 시대상황에 대한 올바른 인식을 바탕으로 하고 국민적 지지와 일관성 있는 규범으로 소신껏 국정목표를 펼치는 것이다. 이로써 국가의 발전에 상승효과를 일으키기 위해 민주적인 의사결정과 카리스마적인 리더십 및 동기부여로 역사에 남는 추앙받는 인물이 되어야 한다.

한마디로 적시·적소·적량으로 국가의 인적·물적 에너지를 극대화시켜 국민들을 편안하고 행복하게 하고 국가와 민족의 발전에 기여해야 한다. 그러기 위해서는 통치자 개념에서 과감히 벗어나 다양한 각도에서 각계각층의 목소리를 수용하고 예측하여 만족을 극대화시키는 민족의 지도자로 변신해야 한다.

<표 1-11>　　　　　　　　　대통령의 통치경영이론

구 분	내 용
미 래 학	대통령은 국가와 민족의 운명 및 비전을 좌우하는 책임자이다.
경 영 학	대통령은 다양한 계층으로 형성된 거대한 기업의 전문경영인이다.
사회복지학	대통령은 다양한 계층의 욕구를 충족시켜 최대다수의 최대행복을 실현하여야 한다.
미 학	대통령은 국민의 에너지를 미적으로 승화시키는 실천적 미학자이다.
법 학	국가의 기본적인 안녕과 질서를 위한 준법의 실천자이다.
종 합	대통령의 통치는 고도의 과학이자 기술이고 예술을 필요로 한다.

© Chae Soo Myung 13

(2) 한국 역대 대통령 종합분석

국민의 눈에 비친 역대 대통령에 대한 이미지는 대체적으로 부정적이다.

<표 1-12>　　　　　　　한국 역대 대통령의 통치 스타일 분석

구분	내 용
이승만	옹고집형, 가부장적인 권위와 권력사인화, 이박사/친일세력 제거하지 못하고 결탁
윤보선	영국신사/무능력, 쿠데타 기회 제공
박정희	기회혁명가형, 교도적인 기업가형, 공격집념 강함, 박통/군사쿠데타, 비민주적, 장기독재 집권 남용, 인권유린
최규하	기회관찰형, 최주사/무능력, 쿠데타 기회 제공
전두환	기회포착 저돌적 해결사형, 전통/군사쿠데타, 비민주적, 인권유린, 국가발전 후퇴
노태우	소극적 적응형, 물태우/무능력
김영삼	공격적 승부사형, 영웅주의, YS/IMF사태 초래, 인사정책 실패, 국민 실망
김대중	합리적인 카리스마주의, 노벨평화상, DJ/인사정책 실패, 국민 실망

© Chae Soo Myung 14

<표 1-13>　　　　　　　역대 대통령의 이미지 분석표

구분	이승만	윤보선	박정희	최규하	전두환	노태우	김영삼	김대중
특 성	유아독존형	귀족형	독불장군형	능구렁이형	카리스마형	우유부단형	노력쟁취형	인동초
	왕족형	귀족형	자기도취형	어부지리형	모사형	능구렁이형	난관돌파형	난관쟁취형
	왕족의식	귀족의식	할 수 있다	어부지리	음모음해	무표정	목표추진형	목표추진력
출 신	이씨왕족	귀 족	빈 농	한 학	빈 농	빈 농	공 업	빈 농
환 경	황해 평산	충남 아산	경북 선산	강원 원주	경남 합천	경북 달성	경남 거제	전남 신안
신 체	언 변	신 사	단구단단	거 구	대머리	부처귀	큰 입	제스처
애 칭	이박사	영국신사	박 통	최주사	전 통	물태우	YS	DJ
사상체질	태양인	소양인	태양인	태음인	소양인	태음인	소양인	태양인
학 력	미국박사	영국학사	사범, 육사	일본학사	육 사	육 사	서울대학사	목포상고
생 사	1875~1965	1887~1990	1917~1979	1919~	1931~	1932~	1927~	1925~
전 직	독립운동가	야당 당수	육군 소장	정통관료	육군 소장	육군 소장	야당 총재	야당 총재
집권동기	친일파, 미 국	이승만하야	군사쿠데타	서거승계	군사쿠데타	야권분열	3당합당	DJP연합
집권후원	이북, 서울	당지원	군인, 영남	헌 법	보안사	TK세력	민주화세력	호 남
정권주도	이북, 서울, 친일파	당지원	5·16동지	전두환	하나회	TK세력	민주세력	호 남
집권형태	간·직선	헌 법	쿠데타, 직·간선	헌 법	쿠데타, 간선	직 선	직 선	직 선
라이벌	김 구	박정희	김대중	전두환	김대중	양 김	김대중	YS,이회창
2인자	이기붕	장 면	JP,차지철	전두환	장세동	박철언	김현철	박지원
위인화	세종대왕	-	이순신	-	윤봉길	-	-	-
강조점	뭉치면 살고 흩어지면 죽는다	-	우리도 한번 잘살아 보세	-	정의사회 구현	보통사람의 시대	문민정부 세계화	국민의 정부
	국민 여러분	-	임 자	-	본인은	이 사람	학실히	그리가꼬
치 적	정부수립	-	조국근대화	-	아시안게임 88올림픽	2백만호주택 북방정책	금융실명제 OECD가입	평양방문 IMF해방
오 점	한국전쟁 독 재 장기집권 부정부패	정권붕괴	장기집권 독 재 10월유신	정권붕괴	독재 평화의 댐 친인척비리 삼청교육	부동산폭등 국가경쟁력 상 실 수서비리	IMF사태 인 사	DJP결별 인 사
결 과	하 야	하 야	서 거	하야, 은둔	은둔, 구속	구 속	비 난	불 만
종합평점	F	F	B	F	F	F	F	D(현재)

자료 : 채수명, 어쨌든 튀는 놈이 성공한다. 다나기획, 1998. p51

　　역대 대통령들의 시작과 말로는 한결같이 군사 쿠데타·하야·서거·구속 등으로 초라했고 비참했으니 대통령 당사자들과 그 핵심참모는 물론이거니와 이런 인물들이 대통령이었다는 사실에 국민, 더 나아가 우리 현대사까지도 암울하기만 하다. 이는 대통령 자신들이 조선시대 역사의 연장선인 국왕으로 생각함으로써 국가와 국민을 사유화한 느낌을 지울 수 없고, 그 핵심참모들도 국민들에게 일시적 인기를 얻어 권력을 유지하려는 나머지 지나칠 정도로 권력을 비호하여 단기적인 과업과 함께 부정·부패적인 면이 많았다.

〈표 1-14〉　　　　　　CEO 관점에서 본 한국 역대 대통령 분석평가

대통령	특　징	내　　용
박정희	철저한 목표관리와 속도경쟁	1964년 수출 1억 달러 달성, 70년대 10억 달러, 100억 달러의 목표 도달과정에서 행정부와 국민에게 끊임없이 목표(비전)제시하고 이를 확인점검
전두환	박정희 벤치마킹해 위기탈출	구멍난 정치적 정통성을 메우기 위해 경제에 비중, 최초로 마이너스 경제성장을 정점으로 파산관리인, 벤치마킹과 모방경영으로 위기 극복
노태우	결단성 없고 우선순위 못가림	CEO수업 받지 않은 2세 경영자격, 비용을 많이 들인 북방외교에 관심, 결단력 부족(경영전략상 우선순위 혼동)
김영삼	일만 잔뜩 벌이고 수습못해 파산	시스템리엔지니어링(정치군인의 숙정, 검은 돈 흐름의 차단 등 개혁정책), 투사형의 참모배치로 후속조치에 실패, 일만 잔뜩 벌이고 수습못해 파산
김대중	목표 분명했으나 이해당사자 세력갈등	목표의 제시는 분명했으나 이해당사자 세력에 동기를 부여하지 못해 실패

자료 : 중앙일보. 2002. 1. 7, 3면

　　이와 같이 장점과 단점이 존재하지만 퇴임 후에도 존경을 받는 분이 없다는 것은 본인 스스로나 국민 모두 아니 우리 역사의 불행이기도 하다. 이런 점에서 훗날 후손들이 우리에게 던질 역사에 대한 인식과 평가가 가장 두려울 뿐

이므로 미시적으로는 역대 대통령과 그 핵심참모 및 여·야 정치지도자·언론인·학자·재계인사, 거시적으로는 이를 방관한 국민들 모두가 공동으로 책임져야 할 문제라고 본다.

이를 교훈삼아 다시는 이런 불행한 일이 없도록 통치자·핵심참모·관료들이 자각하고 권한·의무·책임의식을 갖고 소신있게 임무를 수행하여야 하며 견제 기능인 야당과 보도·비판 기능을 수행하는 언론 및 국가 인재를 양성하는 학자들 또한 책임의식과 소신을 가져야 할 것이다. 이밖에 기업경영진, 각계각층의 지도자들은 물론 국민들도 지역패권주의나 집단이기주의라는 천민자본주의 사고와 행동에서 벗어나 번영의 항로가 될 수 있는 언행을 하기 위한 자기비판과 노력이 절실하다.

2. 한국 현대정치의 시대정신

1) 한국의 현대정치사 분석

(1) 한국 현대정치사

반세기 우리의 현대정치사는 한마디로 굴욕의 역사였다. 1945년 8월 15일, 36년 동안의 일본 식민치하에서 미연합군에 의해 해방되자마자 지도자라고 자청하는 수많은 사람들은 외적으로는 국가를 위하는 척하면서도 그 내면에는 야심을 위해 자기중심적인 논리를 펼쳐 이로 인한 정치사상적인 대혼란이 일어났다. 이 틈을 최대한 이용한 미국과 소련은 그들의 각본대로 우리가 원치도 않은 38선을 그어 두 개의 정부로 갈라놓아 민족의 상처를 남겼다.

1948년 5월에 국회 출범과 함께 국회의장이었던 이승만이 남한의 대통령으로 당선되어 정부를 수립하면서부터 우리 정부에서는 민주주의 정치를 시도하였다. 그러나 국가 체제가 미흡한 상황에서 권력투쟁만을 일삼다가 완벽한 안보체제를 갖추지 못했으면서도 자만으로 가득차 있었다. 이때 소련의 지원을 받은 북한의 김일성은 1950년 6월 25일 기습 남침하여 '한국전쟁'이라는 동족상잔의 비극을 일으키고 결국 국제연합전으로 번져 이데올로기의 각축장을 마련하였고, 결국은 휴전협정을 조인하고 말았다. 이로써 한반도 전체가 파괴되고 막대한 인명·재산 피해가 발생해 그야말로 폐허의 땅으로 변했음에도 절망할 겨를조차 없이 재건복구를 위해 모든 희생을 감수해야만 했다.

1960년 이승만이 제4대 대통령에 당선되는 듯했으나 3·15부정선거의 무효화에 의한 4·19학생의거로 인해 결국 4월 26일 하야성명을 발표하고, 5월 29일 하와이로 망명하는 비운을 맞았다. 이어 1960년 8월 13일, 윤보선이 제4대 대통령으로 취임하였으나, 정치·행정·군을 장악하지 못했고 그 혼란한 틈을 이용해 치밀하고도 계획적인 음모를 꾸민 군세력이 1961년 5·16

군사 쿠데타를 일으켜 쫓겨나고 만다. 이로써 임시정권하에서 박정희가 제5대 대통령으로 취임하는 군사정권이 들어서고 군인이 정치·행정을 독식하였다.

처음에는 '조국근대화'라는 깃발을 들고 '우리도 한 번 잘살아 보세'라는 새마을운동의 구호가 큰 호응을 받으면서 국민들에게 희망을 주는 듯했으나, 그 내막에는 장기독재의 음모가 도사려 1972년 '한국적 민주주의'라는 이유로 공무원 등을 동원하고 국민들을 설득시킨 후에 국민투표에 의한 강력한 정치 쿠데타라고 할 수 있는 10월유신을 단행하였다.

이후 1973년 8월 8일, 최대 라이벌이었던 정적 김대중을 제거하기 위한 목적으로 중앙정보부의 기획 아래 일본에서 그를 납치하여 배로 이동한 후 수장하여 제거하려다 이를 눈치챈 미국의 CIA에 의해 미수에 그친 사건은 국내·외적으로 박정희 정권에 치명타를 안겨 주었다.

1974년 8월 15일, 국립극장에서 행해진 광복절 기념식 도중 문세광이 쏜 총탄에 맞아 불행히도 육영수 여사가 서거한 충격적인 사건으로 안보체제는 더욱더 강화되고 군사독재 역시 철두철미하게 강화됨으로써 야당과 민주인사의 강도 높은 탄압과 함께 인권유린은 더욱 심해졌다. 이로 인해 YH 여공들이 민주당사에 들어가 인권유린을 호소하며 벌인 장기 농성사건은 결국 야당 총재 김영삼을 국회의원에서 제명시키는 결과로 나타났고, 이는 곧 독재자의 말로를 예언하는 서막이기도 했다.

1979년 10월, 마산의 대학생들로부터 시작된 민주화의 열기가 부산으로 이어져 야당과 결합한 독재타도운동은 걷잡을 수 없는 혼란사태로 이어져, 급기야 10월 17일 부마위수령이 선포되는 상황이 발생하였다. 10월 26일, 삽교천 방조제 준공식을 끝낸 대통령 박정희는 궁정동에서 저녁식사 회식을 가졌는데 분위기가 무르익을 즈음, 중앙정보부장이었던 김재규가 차지철 경호실장을 '버러지 같은 놈'이라며 총으로 쏴 죽이고 박대통령까지도 저격하는 또 한 번의 충격적인 사건이 일어나게 된 것이다. 이는 권력층의 권력유지를 위한 몸부림과 권력남용, 그리고 서열다툼 등으로 인해 권력층끼리의 암투와 모함이 결국 살해라는 극단적인 상황까지 이어졌으니 18년 동안 유지된 박정희의 군사독재의 말로는 비참했다.

이때 혼란한 틈을 노린 당시 보안사령관 전두환은 정권탈취의 호기라 여기고 전방부대를 서울로 빼돌리는 위험하고도 목숨을 건 12·12사태를 일으켜 성공함으로써 군과 정치 등 국가 전체를 장악하게 되었다. 1980년 5·17 군사 쿠데타와 광주사태로 이어진 군사독재는 권력욕 채우기의 실현을 위해 수많은 양민들을 희생양으로 삼았다. 8월 27일, 전두환은 장충체육관에서 제11대 대통령에, 다음해 8월 28일 헌법을 그들의 뜻대로 고쳐 제12대 대통령에 취임하여 제2의 군사독재를 감행하였다.

1987년 6월 직선제를 열망하는 시민들의 민주화 시위와 6·29선언, 김현희의 칼기폭파사건 등이 일어나면서 전두환의 후계자 노태우 후보가 대통령에 당선되고 1988년 서울올림픽의 개최로 군사정권에 의한 모순을 희석시키는 기회로 삼았다.

노태우 정권이 3김의 분열과 정국불안의 혼란스러운 상황하에서 정권을 잡기는 하였으나, 여소야대의 한계점으로 쿠데타와 5·18사건의 문제점이 거론되어 88서울올림픽이 끝나자마자, 11월 23일 전두환은 대국민사과문 발표와 함께 백담사로 은둔한다. 그리고 후에 국회청문회에 출석하여 행한 증언은 우리의 현대정치사를 한눈에 알 수 있는 상황이었다.

1990년 1월 22일 김영삼은 김종필 총재와의 기습적인 3당합당을 단행한 프리미엄으로 1992년 12월 반평생 정치동지이자 최대 라이벌인 김대중을 물리치고 문민정권을 수립하였다.

그는 12·12와 5·18사건과 관련하여 전·노 정권을 청문회에 세우고 이 결과로 두 전직 대통령이 동시에 구속되는, 세계정치사에 유례가 없는 일이 벌어져 인기가 치솟았으나 결국 인사·경제정책의 실패로 급기야 1997년 11월 IMF라는 경제적 비극을 가져왔다.

12월 18일 이회창 후보의 돌풍을 잠재우고 민주시민혁명이 일어나 인동초라고 불리는 야당의 김대중 후보가 대통령에 당선됨으로써 우리 나라 정치 사상 최초로 평화적인 정권교체가 이루어졌다.

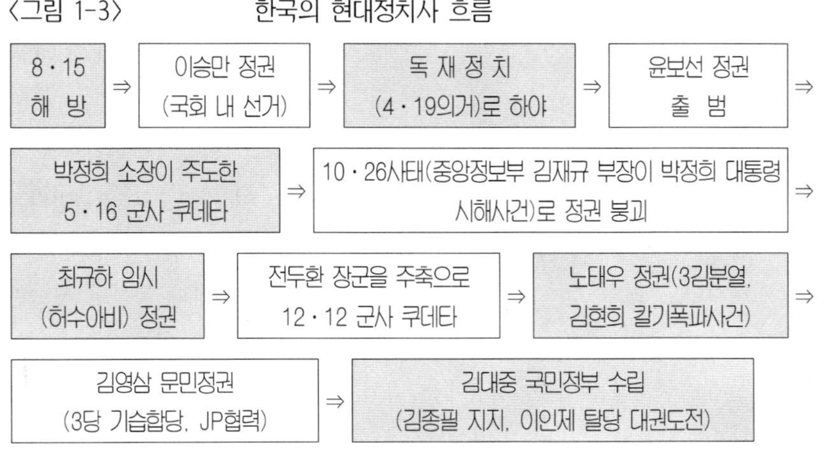

〈그림 1-3〉　　　　　　한국의 현대정치사 흐름

© Chae Soo Myung 15

이와 같이 굴곡이 많은 우리의 반세기 정치사는 20세기 세계사의 축소판이 었다고 말해도 과언이 아닐 정도로 고난의 정치사였다.

(2) 한국의 현대정치사 평가분석

한국의 현대정치사는 극단적인 긍정론과 극단적인 부정론 이외에도 중도론 등 비판적인 시각에 따라 확연히 다르게 나타난다.

우선 **긍정론**을 보면, 우리의 현대정치사는 반세기의 짧은 역사 속에서도 과정이야 어찌됐든 급진적인 발전을 이룩했다는 점이다. 이는 질풍노도와 같은 급진적인 정치발전으로 인해 중진국 수준을 넘어 선진국으로의 도약을 눈앞에 두었으니 얼마나 위대한 일이냐고 찬사를 아끼지 않는 맹목적인 찬양적 긍정론으로, 경제발전론의 과정에서 어쩔 수 없이 약간의 문제는 대를 위해서 소수가 감수하고 희생해야 한다는 주장이다. 6·25의 비극으로 황폐화되었음에도 불구하고 밤낮없이 일해 한강의 기적을 이루었으니 이는 자랑스러운 일이므로 그 이상의 요구는 무리라는 논리이다.

반면에 극단적인 **부정론**자들은 허울뿐인 민주국가이지, 내용은 독선과 일부 계층만 살기 좋은 나라를 만들었기 때문에 한마디로 표현한다면 오욕의 3류

드라마와 같다고 주장하기도 한다. 3류 단장과 3류 연출가 아래 3류 기획자가 기획하고 3류 작가가 글을 썼으며 3류 소품 아래 3류 단원이 무대에 올라 3류 관객들과 함께 호흡하였다고 해도 과언이 아니라는 것이다.

심지어는 3류 코미디보다도 더 저속하고 동물의 세계보다도 더 무질서한 우리의 과거와 현실정치는 더 발전할 수 있었던 기회를 이 지경으로 만들었다는 비난과 애정 어린 비판이 섞인 것이다. 우리의 현대정치사는 갖은 수단과 방법을 동원해서라도 최대 강자만 살아 남아 군림하는 약육강식의 동물의 모습만을 보여주었다는 것이다.

인류가 부족국가를 이루는 과정에서 손쉽게 싸워 약탈하고 지배하는 체제 형성에서부터 중세와 근대의 이데올로기를 지나 현대 지구촌시대까지의 세계 역사를 축소해 놓은 인류투쟁사의 축소판을 연상케 하는 동시에, 우리 선조들이 겪은 투쟁과 침입, 인권이 없는 반 만 년의 생활사를 정치사로 축소해 놓았다고 해도 과언은 아니라는 것이다. 사색 갈등, 음해와 무단독재, 왕의 군림 등 백성들의 요구와는 무관하게 군림하거나, 왕에게 비위를 맞춰 인정을 받는 몇몇 주변 인물들에 의해 이상하게 흐른 우리 통치사의 축소판과 같다고 한다.

민주화의 함성과 함께 국가를 구원한다는 구호 아래 집단의 이익이라는 명목을 내건 극단적인 독재의 연속이었으며, 과다한 충성으로 증오와 배반, 집념의 야망 속에 군사 쿠데타와 목숨을 건 극한적인 투쟁은 후손들에게 많은 교훈을 남겼다.

〈표 1-15〉　　　　　　　　반세기 한국정치사 평가

구 분	내 용
긍정(찬양)론	짧은 역사에도 불구하고 급성장
부정(비판)론	외형적 성장일 뿐 내용면에서는 심각한 문제 도출, 제왕적 독재, 인권유린
중 도 론	부분단기적 후퇴이나 전체장기적으로는 전진

우리 현대사는 봄에는 중국대륙에서 불어오는 황사현상, 여름에는 태평양에서 몰려오는 태풍으로 인한 집중호우, 겨울에는 시베리아에서 불어닥친 혹한에 비유할 수 있다.

파란만장한 일진광풍의 연속은 이승만과 군 배우 박정희, 전두환의 독설과 노태우가 있고 간간이 영국신사 윤보선 그리고 문민정부를 연출한 김영삼과 준비된 김대중의 연기가 다음 연극배우를 저울질하며 기다리고 있다. 그 연기자들의 종말은 불행하게도 한결같이 하야·망명·총격·구속·비난 등 유례없는 개인적, 국가적 불운을 맞이하였다.

국민들의 무지를 악용한 몇몇 가신 그룹들이 자신만의 이익에 눈이 멀어 '한·일 합방'을 불렀고, 해방을 전후한 사상적 난립으로 결국 미·소 강대국들에게 이용당해 민족의 분단을 가져오게 되었다. 더구나 정권을 잡은 권력자들이 마음껏 독재를 행할 수 있었던 것도 주변에 아첨세력이 우세하였기 때문에 가능한 것이었고, 국민들의 심리를 최대한 교묘하게 악용한 권력층과 정치지도층은 스스로 만든 가시밭길과 진흙탕을 헤치며 힘들고 숨차게 달려왔다.

정경유착으로 상호이익을 챙겼으며 반대자를 회유, 협박, 납치, 구속, 고문, 살해하는 등 진정한 인권이 없는 극소수만을 위한 민주자본주의였다는 비판도 있다. 초고속 경제발전을 무기로 삼아 국민적인 불만을 불평불만주의자로 분리하여 남침의 공포감을 조성하고 이로 인한 반민주주의자로 매도해 날개를 펴지 못하도록 만들어 평생을 음지에서 비난의 화살을 받아가며 살아야만 했다.

선진문물을 좀 배웠다는 자기이론이 없는 지식층들은 비판을 하다가도 권력 속에 들어가면 하루아침에 돌변하는 등 상호간에 필요이해관계를 적절히 유지하기 위해 국민들의 무지를 완전히 이용했고 무참히도 짓밟아 버렸기에 가능하였다.

한편 **중도론**은 긍정론과 부정론을 수용하면서도 무색무취한 견해와 평가는 어쩔 수 없이 찬반이 공존하는 그야말로 중용론을 강조한다. 이러함에도 불구하고 역사는 부분적이고, 단기적으로는 후퇴하면서도 전체적이고, 장기적으로는 전진한다는 것이다.

2) 시대 영웅론과 상황론

(1) 한국 현대정치의 시대론

시대와 영웅과의 함수 관계는……?

과연 시대가 영웅을 만드는가? 아니면 영웅이 시대를 만드는가?

이러한 의문부호는 시대와 국민들의 욕구변화에 따라 변질되면서 발전해 왔
다. 긴박했던 시대와 사회의 변화, 국민의식의 변화, 정치지도자들의 변화, 강
대국의 변화 조정이라는 네 개의 축이 한국의 현대정치사를 만들어 놓았다.

내적으로는 남·북 간의 휴전이라는 대치상황에서 최고권력자들은 등장을
위한 구호와는 달리 점차 독재정권 체제를 유지하면서 국내·외 상황에 적당
히 융합하여 과업을 강조하였고, 이는 야권의 민주투쟁의 연속으로 이어졌다.

외적으로는 시대변혁의 물결과 함께 주변 강대국의 이해관계가 더욱더 혼란
과 갈등을 증폭시켜 줄다리기 외교일 수밖에 없었다. 이와 같이 시대상황을 읽
어가면서도 그 내면에는 최고통치자의 개인적인 의지와 욕망이 강했던 관계로
국내 정치와 경제 및 사회, 문화는 그만큼 혼란하였던 것이다.

〈표 1-16〉　　　　　　한국 반 세기 시대상황 흐름분석

구　분	내　　용		
1950년대 전후	이데올로기, 국민무지, 의식주 심각	사상적 혼란	민주독재정권
1960~70년대	조국근대화, 한강의 기적	군사쿠데타	군사독재정권,
1980년대	갈등속의 의식·사회 변화		해 빙 기
1990년대	민주화와 개방화·세계화물결	민중쿠데타	문민정부
2000년대 초	새로운 사회변화		국민정부

최고통치자들이 국내·외적인 시대상황을 잘 감지하여 이를 활용했더라면,
결과론적이지만 선진국에 입문하였을 것이라는 아쉬움이 남는다. 또한 국민들

대다수가 일제시대와 6·25를 거치면서 의·식·주 해결에만 관심을 가졌던 것은 여러 가지 무지의 소치였고, 일부 지식층들은 남의 일로 여기며 적당히 결탁했던 결과가 더욱 제왕적 통치 및 행정관료 체제로 습관화되었다고 할 수 있다.

(2) 영웅론과 상황론 및 혼합론

통치자의 등용적인 유형에는 세 가지로 대별된다.

즉 자질과 능력을 충분히 갖춘 영웅론(英雄論)이 있고, 순간의 기회를 놓치지 않고 잘 포착하는 상황론(狀況論)이 있으며, 이를 결합한 혼합론(混合論)이 있다.

먼저 **영웅론**은 통치자의 자질 및 능력이 탁월하여 추종세력이 자연발생적으로 늘어나 국민적인 지지를 얻어 큰 반대 없이 자연스럽게 통치자로 추대 받는 경우이다. 대개 등장 처음에는 국민적인 지지를 받으나 잘못하면 권력의 맛을 본 나머지 점점 그 본성이 드러나, 자의건 핵심참모들에 의한 타의건 간에 과업달성이라는 이유로 직·간접적인 독재정권으로 변질되어 법과 국민 위에 군림함으로써 말로가 비참해지는 경우가 일반적이다.

권력의 생리상 일정기간의 임무를 수행하고 환영을 받으며 퇴임하기란 쉽지 않으나, 남아프리카공화국의 만델라 전 대통령은 재추대를 만류하고 평범하게 국민으로 돌아가 영웅으로 추앙 받고 있는데 이런 경우는 매우 드물다.

이에 반해 **상황론**은 주어진 시대상황을 읽어 자기의 능력과 개인적 충성을 맹세한 핵심추종세력을 바탕으로 자신들의 목표를 수단과 방법을 가리지 않고 달성하는 기회포착의 귀재를 말한다. 이에는 국민적인 공감대 형성과 이유와 조건을 가리지 않고 목표를 달성하는 무력에 의한 군사 쿠데타와 정치인들에 의한 정치 쿠데타 및 사상·이념적인 이념 쿠데타, 그리고 민주시민에 의한 민주시민 쿠데타가 밑바탕이 된다.

군사 쿠데타에는 국민의 생명과 재산을 보호하고 국가를 보위하는 군인으로서의 지위를 망각한 채 수많은 병력과 장비를 최대한 이용해 정권을 장악하는 가장 원시적이면서도 쉬운 경우이다.

5·16의 주역 박정희 소장은 윤보선 정권의 혼란한 틈을 이용했고, 박정희 서거시 어수선한 틈을 악용해 12·12 및 5·18 만행을 저지른 전두환 일당은 군사독재정권을 달성하기 위해 언론을 장악하고 정치인을 탄압했다. 지식이 약한 관계로 통치력이 부족하자 어쩔 수 없이 사이비 학자들을 고용한 어용교수들에 의해 자문과 정책수반을 위탁하지만, 결국은 그들이 좌지우지하게 된다. 이런 경우 야당은 물론이거니와 의견차가 보이는 같은 당의 정치인까지도 교묘하고 무자비하게 탄압하는 등 정적을 제거하는 것이 최대의 과제이다. 그리고 국민적인 지지를 얻으려고 무엇인가 위대한 업적을 쌓기에 급급한 나머지 앞뒤 따져 보지 않고 불도저식으로 무조건 밀어붙이는 방식으로 일을 해결하기 때문에 어느 정도 성과는 이룩했지만 진정한 민주주의가 열리면 하루아침에 민중봉기로 무너지는 비운을 맞게 된다.

정치 쿠데타는 의회정치적인 기반이 취약하자 이를 만회하기 위해 야당 총재와 긴밀하게 밀실관계를 유지하여 긴박한 상황시에 권한을 악용·지원·합당하여 기회를 잡는 경우이다. 이승만과 박정희의 경우 헌법개정 등 온갖 방법을 동원하여 장기집권을 하였고, 노태우 정권은 기습적인 3당합당(민주정의당·통일민주당·신민주공화당)으로 집권을 유지하였지만, 아무리 합리화를 주장하여도 국민의 민의를 역행한 정치 쿠데타였다.

이념 쿠데타에는 민주·공산·사회주의라는 근본적인 쿠데타도 있다. 이 중에서 민의 쿠데타는 1988년 대통령 선거를 며칠 앞두고 일어난 김현희의 칼기폭파사건과 같은 경우를 예로 들 수 있다. 한반도의 특성상 북한의 남침 분위기를 조장하고 보수세력을 결집시켜 당선된 경우와 DJP연합전선에 의한 지역갈등의 해소 또한 여러 가지 요인에 의해서 민의가 결집하는 경우이다.

혼합론은 영웅론과 상황론 또는 상황론끼리의 혼합이 있는데, 초대 이승만 대통령과 김대중 대통령이 이에 해당된다. 이승만 대통령은 일제시대에 독립운동으로 명성을 날린 후에 제헌국회의장으로 당선된 뒤 곧바로 대통령에 당선되었다. 일찍이 서양문명에 눈을 떴고 미국에서의 독립활동 및 국내 최초의 박

사학위 취득이라는 프리미엄, 그리고 미국의 간접적인 인맥과 지원, 일본의 잔
존세력과 타협한 결과였다고 볼 수 있다. 영웅론을 바탕으로 상황론을 최대한
이용하여 임기응변 및 기회포착으로 대통령이 되었던 경우이다.

〈표 1-17〉　　　　　한국대통령 영웅론 · 상황론 · 혼합론

구　　분		내　　용	초 · 말기
영웅론		국민지지(추대) → 환호성	영웅, 독재, 비난 (과욕, 남용)
상황론	군사 쿠데타	무력(충돌) → 청문회 대상	
	정치 쿠데타	정치야합 → 민주세력 비난 대상	
	민의 쿠데타	민주시민 → 환호성	
혼합론		영웅론+상황론, 상황론+상황론	

© Chae Soo Myung 18

3) 통치의 강약 순환론

(1) 통치리더십 유형

　리더십(Leadership)이란 목표의 성취를 위해 집단에 영향을 주는 능력을
말한다.

　그 접근방법은 과정 차원에서 목표성취를 위해 강요하지 않고 영향력을 행
사함으로써 활동을 유도 · 조정하는 과정이며, 특성 차원에서 영향력을 성공적
으로 행사하는 사람들만이 갖고 있다고 생각되는 여러 가지 내면적인 성품이
있다.

　이런 점에서 거대하고 복잡하게 연결된 한 국가의 최고통치자의 리더십은
계층, 지역 등은 물론 국민 개개인의 욕구변화에 의한 갈망까지 고려해야 하기
때문에 그리 간단한 것이 아니나 한 국가의 운명은 최고통치자의 리더십에 의
해 좌우된다는 사실로 보아 올바른 리더십의 발휘가 절실히 요구된다.

〈표 1-18〉　　　　통치자로서의 대통령 리더십 이론

구 분	내　　　　용
특성론	통치자의 성격, 지적 능력, 자신감, 정력, 활동력, 과업에 관련한 지식, 사회 특성, 육체적 특성 영향, 원인과 결과
행동론	특별한 행동 영향(권위적, 민주적, 방임적)
상황론	예측, 변수, 극복

〈표 1-19〉　　　　대통령의 통치리더십 유형

구 분	내　　　　용
국민중심형	여론 중시, 각계각층의 의견수렴(반영, 보류, 무시), 지나친 의견수렴은 오히려 리더십 부족 현상 초래, 인기관리 연연
중간조정형	국민과 과업(참모, 부처, 계층, 협력기관) 간의 상호조정 및 보완
과업중심형	업적(개인, 국가, 민족) 중심의 방법(일방, 협력, 위임), 독재독선, 일부희생 요구, 비전과 합리적인 방법론 제시, 참여의식과 보상

〈표 1-20〉　　　　과업 관련 형태에 따른 통치리더십의 유형

구분	내　　　　용
지시형	군대명령식 / 일방적인 지시, 관료군대식, 의견 수렴·수용 거부
설득형	논리성 / 설득(당위, 협조)하여 협력 유도, 연설 설득
참여형	각계각층의 참여 유도
위임형	권한위임 / 자율적인 분위기 조성과 책임

　　국민들의 요청에 의해 선택된 통치자가 때로는 강력하면서도 때로는 부드러운 멜로디를 적절히 결합할 것을 요구하는 것은 어쩌면 인간 나아가 국민의

기본적 속성일 것이다. 그러나 대체로 약성보다는 적당히 민주적이면서도 합리적인 강성을 요청하고 있는 것으로 볼 때, 은근히 훌륭한 지도자로부터 복종을 받고 싶어하는 심리적 원인도 있겠으나 국민이 요청하는 과제를 해결해 줄 것을 강력하게 바라는 데서 오는 지원이라고 보는 것이 더 옳은 표현일 것이다.

〈표 1-21〉   한국 역대 대통령 집권기간에 따른 리더십 현상 분석

구 분	집권 초기(1년)	집권 중기(3년)	집권 말기(1년)
특 성	인기로 강력한 통치 리더십 발휘	인기 추락으로 강력한 리더십 추락	인기 전무로 통치 리더십 유지 및 부재 현상
내 용	각계각층의 기대감, 아부세력과 직·간접 협력세력의 과다현상	극소수 주도세력, 방법론 문제발생, 저항세력 발생, 정치·사회혼란, 지지세력 이탈, 차기 대권주자 육성, 신정책 연합	재정립해도 관리층과 지지세력 전무, 합당, 차기 대권 이양
인 기	인기 최고	인기 추락	인기 최저

© Chae Soo Myung 22

〈표 1-22〉   한국대통령 통치스타일과 국민적 요청

구 분	전임 통치 스타일	국민 희망
강 성	카리스마적(비민주적, 민주적) / 목표달성(이승만, 박정희, 전두환, 김영삼, 김대중)	약 성
중 성	민주합리, 효율적 / 순리적, 장기적	강 성
약 성	직무유기, 방종 / 시간 때우기식(윤보선, 최규하, 노태우)	강 성

© Chae Soo Myung 23

(2) 통치의 강약과 순환론

　　최고통치자의 총체적 통치형태는 크게 강성과 약성 및 중성이 있다. 이는 성격상 상당히 유동적이라 적절한 조정을 할 수 있는 기술을 필요로 한다.

〈표 1-23〉　　　　　　대통령의 통치리더십 유형과 결과

구 분		내 용	
강성	업적형 (과업완수자)	강력한 국가경영 요청, 국민의 적극적인 지지, 일부 반발, 혁신세력만 즐거움, 독재로 흐를 위험성 내포	중도포기,　독재정치 가능성
	남용형 (독재자)	부정부패, 장기독재, 인권유린, 국가부실화, 아첨세력, 어용학자	군사쿠데타,　민주시민혁명, 비극적인 종말(하야, 망명, 구속, 처형)
중성	중간형 (조정자)	요구의 양과 질	원활, 혼란
약성	민주형 (지휘자)	민주주의의 성숙, 권력분산, 민주적인 의사결정과 리더십	재집권 추앙
	허수아비형 (상징인물)	배후 실세가 장악, 후진민주주의, 정치분열, 시민혁명, 군사 쿠데타 움직임	

강성은 통치내용이 민주적이든 비민주적이든 간에 강력한 힘을 실은 카리스마적 성격을 띤다. 통치자 혼자 또는 주변 핵심세력에 막강한 힘을 실어 주어 그들만의 시스템적인 직·간접적 조직에 의해 일을 추진하기 때문에 업무추진력에 가속도를 붙일 수 있어 목표로 하는 과업을 소신껏 설정하여 자금을 해결하고 기간 안에 달성할 수 있다는 장점이 있다.

그러나 이승만·박정희·전두환 정권과 같이 독선으로 흐를 염려가 충분하고 비민주적이어서 권력남용, 정책과용, 인권탄압, 지역갈등과 빈부격차의 심화 등은 물론 국민의 저항이 강해 항상 민주화에 대한 열망의 시위가 끊이지 않는 등 많은 문제가 발생할 수 있다는 단점이 있다. 또한 김대중 정권처럼 IMF라는 경제 위기 상황을 순조롭게 넘겼고, 평양을 방문하여 남·북 정상회담을 갖는 등 많은 업적 속에서도 보이지 않는 독선으로 인해 기대와는 달리 실망을 안기는 경우가 발생할 수 있다.

반면에 **약성**은 권력이 분산되어 특정인의 장악이 미흡하고 리더십 부재 등의 이유로 리더십이 약한 경우이다. 권력을 분산하고 민주적인 리더십을 발휘·통치하여 민주적 효율성을 높인다는 장점이 있겠으나 권력투쟁의 심화로 원활한 국가경영이 어렵고 특히 국가가 위기에 처해 있을 때 이를 극복할 수 있는 돌파력이 부족하다. 윤보선·최규하 정권과 같이 무능·무책임한 통치자들은 언제든지 시민혁명, 군사 쿠데타가 일어나 결과적으로 막대한 희생을 감수해야 하는 고충 등이 많은 문제점으로 지적되었다.

이밖에 **중성**은 노태우 정권과 같이 이것도 저것도 아닌 완전중성도 있으나, 김영삼 정권처럼 정권 초기에는 강성이다가 말기에는 약성으로 급추락하여 IMF를 겪는 경우도 있었다.

〈표 1-24〉 대통령의 통치의 강약 순환론 유형

구 분		내　　용	
긍정론	규칙	강약, 강약, 강약, ……	어느정도 예측 가능
	변형	강약, 강강, 약약, 약강, ……	
부정론	완전불규칙		예측 곤란, 불가능
부분론	규칙과 불규칙의 혼재와 순환		어느정도 예측 가능

© Chae Soo Myung 24

〈그림 1-4〉 한국 역대 대통령 통치스타일 강약 순환관계표

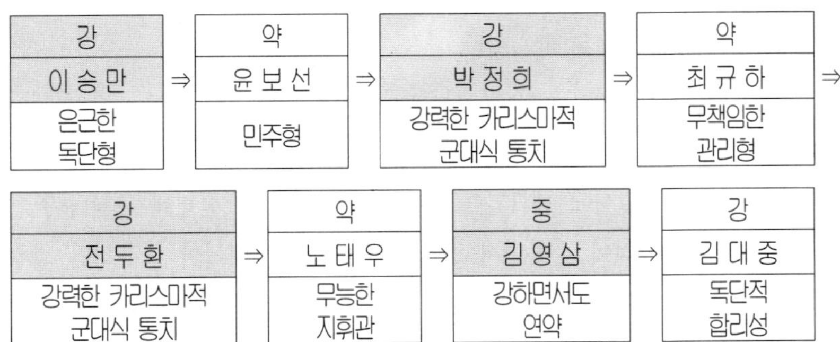

© Chae Soo Myung 25

구　분			내　　　　용
강	강 강	박정희	비민주, 독재, 인권탄압 / 조국근대화, 한강의 기적
		전두환	비민주, 독재, 인권탄압 / 민주정치 후퇴
		김대중	독주, 인사실패, 친인척 비리 / 김정일 회담, IMF 해방
	강 중	이승만	비민주, 독재, 정적추출 / 자만, 6·25, 장기독재
중	강 약	김영삼	오만, 인사실패, 친인척 비리 / IMF로 경제사회 실추
	중 약	노태우	무능력 / 여소야대로 국정마비
약	약 약	윤보선	무능력 / 군사쿠데타 원인
		최규하	무력 / 군사쿠데타 원인 제공

통치력의 강약은 리더십의 스타일과 시대상황에 따라 적시·적소·적량으로 발휘하는 고도의 전략적 기술이 요구된다는 점에서 국가통치는 고도의 과학(Science)이자 기술(Technology)이고 예술(Art)이라는 3박자가 조화를 이룰 때 가장 이상적이라 하겠다.

(3) 강약 순환론과 저항의식

통치방법에 따른 강과 약에 대한 저항의식은 모두 있기 마련이다.

정치를 잘하면 잘하는 대로, 못하면 못하는 대로 저항이 발생되는 이유는 정권탈환이라는 정당정치의 생리와 국민적 관심사가 점점 희석된다고 하더라도 또 다른 욕구가 분출하기 때문이다.

통치력이 강하면 극소수를 제외하고는 대부분 처음에는 순응하나 그 한계에 부딪쳐 많은 문제를 낳게 되며 특정사건을 계기로 대학생, 일반시민들까지 한꺼번에 분출함으로써 일시에 붕괴되는 경우가 일반적이다. 반면에 통치력이 약하면 처음부터 저항의식이 강하면서도 그 저항에 대한 대책이 미흡하면 할수록 오히려 이 틈을 노린 정치군인집단이 군사 쿠데타로 연결하는 경우로, 우리의 경우도 두 번이나 있었다. 윤보선 과도정권에 박정희 소장이 5·16 군사 쿠데타를 일으켰고, 최규하 과도 정권에 전두환 보안사령관이 12·12 군사 쿠데타를 일으켜 국가발전에 기여한 점도 있으나 역민주화로 악영향을 주었다.

이와는 달리 강성인 경우, 장점은 국민들의 저항의식이 아주 강할 때는 오히려 인권을 유린하는 아주 강한 군사독재정치를 취하거나 우익 군사 쿠데타를 일으켜 더 강한 통치를 유도할 수도 있다는 점이다.

〈표 1-26〉　　　　　한국 정치시대상황별 강약과 저항의식 및 결과

연　　대	정 권	강약	시대 상황	저항 의식	결 과
1940~50년대	이승만	강	해방, 한국전쟁, 장기 독재	4·19민주학생혁명	하야
1960년대 초	윤보선	약	의원내각제, 정치혼란	정치사회 혼란	5·16
1960~70년대	박정희	강	경제발전, 독재정치	경제발전, 정치혼란	저격
1970년대 중·후	최규하	약	정치·사회혼란	정치·사회 대혼란	반납
1980년대	전두환	강	독재정치	정치암흑기	인계
1980년대 말	노태우	약	시간때우기식	정치 재개	합당
1990년 중반	김영삼	약	유아독존, 인기연연	경제 파탄	경선
2000년 초	김대중	강	경제혼란, 남북교류	중산층의 저항	-

© Chae Soo Myung 27

노태우 정권은 약성이면서도 민주화 바람과 군출신으로서 군을 장악하고 특별하게 주시, 관리했다는 점에서 계속된 저항에도 불구하고 무사히 임기를 마쳤다. 이를 계승하여 최초의 문민정부를 이룬 프리미엄의 김영삼 정권은 세계적 흐름의 물결과 초창기 국민들의 지지와 미약해진 군인을 특별관리하여 문제없이 지나갔으나, 말기에 IMF라는 경제신탁통치체제를 안는 바람에 대통령으로서 임무를 성실히 수행하지 못했다.

이와 같이 강약 순환론과 함께 야당과 재야세력과 대학생 및 넥타이 부대등의 저항은 시대상황에 따라 변화하고 있다는 점이다. 앞으로는 정치저항보다는 생존을 위한 20대들의 취업과 40대들의 생존을 위한 저항이 정치적으로

비화되어 통일을 위한 보수·개혁세력과 혼재한 상태에서 무능정치에 대한 저항운동으로 연계될 전망이다. 이로써 통치에 의한 강약보다는 여러 가지 사회문제와 연결된 저항에 따라 통치자의 강약 리더십도 변화하고 연구하여 발휘해야 할 때가 왔다.

3. 통치체제와 통일방안

1) 통치체제의 특성과 정치의 논리

(1) 대통령제와 의원내각제의 장·단점

대통령제는 권력분립의 원리에 입각하여 입법·사법·행정의 분리, 그 중에서도 특히 입법부와 행정부 간의 견제와 균형을 통해 권력의 집중화를 방지하고 국민의 자유와 권리를 최대한 보장하는 민주국가의 정부형태이다.

장점은 대통령 임기 동안 정국을 안정시킬 수 있고, 국회나 일반 국민의 행정부에 대한 부당한 간섭을 막을 수 있다. 반면에 단점은 대통령 직선으로 인한 과열경쟁과 망국적인 지역감정의 심화, 사회적 갈등, 정치불안, 행정력 강화, 엄청난 자금 및 사람을 동원하는 등 문제점이 너무 많다는 것이다.

또한 국정운영이 대통령과 국회로 나누어져 책임정치가 불가능하고 입법부와 행정부 간의 대립과 억제로 인한 시간적·경제적 낭비가 있으며, 독선정치를 하기 쉬웠던 관계로 영도적인 후진적 신대통령제(New presidential system)가 성행하는 등 견제세력이 없이 입법과 심지어는 사법부의 권한까지도 장악하는 등 권위주의로 흘러 결국 장기독재정치는 무력혁명과 군사 쿠데타가 내재될 위험성이 있다.

더구나 인물중심의 정치구도 속에 권력집중으로 인한 권위주의와 정치부패로 인한 정치발전의 저해는 산재해 있는 내적인 문제해결과 우리 민족의 숙원인 통일한국의 정부체제를 대비하기에 여러 모로 많은 문제점을 안고 있다.

미국 대통령제의 특징은 국민에 의한 간접선출, 국가원수로서의 행정부 수반, 행정부와 의회의 상호독립, 대통령과 내각의 의회에 대한 책임, 의회와 행정부의 견제와 균형이라는 점이다.

프랑스 대통령제의 특징은 독자적인 지위와 대권을 갖는 대통령, 대통령에 의해 임명되나 의회에 대해서도 책임을 지는 총리가 이끄는 정부, 무력화된 의회이기에 반대통령제·반의회제로 불린다.

임기는 4년(미국), 5년(브라질·페루·독일·인도네시아·한국), 6년(멕시코·아르헨티나·필리핀·이집트), 7년(프랑스·터키) 등으로 국가상황에 따라 약간씩 다르게 나타났다.

한편, **의원내각제**는 의원들에 의해서 국가가 운영되는 형태이다.

그 장점은 현대사회의 다원성을 고려하여 여러 사회세력들의 정치적인 욕구 수렴과 타협 및 조정을 가능케 하여 갈등을 해소하고 의회다수당의 정강정책을 반영하는 동시에 책임정치를 실현할 수 있다. 또한 우리의 경우, 남·북 통일 과정에서 남·북한의 이질성 극복과 다양한 요구 수용, 남·북한 간 합의에 의한 통일정부 수립, 정치세력간 타협과 조정이 용이하다.

반면에 단점은 지금까지 자질과 이권 및 금권선거 등 온갖 타락으로 국회운영을 지금보다 더욱더 비합리적·비능률적으로 운영할 가능성이 내재해 있어 과연, 행정부를 효율적으로 운영할 수 있을지에 대한 의문이 제기된다. 더구나 금권선거와 보스·파벌정치가 더욱 심화되어 정치헌금은 물론 신선하고 개혁성향이 있는 정치신인들의 문은 상대적으로 좁아질 것이며, 온갖 이권 개입으로 인한 정치 행정의 부패는 더욱더 심각해질 것이다. 정치와 행정이 독과점 체제로 변질되어 정치에 대한 국민들의 불신은 더욱 가중되고 선거 때마다 과반수 의석을 가진 집권당이 없다면 언제나 밀약에 의한 연립정부를 구성하는 만성적인 정치교착 상태에 빠질 위험이 충분히 내포되어 있다.

일본의 경우도 경제대국을 이루었으나 파벌정치와 금권정치는 결국 총리권력의 한계성이 드러나 소신 정책을 펼치지 못하고 있고, 영국·프랑스·이탈리아 등의 경우도 정치불안과 국민들의 불신이 고조되고 있다.

(2) 현행 대통령제와 의원대통령제의 혼합론

우리의 현행 헌법은 완전한 대통령제라기보다는 대통령제에 내각제 요소를 절충한 혼합형태이다.

내각제 요소인 국회의 국무총리 임명동의(헌법 86조), 총리의 국무위원 임용제청 및 해임건의(헌법 제87조), 국회의 총리 및 국무위원 해임건의권 (헌법 제63조)이 포함되며 총리와 국무위원 국회출석 및 답변(헌법 제62조), 대통령의 국법상 행위에 대한 총리 및 관련 국무위원의 부서와 국회의원의 국무위원 겸직 등이다.

이처럼 다른 나라 대통령에 비해 권한을 제한하는 것은 국정운영의 필요성이라기보다는 건국 초기에 이승만 대통령을 견제하겠다는 정치적 동기에서 생겨난 것이다. 그러나 여소야대 현상이 일어나면 국정운영에 지대한 영향을 끼쳐 대통령의 권한제한과 함께 행정이 마비되는 등 악영향을 끼치는 경우가 일어나고, 행정권력을 대통령과 국무총리로 이원화시켜 놓았기 때문에 국회가 국무총리를 인준하지 않으면 장관을 임명하지 못할 수도 있다.

한편 여소야대의 구조에서 대통령과 거대야당 간에 대립이 있을 경우 다수파가 지원한 국무총리와 대통령이 대립되어 국정이 마비될 수 있는 단점도 있으며, 총리는 대통령에게 책임을 지나 대통령은 국민에 대해 책임을 져야 한다는 점에서 국정운영을 효과적이고 책임있게 수행하기 위해서는 대통령이 행정부를 장악해야 하기에 각료의 임명을 총리에게 제청하게 하는 것은 모순이다.

우리 헌법에 국무총리의 권한은 행정을 총괄하며 국무회의 부의장으로서 대통령을 보좌하고, 국무회의도 의결기구가 아닌 심의기구로 되어 있다. 따라서 이미 의원내각제와 대통령제를 혼합하고 있는 상황하에서 좀더 각각의 단점을 보완하고 장점을 살린 새로운 통치제도인 혼합제를 모색하는 것도 고려해 봄직하다.

의회에서 책임을 지고 국가경영의 기획·집행·감사를 하며, 대통령은 주로 국방과 외교 및 통일을 전담하여 권력의 분산과 동반자적인 통치로 함께 책임을 지는 이원적인 형태도 검토될 때가 왔다.

그러나 어떤 형태나 제도가 문제라기보다는 이를 수행하는 정치지도자 집단들의 양식과 태도 및 행동이 문제가 되며, 국민을 위해서 통치한다는 점을 명심하여 실천하는 것이 더욱 요구된다.

(3) 정치적 상황논리의 연속성

으레 대통령 선거 때가 되면 헌법개정에 대한 논란은 단골 메뉴이다.

정권장악의 수단인 집권에 유리한 여건 조성이 그 이유로 50년 헌정사상 아홉 번이나, 그것도 졸속으로 개정했으니 헌법에 대한 권위가 추락했다고 해도 과언은 아니다.

〈표 1-27〉　　　　한국 역대 헌법개정과 권력구조의 특성

구　분	제 안 자	권력구조 특성
제헌헌법 (1948. 7. 17)	헌법기초위원회	대통령중심제, 의원내각제 가미, 국회에 의한 간선제
제1차(발췌)개헌 (1952. 7. 17)	정　부	정부의 대통령직선제와 야당의 국무원 연대책임제, 국민직선제
제2차(사사오입)개헌 (1954. 11. 29)	자유당	대통령 권한과 직위 강화, 초대대통령 중임제한 철폐, 국민직선제
제3차 개헌 (1960. 6. 15)	민의원(헌법개정 기초위원회)	의원내각제 도입, 국무총리 행정권 총괄
제4차 개헌 (1962. 11. 29)	민의원	
제5차 개헌 (1962. 11. 29)	국가재건최고회의 (헌법심의위원회)	대통령중심제(권력분립 유명무실화, 입법권과 행정권을 동시에 권력융합 통치), 국민직선제
제6차(3선)개헌 (1969. 10. 21)	민주공화당	대통령 3차 연임 허용, 국회의원의 국무위원 겸직 가능, 국민직선제
제7차(유신헌법)개헌 (1972. 12. 27)	정부	국가권력 집중된 영도적 대통령제(긴급조치권 등), 국회구성 대통령 관여(유정회), 통일주체국민회의에 의한 간선제
제8차(제5공화국헌법) 개헌(1980. 10. 27)	정부	7년 단임의 권력집중(신대통령제 성격), 국무총리 등 의원내각제 요소 가미, 대통령선거인단에 의한 간선제
제9차(제6공화국헌법) 개헌(1987. 10. 29)	여·야 공동	5년 단임의 대통령 권한 일부 축소, 국무총리 등 의원내각제 요소 가미, 국민직선제

　1985년 제12대 총선에서 야당과 국민의 대통령직선제로의 개헌 요구가 높아지자, 당시 집권당인 민정당은 대통령의 권위주의 체제를 타파하기 위해 과거 야당에서 주장했던 내각제 개헌안을 대안으로 제시했으나, 1987년 6·29 선언 이후 여·야 간 정치타협에 의해 직선제로 개헌되어 오늘에 이르고 있다.

　1990년 3당합당 후 내각제 개헌을 추진키로 합의했으나 무산되고 말았는데, 이러한 개헌논의는 범국민적인 논의와 합의를 거쳐 이루어졌다기보다는 소수 정치지도자들 간의 정략적 이해관계나 타협에 의해 이루어졌다는 점이 문제이다.

　내각제와 대통령제 간의 주장으로 개헌의 악순환이 지속된 우리의 헌정사와 정치환경 구조를 대통령제에 내각제를 더욱 가미하거나 내각제에 대통령제를 가미하는 등의 방법으로 문제점을 최대한 줄이고, 국정운영의 효율성을 극대화시키기 위한 연구가 필요하다.

　현행 대통령제의 임기 5년의 단임제는 취임 1년은 국정을 파악하고, 마지막 1년은 정부이양으로 인해 실제는 3년 정도밖에 일을 할 수 없다. 이같이 일관성 있게 중·장기 정책을 수행할 수 없다는 문제를 보완하기 위해 내각제 요소를 제거한 4년 중임제의 순수대통령제와 권력집중을 해소하기 위한 방안으로서 부통령제를 신설하는 것도 고려해 봄직하다.

　그 동안 우리의 현대정치사는 국민들의 민의와는 아무 상관없이 정치지도자들의 일시적인 이해논리와 파워게임에 의해 돌변해 왔으며, 또한 어떤 맥이 없이 그저 순간순간을 어떻게 잘 이용하느냐가 큰 관건으로서 조장과 음모 등의 연속이었다. 반세기만에 그런 대로 정치발전을 이룩하였고 국가발전에 지대한 공헌을 했다고 자평하는 학자와 전문가도 있으나, 이는 과거지향적으로 합리화하기 위한 수단에 불과할 뿐이다.

　국민과 국가를 위한 당쟁이었더라면 국민들의 저력과 정치싸움의 정열이 건전했다고 평가받을 수도 있고, 그 결과로 지금쯤 선진정치를 통해 충분히 선진국의 대열에 입문하였을 것이다. 그러나 그와는 정반대로 자기 당과 몇몇 당수들의 순간적인 이해와 감정 및 대권에만 관심을 썼던 관계로 아직도 혼란이 거듭되고 있다. 환상적인 우월주의에 사로잡혀 내가 아니면 안 된다는 극단적인 자기논리와 대통령으로서 국가와 민족을 위하기보다는 마치 이씨 조선시대의 왕으로서 법과 국민 위에 군림하려는 의식은 단지 개인의 한풀이용으로 변질되었다.

야당 역시 반대를 위한 반대로 변질해 야당은 온갖 핍박을 받는 한편 대안을 내놓지 못하는 등 국정의 파트너로 인정받지 못하고 있다. 정치는 결코 정치인들만의 독무대가 아닌데도 불구하고 이미 그들만의 독무대로 변질되어 새로운 변신이 어려울 정도가 되었다. 아직 우리의 정치는 후진성을 벗어나지 못하고 있어 국민들의 지탄과 함께 가장 개혁해야 될 세력으로 분류되고 있는 것이다.

국민들은 정치권을 싸잡아 욕하면서도 아쉬운 일이 있으면 그들에게 청탁하여 특혜를 누리거나 법망을 빠져나가려는 아주 얄팍하고 이율배반적인 행태에서 벗어나지 못하고 있다. 이와 같은 일시적 현상이 연속되어 결과론적으로는 관습화되다 보니 진정한 민주세력들은 조직, 자금, 공천의 한계점으로 인해 제도권에 들어가기 어려운 여러 가지 조건때문에 결국 제약을 받고 있어 더욱더 곤경에 빠지게 된다.

언론, 학계, 시민단체, 정치·사회 평론가, 건전한 민주시민들의 직·간접적인 정치, 사회참여로 정치논리가 아닌 법의 논리에 의한 보다 성숙된 정치체제로의 점진적인 변신을 위해 국민의식부터 개혁되어야 한다.

2) 남·북통일 방안과 의원대통령제

(1) 남·북통일 5단계 방안과 통일비용

2000년 6월 15일은 역사적인 감동의 날이었다.

김대중 대통령이 평양에 가서 김정일 국방위원장을 극적으로 만나 회담함으로써 지구촌에서 마지막 남은 분단국이 새로운 국면을 맞이할 수 있도록 기회를 만든 것이다.

구 소련의 붕괴와 더불어 이미 정치적으로는 공산주의를 고수하면서도 경제적으로는 개방자본주의라는 이중구조를 실시한 결과로 성공한 케이스인 중국 등의 세계변화 속에 북한의 고립 상황이 점점 초조해져가고 있었을 것이다. 즉 공산주의의 붕괴, 어려운 내부 경제사정, 지도층의 신·구 세력간의 갈등 등은 이미 위험수위를 넘어 파산의 직전에 왔을 것이라는 추측은 점점 설득력을 얻고 있다.

그러나 상호국가인정을 통한 불가침 선언만으로 아직 완전하게 안전을 보장할 수 없음도 경계해야 한다. 그렇다고 해서 지나치면 해빙무드가 방심을 가져와 오히려 역효과를 초래할 수도 있다는 점도 고려해야 한다.

그 동안 식량지원과 다양한 교류를 통한 분위기 조성 등이 기여한 바가 매우 크다는 점에서 상호군비축소, 문화교류·이산가족상봉, 상호왕래, 사상의 동질성 회복, 북한 경제의 성숙 등이 조속히 이루어진다면 그 다음은 시간문제다. 그렇다고 해서 베트남, 독일, 예멘과 같이 갑자기 한쪽 중심의 일방적인 흡수통일을 이루자는 것은 아니다. 이들이 결과적으로 많은 문제점이 드러났다는 점에서 더욱더 인내와 시간이 필요한 것이다.

따라서 평화공존, 평화교류, 평화통일을 위해서는 결국 1연방 2독립정부, 1연방 2지역 자치정부, 1국가 1정부의 3단계 통일방안을 보다 구체화하는 접근방법이 가장 바람직하다고 본다.

이를 위해 구체적인 통일방법 및 통일헌법 제정과 함께 이를 추진하기 위한 막대한 통일비용이 필요하다. 하지만 이를 위해 통일비용 비축(국비·국방비), 통일세(직·간접), 통일통장, 기부금은 가능하나 외채를 끌어들이는 방법은 신중해야 할 것이다.

현재 국채가 너무 많은 상황에서 또 외채를 끌어다 사용한다는 것은 영원한 채무국으로 낙인찍힐 염려와 함께 제2의 국가부도 위기사태를 맞이하게 될 수밖에 없다는 점에서이다.

　　통일비용 마련을 위해 1인 1통장을 갖고 매달 1만 원씩 저축한다면, 국민
의 80%만 협력해도 매달 4조 원, 1년이면 원금만 48조 원, 5년이면 240조
원이 되며 상호계약과 감시로 국방비를 줄인다면 그 자금은 어느 정도 충당할
수 있다. 이 같은 복안을 노태우 정권이 남·북 화해를 내걸었던 1988년부터
추진하였더라면, 지금쯤 약 480조 원이 넘어 아무 문제없을 것이나 우리 정권
의 생리상 임기만을 마치는 데 급급할 따름이었다. 오늘날 경기침체로 생활고
에 허덕이는 하류층이 많아 이에 대한 추진은 안개 속에 잠긴 것처럼 불투명
해졌고 정부예산에서 절약하는 등 총체적인 방법을 통한 비축의 길밖에 없다.

(2) 남·북통일 준비 통치자론

　　현재 우리의 통치체제는 막강한 대통령제이면서도 의원내각제가 가미되어
있다. 그러나 앞으로 민족적 과제인 통일과업을 수행하기 위해서는 어쩔 수 없
이 통치구도가 변화할 수밖에 없어 흡수통일을 이룩한다면 대통령제가 바람직
할 수 있겠으나, 외국의 경우에서 보았듯이 많은 문제점들이 산재해 있다. 따
라서 우리 특성상 5단계 통일방안이 바람직하므로 가장 합리적인 내각제로 변

화하여 의원내각제와 대통령제를 혼합한 의원대통령제를 도입할 수밖에 없을 것이다. 지금까지는 여·야 간 대권총수들의 이해관계에 따라 변질되었으나 이제는 소장파 의원들과 시민단체 및 의식 있는 중산층들의 직·간접적인 정치 관여로 과거처럼 일방적으로 따르지만은 않을 것이다.

그러나 아직까지는 기득권적 구세력이 막강하고 개혁성이 강한 신진세력이 미비하여 다소의 시간이 필요하나 그렇다고 오래 걸리지는 않을 것으로 보인다. 국민여론이 이미 정치혁명을 간절히 바란다는 것은 정치지도자들의 물갈이를 바란다는 것으로써 이미 정치거물들이 선거 때마다 추풍낙엽처럼 떨어져 자연도태의 가속화 페달을 밟고 있다는 증거이다. 그러나 무엇보다도 완벽하게 장악할 수 없는 지역패거리 정치상황에서는 정치 9단들과 그 추종세력들에 의해서 연대, 연합을 내심 바라고 있을 수밖에 없다.

더구나 정부각료들은 자리에 연연해 대통령과 그 측근들의 눈치나 보면서 비위를 맞추는 데만 관심이 있어 소신과 책임성이 전무해 소신과 일관성 있는 추진 및 책임을 실현하기 위해서라도 의원대통령제를 선택해야 한다는 점에서 새로운 형태의 계파정치는 어쩔 수 없는 자연의 순리이다. 이때 대통령은 국가의 상징적인 위치로 국방과 외교를 전담하고 부통령이나 국무총리는 내각을 장악하고 관리·경영하는 등의 권력 이원화가 남·북 통일을 고려한 이상적인 통치형태이다. 갈등과 모순도 있겠으나 특히 대통령은 국방과 외교만을 전담하게 되면 오히려 합리적으로 통일을 앞당기는 데 주력할 수 있어 능률을 꾀할 수 있다는 장점이 있다.

2015년경에 남·북 완전통일을 이룬다고 가정한다면, 남한에서는 적어도 2007년경에는 의원대통령제를 실시해야 6~7년이면 1, 2회의 경험을 쌓으면서 시행착오를 수정할 수 있고, 그 경험을 토대로 나타나는 문제들을 극소화시키기 위해 노력해야 하는데, 이는 시간은 그리 많은 편이 아니다. 이렇게 볼 때 결코 시간이 많은 것도 아니나, 그렇다고 해서 지금 당장 의원대통령제를 해야 한다는 주장을 하는 것은 아니다. 점진적인 전환으로 방안을 모색하는 등 폭넓고 심도 있는 학술적인 연구가 선행되어야 하나 그렇지 못한 실정이 안타

까울 따름이다.

　이에 가칭 「남·북통일연구원」이나 「한민족연구원」 등을 설립하여 언어, 역사, 문화, 예술, 종교, 환경, 정치, 경제 등 다양한 분야의 체계적인 연구가 시급하다. 이를 바탕으로 남·북한 간에 연구한 것을 조율하며 더 나아가 남·북 공동으로 연구원을 설립하여 합리적으로 연구하기 위한 노력이 필요하다.

　과거 일본이 1,500개의 소국들을 통일하기 위해 조선을 침략, 점령하여 국력을 모았듯이 우리도 남·북 통일이라는 과제를 풀기 위해 에너지를 모은다면 충분히 가능한 일이 아닐 수 없다. 하지만 이런 거대한 민족적인 숙원의 해결 상황하에서도 짧은 시각만으로 권력투쟁이라는 20세기적 사고를 갖고 있는 행태는 점점 비생산적인 정치로 결국 정치 후퇴를 가져와 국민들로부터 비난의 화살을 맞을 수밖에 없는 안타까운 현실이다. 거대한 우리 민족의 숙명적인 과제가 눈앞에 다가왔기에 통치자들은 새로운 의식으로 민족역사적인 안목을 갖고 접근해야 한다.

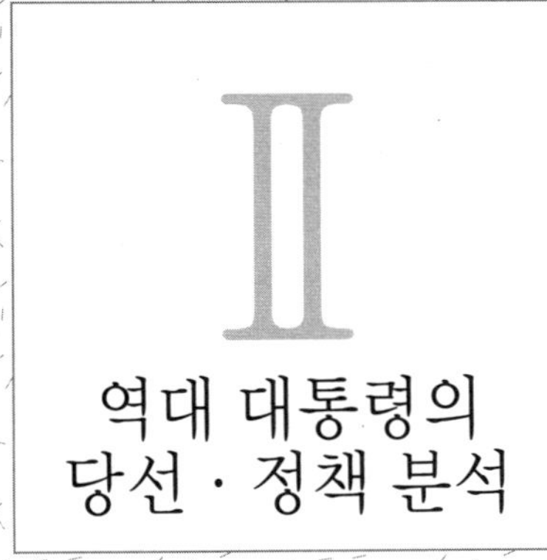

II

역대 대통령의
당선 · 정책 분석

1. 역대 대통령 당선 배경

1) 이승만에서 전두환까지

(1) 초대 대통령에 당선한, 이승만(李承萬)

독립운동가로서 국내 박사 1호가 된 초대 대통령 이승만은 건국의 아버지로 추앙 받았다. 그러나 뜻하지 않게 장기독재로 인한 민중혁명에 밀려 결국 말년에는 비참하게도 하야·망명하는 불운을 겪었으니, 초대 대통령부터 출발이 좋지 않았다.

이승만은 어머니 김씨가 40세가 되어 '용이 하늘에서 내려와 가슴으로 뛰어 들어오는……' 태몽을 꾸고, 6대 독자로 1875년 3월 26일, 황해도 평산군 능내동에서 양녕대군의 15대손 이경선의 외아들로 태어났는데 원래 이름은 이승룡이었다.

아버지가 박학한 양반계급이었지만 넉넉하지 못해 언덕 기슭의 조그만 초가집에서 행복한 유년시절을 보냈고, 어머니는 당시로서는 드물게 한문교육을 받은 여성이었기 때문에 한시를 읽어 주는 등 교육열이 남달랐다. 아들의 교육을 위해 세 살 때 서울의 남쪽 도동으로 이사해 「도동서당」에서 여섯 살 때 천자문 전체를 외웠고, 눈병을 앓자 친척 중 혜민서에서 일하던 사람의 소개로 서양의사한테 치료를 받는 과정에서 서양인과 인연을 맺게 되었다.

청·일 전쟁이 일어난 1894년, 열아홉 살의 늦은 나이에 배재학당에 입학하여 꿈에도 그리던 서양문명과 접했고, 졸업 후 1895년 8월 모교의 영어교사로 활동하면서 독립에 대한 관심을 높여갔다. 다음해 「협성회보」의 기자로 활동하면서 서재필의 권유로 자연스럽게 〈독립협회〉에 가담하여 활동하다 〈황국협회〉의 무고로 1898년 투옥되어 종신형을 받았다. 이런 가운데에도 희망을 가져 기독교로 개종하였다. 민영환의 주선으로 7년만에 석방되었으며, 애국심이 강했고 영어를 잘한 덕분에 그의 주선으로 1904년 고종의 밀서를 갖고 미국에 건너가 루즈벨트 대통령을 만나 일본 침략에 대한 독립을 호소했으나 일제에게 매수된 주미공사관 서기 김윤정의 방해로 뜻을 이루지 못했다.

그는 미국에 머물면서 학문을 닦기로 결심하고 워싱턴대와 하버드대를 거쳐 1910년 프린스턴대에서 「미국의 영향을 받은 영세중립국」에 관한 연구논문을 발표하여 국내 최초로 박사학위를 받았다. 귀국 후 YMCA 활동을 하다가 1912년 세계감리교 대회에 한국대표로 참석차 도미하여 박용만의 권유로 하와이에서 〈한인학원〉을 운영했다.

그러나 박용만과 견해가 달라 충돌한 이후 1917년 「동지회」를 조직하여 호놀룰루에 기독교학원 「독립군관학교」를 설립하여 인재를 양성하였다. 다음해 4월 상해 대한민국 임시정부의 초대 국무총리로 추대된다. 다음해 임시정부의 대통령에 취임했으나 지지세력이 취약해 배척 당하자, 1921년에 사임하고 미국으로 건너가 독자적으로 독립운동을 할 수밖에 없었다.

1933년 스위스의 제네바에서 열린 「국제연맹회의」에 참석하는 과정에서 자연스럽게 알게 된 오스트리아 출신 프란체스카와 다음해에 재혼하였고 1945년 10월 26일, 33년만에 조국으로 돌아와 「독립촉성중앙위원회」 총재, 「대한국민투표 민주의원」 의장, 「민족통일본부」 총재가 되었다.

그러나 12월 하순 「모스크바회의」에서 5년 동안 신탁통치를 결의하자 김구와 함께 반대했으나, 남·북한 총선거 문제를 놓고 서로 의견이 대립되어 정적 관계로 발전되는 상황하에서 북한은 단일후보 김일성을 뽑아 소련의 임명으로 공산정권이 들어서고 말았다.

1948년 5월 10일 제헌국회의원에 무투표로 당선된 뒤에, 5월 30일 임시 의장으로 선출되었다가 국회의장에 피선되어, 7월 17일 민주주의 원칙에 의거한 대한민국 헌법 및 정부조직법을 공포하였다. 7월 20일 임시 3회 33차 본회의 국회의원들에 의한 대통령 간접선거에서 재적의원 198명 중 196명이 참석하여 1표 무효로 180표라는 압도적인 지지를 얻어 정치 최대 라이벌로서 13표를 얻은 김구를 제치고 73세의 고령에도 불구하고 초대 대통령에 당선

(부통령 이시영)되는 행운을 얻었다. 이로써 8월 15일 0시를 기해 대한민국 정부수립을 선포하였던 것이다.

〈표 2-1〉   제1대 대통령 선거 결과

1948. 7

소속정당	후보자	총유권자	총투표자	투표율	득표수	득표율(%)	당락
-	이승만				180	91.8	당선
-	김구	198	196	98.99	13	6.6	낙선
-	안재홍				2	1.0	서재필 외국국적으로 등록 무효

자료 : 중앙선거관리위원회 무효 1표 대한민국선거사(제1집) 1973. p.763

동족상잔의 최대비극 한국전쟁중인 1951년에 자유당을 창당하고 총재가 된 후 1952년 임기가 끝나자 간접선거로는 재당선이 불가능함을 알고 임시수도 부산에서 직선제 개헌을 시도해 부산 일원에 계엄을 선포하고 깡패·폭력집단을 동원해 국회의 해산을 요구하였다.

7월 4일 경찰의 삼엄한 감시 하에 대통령 직선제를 위한 「발췌개헌안」을 기립 표결로 통과시키는 어이없는 일을 저지른 후에 국민투표를 실시하여 74.6%라는 높은 지지를 얻어 8월 5일 제2대 대통령(부통령 함태영)에 쉽게 당선되었다. 추종세력들이 권력유지를 위해 종신 대통령을 만들고자 대통령 3선 금지조항을 없애려고 온갖 노력을 하는 중이었다.

〈표 2-2〉   제2대 대통령 선거 결과

1952. 8

소속정당	후보자	총유권자	총투표자	투표율(%)	득표수	득표율(%)	당락
자유당	이승만				5,238,769	74.6	당선
무소속	조봉암	8,259,428	7,020,684	88.1	797,504	11.4	낙선
	이시영				764,715	18.9	
	신흥우				219,696	3.1	

자료 : 중앙선거관리위원회, 대한민국선거사(제1집) 1973. p.736

　　1954년 11월 19일 제3대 국회의원 선거 결과 여당인 자유당은 114석을 확보해 전체 ⅔석인 116석에도 못미쳤다. 개헌을 위한 투표에서 재적 203명 중 반대 60, 기권 7표로 찬성표가 무소속의원 1석을 포섭하여 단 1표가 부족한 135표로 부결되었으나, 사사오입을 내세워 번복, 개헌안을 통과시키는 과잉충성을 자행하였다.

　　1956년 8월, 제3대 대통령 유세 당시 민주당의 해공 신익희는 '못살겠다 갈아보자, 밑져봐야 본전이다.'라는 구호로 커다란 반향을 일으키자 이에 대해 자유당은 '갈아봤자 별 수 없다. 구관이 명관이다.'라며 되받아쳤으나 큰 효과를 얻지 못한 상황에서 선거유세중 강력한 후보자 신익희가 급서하고 말았다.

〈표 2-3〉　　　　　　　　　　제3대 대통령선거 결과

1956. 5

소속정당	후보자	총유권자	총투표자	투표율(%)	득표수	득표율(%)	당락
자유당	이승만				5,046,437	70.0	당선
무소속	조봉암	9,606,870	7,210,245	94.4	2,163,808	30.0	낙선
민주당	신익희				사망	–	–

자료 : 중앙선거관리위원회, 대한민국선거사(제1집) 1973. p740

　　이로써 70%의 지지로 손쉽게 제3대 대통령에 취임(부통령 장면)한 뒤 차기 선거에 대비하기 위해 국가보안법 등 관계법령을 욕심대로 개정하였으며, 강력한 정적 조봉암은 1959년 7월 간첩죄로 사형이 집행되었다.

〈표 2-4〉　　　　　　　　　　제4대 대통령선거 결과

1960. 3

소속정당	후보자	총유권자	총투표자	투표율(%)	득표수	득표율(%)	당락
자유당	이승만				9,633,376	88.7	당선
민주당	조병옥	11,196,490	10,862,272	97.0	사망	–	–

자료 : 중앙선거관리위원회, 대한민국선거사(제1집) 1973. p.740

　1960년 3월, 제4대 대통령 선거에서 민주당 조병옥은 '썩은 정치 몰아내자.'라는 구호로 자유당 이승만을 공격하였으나 급서하여 1.2%를 얻은 김창숙을 누르고 80.3%의 지지로 이승만이 제4대 대통령에 당선되었다.

　이승만은 나이가 많자 그 대비책으로서 내무장관 최인규의 주도로 사전투표 등 부정선거를 저질러 이기붕이 72%를 얻어 민주당의 장면 등 7명을 물리치고 부통령에 당선되는 이변을 낳았다. 그러나 투표 당일 마산에서의 규탄시위가 전국으로 급격히 번져 결국 4.19민주혁명으로 이어지는 국가혼란을 수습하지 못할 위기에 이르자 결국 4월 26일 하야성명을 발표함으로써 집권 12년만에 막을 내렸다. 5월 29일 하와이 망명길에 올랐다가 고국을 그리는 가운데 1965년 7월 19일 심장병으로 '제발, 조국으로 데려가 주시오.'라는 말을 남기고 91세로 타향에서 생애를 마감했다.

(2) 의원내각제의 실험 모델, 윤보선(尹潽善)

　영국신사 윤보선은 최초로 실시한 의원내각제의 대통령이었으나 정권 장악력이 약해 박정희 소장의 군사 쿠데타로 소신를 펴지 못하고 물러나 평생 동안 야인으로 활동해야만 했다.

　1897년 충남 아산시 음봉면 뒷내에서 태어났는데, 그의 아버지는 16명을 낳았으나 실제 형제가 아홉이고 나머지 7명은 죽었으므로 자연스레 맏이가 되었다. 부모의 교육열이 높았던 관계로 1906년 상경하여 관립 교동소학교에 입학하여 현재 천도교 자리에 200칸의 고래등 같은 저택에서 살다가 다시 안국동의 250칸으로 옮겼다. 쌀만 1만 2,000섬씩 추수하였고 경성방직을 운영하는 등 그 당시로서는 상상도 하지 못할 거부였으며, 재동학교 강당과 안동교회 건축시 기부금을 희사하는 등 사회에도 많은 기여를 하였다.

　중국에서 신해혁명이 일어나자 이에 자극을 받고 1917년 상해로 건너가 독립운동을 하였다. 1921년 영국 에든버러대에 유학하여 고고학을 전공하고 1927년 졸업 후 귀국하였으나 은둔생활을 하는 등 고통의 나날을 보냈다.

　1945년 9월 1일, 자택에서 「한민당」 창당 준비모임을 개최하였고 미군정청

농상국 고문, 한·영협회 회장을 지냈다. 다음해 「민중일보」 사장으로 활동한 이래 1948년 5월 제헌국회 선거 당시 아산에서 출마했으나 낙선하고 12월 서울시장, 1949년 6월 상공부 장관·한·영협회 회장, 1950년 대한적십자사 총재에 취임하였다.

1954년 5월 종로에서 민주당 소속 제3대 국회의원에 출마하여 12명의 거물급 후보들을 물리치고 압도적으로 당선된 이래 승승장구하여 1958년에 민주당 중앙위원회 의장, 제4·5대 민의원을 거쳐 1959년 민주당 최고의원이 되었다. 드디어 1960년 4·19의거로 인하여 이승만 정권이 붕괴되자 6월 제3차 개헌으로 의원내각제를 채택하여 국회에서의 간접선거에서 8월 13일, 제4대 대통령에 당선되었다.

<표 2-5> 　　　　　　　　　제4대 대통령(간접) 선거 결과

1960. 8

소속정당	후보자	총유권자	총투표자	투표율(%)	득표수	득표율(%)	당락
민주당	윤보선	263 (재적의원수)	259	98.48	208	79.1	당선
민정당	김창숙				29	12.6	낙선
-	기타10후보				16	6.1	
-	기권무효				10		-

자료 : 중앙선거관리위원회, 대한민국선거사(제1집) 1973. p.748

1961년 5월 16일 군사 쿠데타가 일어나 5월 19일 대통령 하야성명을 발표했으나, 다시 하야 결정을 번복하자 다음날 장도영 중장을 수반으로 하는 혁명내각이 구성되어 압력을 가하므로 어쩔 수 없이 1962년 3월 22일 사임하고 말았다. 1963년 5월 14일 민정당을 창당하여 제5대 대통령에 출마했으나 15만 표라는 근소한 차이로 져서 '선거에는 이기고 개표에는 졌다.'라는 유명한 말을 남겼다.

전국구로 제6대 국회에 입성해 1965년에 민중당을 창당했으나 탈당하여 의원직을 잃고, 1966년 신한당을 창당하여 총재가 되었다. 1967년 신민당을 창당하여 대통령 선거에 출마했으나 낙선한 후에 고문으로 있다가 탈당하여 1970년 국민당을 창당하고 국민당 총재가 된 후에 정계에서 은퇴하였다.

긴급조치 위반으로 곤욕을 치렀고, 1976년 3월 1일 명동성당 시국선언문 발표사건 때 '박정권에는 반대하지만 법은 지켜야 한다.'며 법정에 서서 박정권에 저항하는 등 창당과 합당 그리고 탈당의 연속은 물론 박정희 정권으로부터 탄압을 받는 등 그의 정치생활은 순탄하지 않았다.

1979년부터 「민족사바로잡기 국민회의」 의장, 「신민당」 상임고문, 1985년 「사회복지협회」 회장으로 활동하다가 1990년 병환으로 7월 18일 94세로 일생을 마쳤다. 인촌문화상을 수상하였고, 저서로는 《구국(救國)의 가시밭길》이 있다.

(3) 5·16 혁명을 일으킨, 박정희(朴正熙)

교사에서 군인으로 변신한 후 후배들의 적극적인 지원 아래 사회 혼란을 틈타 쿠데타를 일으켜 권좌에 올랐다. 18년 동안 통치하면서 조국근대화라는 위업과 함께 장기독재로 인한 문제점을 낳기도 하였다.

1917년 11월 14일, 경북 구미시 상모리에서 소작인의 아들로 태어나 가난 속에서도 항상 용감하고 정의롭게 자라면서 존경했던 셋째형으로부터 지대한 영향을 받았다. 구미보통학교를 나와 당시로서는 수재들이 모였다는 대구사범학교를 1937년에 졸업하고 1937년부터 1940년까지 문경소학교에서 교사생활을 하였으나 저돌적인 성격에 만족하지 못하고 보다 더 큰 꿈을 실현하기 위해 그만두었다.

1941년, 만주군관학교에 2기로 입학하여 1년 후에 수석으로 졸업하고 다시 1944년 일본육사를 졸업하여 관동군에 배속 받아 화북지방 전투에 참가하던 중 중위로 해방을 맞이하였다. 1946년 9월에는 조선경비사관학교(육군사관학교의 전신)에 2기로 입학하였는데, 다음 달인 10월에 대구폭동사건이 일어나 셋째형이 죽음을 당하는 불행을 겪었다.

임관 후 대위로 진급였으나 1948년 10월 20일 육사생도 대장(소령)으로서 여순반란사건에 연루되어 체포, 1949년 군법회의에서 사형선고를 언도 받았다. 그러나 동료장교들이 이승만 대통령에게 간곡한 감형 운동을 하여 특별 석방되었다. 문관으로 육본 정보국 제1과장 보직에 근무하다가 1950년 6월 25일에 한국전쟁이 일어나자 소령으로서 전투과장에 복귀한 가운데 첫부인과는 뜻이 맞지 않아 헤어졌고, 12월 12일 육영수 여사와 결혼하였다. 1953년 육군 준장으로 진급하였고 1955년 제5사단장을 거쳐 1960년 7월 정군운동의 핵심요인으로 제1관구사령관으로 좌천되기도 하였으나 2개월 후 육본 작전참모부장을 거쳤다.

1961년 제2군 부사령관 재직중 김종필 예비역 중령 등이 핵심참모로 철저하게 준비된 철통같은 보안작전 아래 5월 16일 새벽 3시에 한강교를 건너 군사혁명을 일으켰다. 그는 장도영 육군참모총장에게 보낸 서신에서 "백두대간에 놓인 국가와 민족을 구하고 명일의 번영을 약속할 수 있는 유일한 방도는 이 길 하나밖에 없다는 확고부동한 신념과 민족적인 사명감에 일관하여 결사 감행된 것입니다. 만약에 우리들이 택한 이 방법이 조국과 겨레에 반역이 되는 결과가 된다면 우리는 국민들 앞에 사죄하고 전원 자결하기를 맹세합니다." 라고 보고하였다.

결국 긴박했던 혁명이 성공하여 그는 계획대로 혁명위원회의 부의장이 되었고, 1961년 7월 3일 제2대 국가재건최고회의 의장이 되어 11월 12일 전격적으로 일본을 방문하여 이케다 수상과 한·일 국교정상화에 합의하였으며 11월 15일에는 미국의 케네디 대통령과 회담함으로써 자신의 당위성과 입지를 차근차근 구축해 나갔다.

1962년 1월 1일, 제1차 경제개발계획 실시와 1962년 3월 24일 대통령 권한대행으로 군정을 실시, 내각을 수반하다가 12월 제5차 헌법 개정으로 대통령제를 채택하는 등 분위기가 조성되자 혁명 취지와는 달리 1963년 육군 대장으로 예편하여 군복을 벗고 민정에 참여하였다.

확실하게 정권을 잡은 그는 1963년 12월 17일 치밀한 계획 아래 민주공화당을 창당하여 총재로서 제5대 대통령 선거에 뛰어들었다. 이때 열심히 일하겠다는 의지를 보여주기 위해 황소를 상징동물로 하여 '새 일꾼에 한 표 주어 황소같이 부려보자.'라는 구호를 제시하였다.

　　최대 라이벌 민정당의 윤보선은 '군정으로 병든 나라 민정으로 바로잡자.'고 외쳤으며 추풍회의 오재영은 '배고파 못살겠다. 죽기 전에 살길 찾자.'고 하였고, 자유민주당의 송요찬은 군인 출신답게 '다 죽겠다, 갈아치자.'라고 내걸었다. 결국 숨막히는 혈전을 벌여 박정희 후보(46.6%)가 윤보선 후보(45.1%)를 불과 15만 표라는 근소한 차이로 제5대 대통령에 당선됨으로써 제3공화국을 출범시켜 정권의 정통성을 확보하였다.

〈표 2-6〉　　　　　　　　　제5대 대통령 선거 결과

1963. 10

소속정당	후보자	총유권자	총투표자	투표율(%)	득표수	득표율(%)	당락
민주공화당	박정희				4,702,640	46.6	당선
민정당	윤보선	12,985,015	10,081,198	85.0	4,546,614	45.1	낙선
－	기타3후보 (2명사퇴)				831,944	8.3	

자료 : 중앙선거관리위원회, 대한민국선거사(제1집) 1973. p.753

　　무엇보다도 조국근대화라는 이슈 아래 미국의 권고와 자국의 이익을 위해 1965년 베트남전 파병을 결정하는 등 많은 일을 한 결과, 1967년 5월 3일 제6대 대통령 선거에서 또 한 번 윤보선과 대결하여 힘겹게 당선되었다.

〈표 2-7〉　　　　　　　　　제6대 대통령 선거 결과

1967. 5

소속정당	후보자	총유권자	총투표자	투표율(%)	득표수	득표율(%)	당락
민주공화당	박정희				5,688,666	51.5	당선
신민당	윤보선	13,935,093	11,645,215	83.6	4,526,541	40.9	낙선
－	기타4후보 (1명사퇴)				843,514	7.6	

자료 : 중앙선거관리위원회, 대한민국선거사(제1집) 1973. p.758

민주공화당의 박정희는 '황소 힘이 제일이다. 틀림없이 공화당.'이라 하자 민주당 윤보선은 '지난 농사 망친 황소, 올 봄에는 갈아보자.', '박정해서 못살겠다. 윤택하게 살아보자.'고 했으나 5.5%의 표를 더 획득한 박정희가 결국 제6대 대통령이 되었다.

1968년 1월 21일 북한의 무장군인 김신조가 청와대 부근까지 침투한 사건이 일어나 더욱더 안보체제를 강화하게 되었으며, 1969년 10월 대통령의 3선 허용을 주요 내용으로 하는 제6차 헌법개정안을 확정시켰다. 1971년 4월 27일 제7대 대통령 선거에서는, 3선을 노린 공화당의 박정희가 '안정 위의 번영·중단없는 전진·중단하면 후퇴하고 전진하면 자립한다.'며 호소하자 40대 기수론을 통해 혜성같이 나타난 신민당의 김대중은 '10년 세도 썩은 정치, 못참겠다 갈아치자. 용감하게 대중 뽑아 행복하게 대중 살자.'며 외쳐 커다란 위력을 발휘하였지만 90만 표(7.9%) 차이로 박정희가 당선되었다.

〈표 2-8〉   제7대 대통령 선거 결과

1971. 4

소속정당	후보자	총유권자	총투표자	투표율(%)	득표수	득표율(%)	당락
민주공화당	박정희				6,342,828	53.2	당선
신민당	김대중	15,552,236	12,417,824	79.8	5,395,900	45.3	낙선
–	기타3후보 (2명사퇴)				184,490	1.5	

자료 : 중앙선거관리위원회, 대한민국선거사(제1집) 1973. p.763

1972년 7월 4일 남·북 공동성명 발표, 10월 17일 유신체제·비상계엄 선포에 의거한 국민투표로 확정된 그야말로 장기독재 집권의 음모가 담긴 「유신헌법」을 12월 27일에 선포하였다. 1972년 12월 23일 통일주체국민회의를 만들어 의장이 되었으며, 99.9%로 제8대 대통령에 당선되었지만 야당과 의식이 있는 국민들의 불만은 날로 높아만 갔다.

1973년 8월 8일 김대중 납치사건이 발생하여 중앙정보부의 의혹 아래 국

내·외에까지 인권유린에 대한 저항이 강하였으며, 1974년 8월 15일에는 광복절 행사장에서 조총련 문세광의 육영수 여사 저격사건이 발생하여 안보문제가 심각해졌다.

1975년 2월 12일 유신체제에 대한 찬·반 국민투표를 실시하여 유신헌법 및 대통령의 신임투표에서 지지를 얻자 자신감을 얻게 되었으며, 1978년 12월 27일 통일주체국민회의에서 99.9%의 찬성표를 얻어 제9대 대통령에 당선되었다.

<표 2-9>　　　　　　　　　제8·9대 대통령 선거 결과

구 분	일시	선거방법	소속정당	후보자	총유권자	총투표자	투표율	득표	득표율	무효
8대	1972. 12. 23	통일주체 국민회의	민주공 화당	박정희 (단독 출마)	대의원수 2,359	2,359	100	2,357	99.9	2
9대	1978. 7. 6				2,583	2,578	99.81	2,577	99.9	1 기권 (3)

자료 : 중앙선거관리위원회　역대 대통령 선거상황 p.295, p.40

(4) 10·26 사건으로 어부지리한, 최규하(崔圭夏)

정통 관료 출신 최규하는 천운을 타고났는지, 박정희 대통령 시해사건으로 인해 국가의 최고 권좌에 오르게 되었다.

그는 1919년 7월 16일 오전 7시, 강원도 원주시 평원동 25번지에서 아버지 최양오와 어머니 전주 이씨 사이에서 장남으로 태어났다. 원주보통학교를 다니다가 경성제일고등보통학교 1학년에 입학한 후에 4학년 때인 1935년 11월, 부모님의 뜻에 따라 홍기 여사와 결혼하였으며 1937년에 졸업하였다. 그러나 조부의 별세와 아버지의 사업 실패로 가세가 기울자 학비 부담과 후일 동북아 정세를 고려해 1937년 동경고등사범학교 영문과에 합격하여 1941년 졸업하고 1943년 만주 대동학원을 졸업하였다.

광복후 서울대학교 사대에서 교수로 재직하다가 1946년 중앙식량행정처 기획과장으로 공무원의 길에 들어서서 1948년 정부수립과 동시에 농림부 양정과장이 되었고, 1951년 9월 싱가포르 국제회의에서 외국어 능력과 국제회의의 대표로서 활동력을 인정받아 변영태 외무부 장관에 의해 발탁되어 귀속농지관리국 국장서리에서 외무부 통상국장이 되었다.

1959년 주일본대표부 공사로서 외교 기반을 구축한 후 41세의 젊은 나이에 외무부 차관으로 발탁되었으나 다음해 5월 사임하였다. 1962년 외무부 장관 고문, 다음해 외무부 본부대사에 임명되었으며, ASPAC 설립에 미온적이던 말레이시아 수상을 설득하기 위해 1964년 특명전권대사가 되어 맹활약을 하였다.

1967년 제14대 외무부 장관으로 발탁되어 외교활동을 하다가 1971년부터 대통령 외교담당 특별보좌관으로서 1972년과 1973년 남·북 조절위원회 서울측 위원 자격으로 평양을 방문하였으며, 세계 24개국을 친선 방문하는 한편 석유파동(1973~1979) 때는 산유국을 방문해 석유 위기를 해결하는 등 그의 외교활동은 탁월했다.

1975년 12월 19일 국무총리 서리에서 1976년 3월 13일 국무총리가 되어 '민주정치, 경제, 사회 등의 상호 균형 발전이 실질적인 국가발전의 바탕이 된다.'는 신념으로 국정에 임하였다.

1979년 10·26 박정희 시해사건에 의해 국가적으로는 불행하였지만, 개인적으로는 헌법에 따라 자동적으로 대통령 권한대행을 수행하는 행운을 얻게 되었다.

〈표 2-10〉　　　　　　　　제10대 대통령선거 결과

1979. 12

선거방법	소속정당	후보자	총유권자	총투표자	투표율	득표	득표율	무효
통일주체 국민회의	-	최규하 (단독출마)	대의원수 2,583 23(사퇴, 사망)	2,549	99.57	2,465	96.7	84

자료 : 중앙선거관리위원회　역대대통령선거상황. 1980. p.41

'헌법에 규정된 절차에 따라 대통령 선거를 실시하여 정부를 이양할 것이며, 새 대통령은 잔여 임기를 채우지 않고 의견을 수렴하여 헌법을 개정해야 할 것'이라고 강조하였다.

이때 김종필이 통일주체국민회의에 대통령 출마 움직임이 일자 실세였던 전두환은 최규하 대통령 권한대행을 의장으로서 단독 출마시켜 12월 6일 제10대 대통령으로 선출되었다.

1980년 5월 국가보위비상대책위원회 의장이었지만 허수아비가 된 그는 전두환 신군부의 압력을 받아 결국 8월에 대통령직을 사임하고 「국정자문회의」 의장(1981~1988), 「민족사바로잡기국민회의」 의장(1991~1993)으로 활동했다.

1970년 한국외국어대학교에서 명예문학박사 학위를 받았고, 무궁화대훈장·수교훈장 광화대장·건국훈장 대한민국장·외국 훈장 다수를 수훈하였다. 저서로는 《최규하 대통령 연설문집》이 있다.

(5) 12·12 군사 쿠데타의 주역, 전두환(全斗煥)

「하나회」 대표로서 박정희에게 특별히 총애를 받던 보안사령관 전두환 장군은 박정희 대통령 시해사건인 10·26으로 나라가 어수선했던 분위기를 노려 불법적으로 군사 쿠데타를 일으켜 청와대에 입성하였다.

1931년 1월 18일 경남 합천군 율곡면 내천리 264번지에서 아버지 전상우와 어머니 김점분의 7남매 중 다섯 번째로 태어났다.

1951년 대구공업중학교 졸업과 함께 4년제 정규 육사시험에 합격하여 노태우·정호용·김복동이라는 경북의 4총사 리더이자 육사 11기로서 미래의 거대한 꿈을 꾸었다고 한다. 그의 리더십과 야망을 감지한 당시 육사교장은 중학교 3학년생이었던 그의 딸 이순자를 보살피게 함으로써 둘은 자연스럽게 사이가 가까워져 이화여대 의예과 재학중 학교를 중퇴하고 결혼하였다.

1955년 소위로 임관하여 1959년에 부관학교를 졸업하고, 1960년에 미국 보병학교를 수료하였으며, 1961년 육본 특전감실 기획과장 대리·최고회의 의장실 민원비서관, 1963년 중앙정보부 인사과장·육본 인사참모부, 1966년 제 1공수특전단 부단장, 1967년 수도경비사령부 30대대장, 1969년 육군참모총 장 수석부관 등 주요 보직만을 두루 거쳤다.

1970년 백마부대 제9사단 29연대장으로 월남전에서 이름을 떨쳤고, 제1공 수특전단장(1971), 육군 준장(1973), 청와대경호실 차장보(1976) 시절 이전 에 대구·경북 출신으로 형성된 「하나회」를 조직, 리더로서 당시 박정희 대통 령에게 특별히 충성하는 형식으로 총애를 받으면서부터 더욱 무게중심이 커질 수밖에 없었다.

국군보안사령관(1979)으로서 막강한 권력을 맛본 그는 10·26 박정희 시 해사건과 함께 비상사태라는 호기회를 이용, 핵심참모와 「하나회」를 동원하여 12·12사태를 일으켜 당시 육군참모총장이었던 정승화 장군의 공관을 기습적 으로 공격하는 데 성공함으로써 완전히 국가를 장악하였다.

이로써 1980년 서울의 봄과 전국 각지에서 항쟁으로 일어난 대학생과 민주 인사들을 국가질서 문란 및 국가보안법 위반으로 구속시키는 한편, 삼청교육대 를 만들어 인간 이하의 교육을 시키는 등 국민을 억압하였다.

1980년 중앙정보부장 서리(4~7월)를 거쳐 6월 국가보위비상대책위원회 상임위원장이 되면서 8월 대장으로 예편하였다. 그 동안 허수아비나 다름없던 최규하 대통령에게 최종 압력을 가해 물러나게 하고, 1980년 8월 27일 장충 체육관에서 그들의 각본대로 압도적으로 제11대 대통령에 당선되어 9월에 취 임하였다.

〈표 2-11〉　　　　　　　　제11대 대통령 선거 결과

1980. 8

선거방법	소속정당	후보자	총유권자	총투표자	투표율	득표	득표율	무효
통일주체 국민회의	–	전두환 (단독출마)	대의원수 2,583 43(사퇴, 사망)	2,525	99.41	2,524	99.9	1

자료 : 중앙선거관리위원회　역대 대통령 선거상황. 1980. p.203

1981. 2

선거방법	소속정당	후보자	총유권자	총투표자	투표율	득표	득표율	무효	당락
대통령	민주정의당	전두환	5,277			4,755	90.2		당선
선거인	신한민주당	유치송	(선거인단 간접선거)	5,271	99.9	404	7.7	1	낙선
단선출	-	기타2명				111	2.1		

자료 : 중앙선거관리위원회 제12대 대통령 선거총람. 1985. p.35

　　민정당을 창당하여 총재(1981.1~1987.7)로 취임한 후에 7년 임기를 골자로 헌법을 고쳐 1981년 2월 25일 대통령선거인단 선거를 통해 선출되어 제12대 대통령에 취임(1981.2~1988.2)하게 되었다.

　　1984년 명예정치학박사(미국 페퍼다인대), 민정당 명예총재(1987.8~1988.4), 국가원로자문회의 의장(1988.2~4)을 역임하였으며 화랑·충무·을지무공훈장, 베트남 엽성무공훈장, 미국 동성훈장, 보국훈장 3·1장, 천수장, 국선장, 5·16민족상, 태극무공훈장, 무궁화대훈장을 수훈하였다.

2) 노태우에서 김대중까지

(1) 6·29선언과 직접선거 당선자, 노태우(盧泰愚)

　　노태우는 항상 자기주장이 없고 남의 이야기를 잘 듣는 편이었다. 때문에 육사친구 전두환 전 대통령의 지원 아래 〈보통사람들의 시대〉라는 깃발을 들고 3김의 거물정치를 물리쳐 당당히 대권을 잡았다.

　　1932년 12월 4일 경북 팔공산 자락의 달성군 공산면 신용리에서 태어났다. 일곱 살 때 교통사고로 아버지를 여의고 엄한 조부와 편모의 사랑 속에 막내삼촌의 도움으로 1951년 경북고를 졸업하였다. 한국전쟁이 나자 낙동강전투에 참가한 후에 이등중사로 진급하여 복무하던 중 사관생도모집 포스터를 보고 응시하여 합격함으로써 인생항로가 바뀌었다.

이곳에서 전두환·정호용·김복동을 만나 정규 육사를 졸업한 이래 제5사단으로 발령되어 당시 사단장 박정희로부터 능력과 품성을 인정받아 쉽게 대위로 진급할 수 있었다. 5·16군사 쿠데타가 일어나자 동기회장 노태우는 국가재건최고회의 의장에게 '군의 일부 선배들이 군인으로서 지켜야 할 도덕률과 원칙을 버리고 부정과 결탁하고 부패의 늪에 빠지게 되었다.'는 내용의 건의서를 내었다. 이에 혁명감찰부가 조사를 하자 박정희 의장이 돌려보내게 해서 위기를 넘길 수 있었다.

미국 유학을 다녀와 1968년 맹호사단 대대장으로서 월남전에 참여하였고, 1974년 42세에 준장으로 진급하는 초고속 승진 이후 제25사단 부사단장, 공수특전여단장을 거쳐 1978년 대통령 경호실 작전차장보를 거쳐 소장으로 진급해 다음해에 제9사단장으로 부임하였다.

1979년 10월 26일 박정희 시해사건과 12·12사태 등을 계기로 전두환 등 「하나회」가 완전히 정권을 장악한 후에는 제8대 수도경비사령관, 다음해에는 중장으로서 전두환의 뒤를 이어 국군보안사령관을 거쳐 1981년 육군대장으로 예편하였다.

정무 제2장관(1981), 남·북한 고위회담 수석대표, 88서울올림픽 유치, 제1대 체육부 장관, 제41대 내무부 장관, 88서울올림픽 및 서울아시안게임 조직위원회 위원장, 대한체육회 회장 겸 KOC 위원장이라는 요직을 거쳐 차기 대권 후계자 학습을 하였다.

1985년 총선에서 전국구 의원이 되었지만 여당인 민정당이 석패당하자 이를 호기로 삼아 자연스럽게 대표위원으로 취임하여 12대 의회에 들어가 정치인으로 급부상하였다. 이때 신민당이 대통령 직선제 헌법 개정을 위한 국민연대투쟁을 강화하자 여당은 1987년 4월 13일 현행 헌법대로 대통령을 뽑아 올림픽을 치른다는 결정을 하였다. 하지만 그 결정에 반대하던 야당과 재야세력은 물론 심지어 화이트칼라인 넥타이 부대까지도 합세하는 등 격렬하게 시위가 일어났다.

　　6월 10일 차기 대통령 후보로 추대·선출된 노태우는 사태의 심각성을 느끼고 6월 29일 「직선제 개헌과 대통령 선거법의 건전한 개정, 김대중 씨의 사면복권과 시국관련 구속자 대폭 석방, 새 헌법의 국민기본권 강화, 언론의 자율성 보장, 지방자치 및 교육자치 실현, 정당의 건전한 활동 보장, 사회정화 조치 강구」 등 8개 항의 민주화를 위한 선언을 발표함으로써, 유럽에서는 정치적인 영웅으로까지 소개되었다.

　　이 같은 6·29선언은 국민의 여론을 존중하고 이를 이용하며 김대중을 사면시켜 김영삼·김종필이라는 거목인 야당을 분열시켜 당당하게 당선되려는 고도의 전략·전술이 담겨진 것이었다.

　　민주정의당 노태우는 제5공화국의 치적인 경제의 안정을 내걸고 귀여운 꼬마소녀를 안고 '권위주의 청산', '보통사람들의 위대한 시대'를 제창하면서 '중화인민공화국과 수교하여 한반도의 평화통일과 서해안시대를 열겠다.'라는 선거공약으로 돌풍을 일으켰다.

　　통일민주당의 김영삼은 '군정종식'을 통한 민주화와 정치안정을 내걸고 '친근한 대통령, 정직한 정부', '군정을 확실히 종식시키겠습니다.'고 하여 '학실이(확실히)'라는 사투리가 많은 사람들의 입에 오르내렸다. 복권된 김대중은 통일민주당을 탈당, 급조된 평화민주당을 창당하고 유신시절부터 주장해 온 '독재타도'와 광주사태 해결, 지역감정 해소를 통한 정치안정의 달성을 내걸고 '대중은 김대중, 평민은 평민당.', '민주없이 안정없다.'며 호소를 하였고 신민주공화당의 김종필은 '보릿고개를 몰아낸 근대화의 주역.'이라며 과거의 업적을 내세웠다.

　　결국 김영삼과 김대중의 분열로 국민들에게 실망을 안겨준 상황에서 여당의 프리미엄과 공·사 조직의 활용은 물론, 결정적으로 북한의 지령에 의해 자행된 김현희 대한항공 폭파사건이 일어나 승객 115명 전원이 사망한 참사와 함께 투표 3일 전 그를 국내로 압송해 오자 갑자기 국민정서는 안보의식이 고취되고 말았다. 이로써 12월 16일 노태우 후보는 유효투표 36.6%를 얻어 16년만에 직접선거로 대통령에 당선되었다.

<表 2-13>　　　　　　　　　제13대 대통령 선거 결과

1987. 12

소속정당	후보자	총유권자	총투표자수	투표율	득표수	득표율	당락
민주정의당	노태우				8,282,738	36.6	당선
통일민주당	김영삼				6,337,581	28.0	
평화민주당	김대중	25,873,624	23,066,419	89.2	6,113,375	27.1	
신민주공화당	김종필				1,823,067	8.1	낙선
-	기타1후보 (3명사퇴)				46,650	0.2	

자료 : 중앙선거관리위원회　제13대 대통령선거총람. 1988. p.94~95

　모험을 건 6·29선언은 야권 단일화 실패와 대한항공사건에 의한 반사이익으로 노태우 후보의 선거전략은 적중하였으나 야권에서는 부정선거 규탄 단식 농성, 선거무효선언을 하는 등 매우 혼란하였다. 대구와 경북에서는 노태우, 경남과 부산에서는 김영삼, 광주와 전남·북에서는 김대중, 대전과 충남·북에서는 김종필 후보가 압도적인 지지를 얻어 지역정서가 그대로 나타났다.

　1991년 러시아 모스크바대에서 명예정치·철학박사 학위를 받았고 보국훈장 국선장, 을지무공훈장, 무궁화대훈장, 적십자무궁화장를 수훈하였다.

　저서로는 《위대한 보통사람들의 시대》가 있다.

(2) 3당합당의 프리미엄, 김영삼(金泳三)

　김영삼은 멸치잡이 대형 어선 선주의 아들로 1927년 12월 20일 경남 거제도에서 태어났다. 부산의 경남고(1947)를 거쳐 서울대 철학과에 입학하였고, 웅변을 잘했던 탓에 1951년 졸업과 함께 장택상 국무총리의 비서관이 되면서 자연스럽게 정치인이 되기 위한 길을 모색하였던 것이다.

　1954년에 드디어 거제군에서 자유당으로 제3대 민의원이 되었고, 1960년에는 민주당으로 옮겨 부산 서구에서 제5대 민의원에 당선된 후 이듬해 신민당 원내 부총무, 1963년 6대 국회의원(민정당)으로 부산시위원장이 된 이래

1965년에는 민중당 원내총무 겸 대변인으로 활동하였다.

1967년 신민당 원내총무·제7대 국회의원 이후 1971년 신민당 제8대 국회의원으로서 한국문제연구소를 설립하여 소장으로 활동하였고, 1973년에는 제9대 국회의원(부산 서·동)으로 신민당 부총재, 정무회의 부의장이 되었다.

1974년에는 신민당 총재·지도위원회 의장으로 활동하다가 1976년에는 신민당 고문·충현교회 장로, 1979년에 다시 신민당 총재가 되어 진두지휘를 하게 되면서 박정희 정권이 총재 직무집행정지가처분을 단행하여 의원직을 상실하는 어려움을 겪기도 했는데 '닭의 모가지를 비틀어도 새벽은 온다.'라는 명언을 남겼다. 국내 정치상황은 아주 혼란하게 되고 결국에는 부마사태로 이어졌으며, 김재규가 박정희 대통령과 차지철 경호실장을 시해함으로써 18년만에 박정권이 붕괴되는 등의 예상치 못한 분위기가 펼쳐졌다.

1980년 신군부의 등장으로 정치활동 규제와 가택연금 이후 1981년 민주산악회를 결성하여 고문으로 활동하다가 다음해에 또 가택연금으로 인해 독재에 저항하기 위한 표시로 무려 23일 동안이나 단식투쟁을 하는 저력을 보였다.

1984년 「민주화추진협의회(약칭:민추협)」를 결성하여 공동의장을 지냈고, 1985년에는 민족문제연구소 고문, 1986년에는 신한민주당 상임고문·민주헌법쟁취국민운동본부 고문으로 활동하였다. 1987년 급조로 만든 통일민주당을 창당하여 총재로서 난생 처음 꿈에 그리던 제13대 대권에 도전했지만, 김대중과의 갈등으로 범야권 단일후보를 내지 못했고 김현희 사건으로 노태우 후보에게 패하고 말았다.

1988년 민주당 부산 서구에서 지역구로 당선되어 제13대 국회의원이 되었다. 1990년 3당을 통합한 민주자유당의 대표최고위원이 된 이래 1992년 3월 24일 제14대 국회의원 선거 이후 정국주도권 싸움으로 자기 계파의 적극적인 지지와 노태우 대통령 그리고 김종필, 김윤환 등의 지지를 얻어 박태준의 불출마 사퇴와 이한동과 최후에는 이종찬을 제치고 1992년 제14대 대통령 후보에 올랐다. 이때 야당의 압력으로 공정성을 위해 1992년 9월 18일 노태우 대통령은 최초로 여당 당적 포기와 중립내각을 구성하기도 하였다.

　　집권여당에서 다수당의 모습으로 변신한 민주자유당의 김영삼은 '다시 뛰는 한국인, 앞장서는 김영삼.'이라는 구호와 함께 정치불신과 경제침체 상황을 '한국병'이라고 결론짓고 '신한국 건설'을 주장하면서 '변화와 개혁을 추구하는 민주자유당'임을 강조하였고, 이름을 딴 '0303 전화'를 홍보수단으로 사용하여 주목받게 되었다. 이에 민주당 김대중은 「뉴DJ플랜」에 따라 '대화합'을 강조하면서 '이번에는 바꿔보자.', '금요일에 바꿉시다.'라고 하였으며 거부(veto)세력에 대한 유화작전으로 토끼와 거북이가 나란히 손잡는 모습을 상징화했으나 너무 취약했다.

　　현대그룹의 고 정주영 회장은 통일국민당 총재로서 '경제 대통령, 통일 대통령'을 외쳤고, 민주자유당에서 탈당한 이종찬은 신한국당의 간판을 걸고 '새 인물, 새 정치, 새 시대'를, 신정당의 박찬종은 '그래 이 사람이야'로 하여 선전·유도하였다.

〈표 2-14〉　　　　　　　제14대 대통령 선거 결과

1992. 12

소속정당	후보자	총유권자	총투표자	투표율	득표수	득표율	당락
민주자유당	김영삼				9,977,332	42.0	당선
민주당	김대중				8,041,284	33.8	
통일민주당	정주영				3,880,067	16.3	
신정당	박찬종	29,442,658	24,095,170	81.9	1,516,047	6.4	낙선
무소속	백기완				238,648	1.0	
-	기타2후보 (1명사퇴)				132,031	0.5	

자료 : 중앙선거관리위원회　제14대 대통령선거총람. 1988. p.94~95

　　김대중과의 한 치 앞을 내다보기 힘든 막판 상황에서 YS는 DJ의 '색깔론'을 제기하였고, 영남인들의 결속과 김현철의 사조직 등의 활약으로 인해 결국 김영삼은 40년 정치동지이자 정치 라이벌인 김대중 후보를 무려 193만 표 차이로 물리쳐 군사정부 이후 최초의 민간 대통령이 되었다. 그렇게도 원하던 대통령에 당선된 직후 그의 부친 김홍조 옹에게 당선증을 보이며 "이걸 따는데 40년이 걸렸습니다." 라고 말했다는 일화는 그의 집념을 말해준다.

김영삼은 영남권과 충청권에서 열렬한 지지를 받았고, 호남지역에서는 4.0%를 얻는 데 그친 반면에 김대중은 호남에서는 싹슬이로 몰표를 받았으나 서울·수도권에서 야당 강세의 프리미엄을 얻지 못하고 김영삼보다 1.4%를 얻는 등 중부권 약세로 인해 낙선의 고배를 마셨던 것이다.

김영삼은 명예문학박사(1974년 미 타우슨주립대), 명예국제정치학박사(1993년 미 아메리칸대), 명예법학박사(1994년 일본 와세다대), 명예정치학박사(1994년 러시아 모스크바대), 명예철학박사(1995년 프랑스 소르본느대), 명예인문학박사(1995년 미 조지타운대), 명예법학박사(1995년 미 뉴욕대, 1996 미 미네소타대)를 받았다. 무궁화대훈장, 미국 헤리만 민주주의상, 미국 마틴 루터 킹 비폭력평화상, 미국 유엔협회 세계인상, 미국 루스벨트 국제장애인상을 수훈하였다.

저서로는 《우리가 기댈 언덕은 없다》, 《40대 기수론》, 《정치는 길고 정권은 짧다》, 《민주화의 깃발을 올리며》, 《나의 조국의 진실》, 《김영삼 회고록-민주주의를 위한 나의 투쟁》 등이 있다.

(3) 정권교체를 이룬 인동초, 김대중(金大中)

'행동하는 양심'의 대명사 김대중은 한국 현대정치사의 축소판이라고 해도 과언은 아니다. 피랍·투옥·사형 등의 수난과 역경은 지역적으로 호남, 학력으로는 고졸 출신, 정치적으로 늘 야당에 머물러 있음으로 하여 권력과 기득권 층의 견제와 감시, 탄압과 회유의 대상이 되는 등 맨발의 가시밭길을 걸으면서도 굴하지 않고 네 번째 대권에 도전하여 청와대에 입성하였다.

그는 1925년 12월 3일 전남 신안군 하의면 후광리에서 풍류를 아는 농사꾼 김운식과 엄격한 성정의 소유자인 어머니 장금수 사이에서 4남 2녀 중 둘째로 태어났다. 이미 여덟 살때부터 정치기사를 읽을 정도로 정치에 대한 관심이 높았고, 교육열이 남달라 초등학교 4학년때 전답을 팔아 목포로 이사하여

1939년 목포공립상업학교에 수석으로 합격한 이래 공부를 잘하였지만 가난으로 인해 대학을 포기하고 일제의 강제징집을 피해 일본인이 운영하던 목포상선에 취업했다.

1945년 해방과 동시에 22세로 사장이 된 후에 「목포일보」까지 경영하는 등 청년사업가로서 승승장구하였다. 그러나 여운형이 주도한 건국준비위원회에 참여했다가 좌익계열이 주도권을 잡자 탈퇴하였다. 이로 인해 평생 동안 대선 때만 되면 색깔론에 시달려야 했다. 한국전쟁중 자본반동분자로 찍혀 우익 인사들과 함께 목포교도소에 갇혔다가 총살 직전 극적으로 탈출하였고, 수복 후 전남 지구 부대장으로 활동하면서 많은 생각을 하게 되었다.

'세상이 제대로 되려면 정치가 올바로 서야 한다.'고 결심하여 1954년 제3대 총선에 무소속으로 출마했으나 낙선하였고 야당인 민주당 간판을 걸고 강원도 인제에서 제4·5대 총선에서 고배를 마셨다. 그때 첫 부인을 잃고 이화여대에 다니던 누이동생마저 숨지는 시련 속에 장면 박사를 만나면서 특유의 논리력과 입담을 인정받아 4·19로 10월에 탄생한 민주당의 기획위원 겸 대변인에 임명되었다.

1961년 강원도 인제 보궐선거에 도전해서 결국 3전4기로 천신만고 끝에 당선되어 기쁨을 안고 국회의사당으로 향하던 중 5·16 군사 쿠데타가 일어나 의원선서조차도 못하는 비운을 맞았다. 이로 인해 몹시 방황하던 1962년, 당시 서울대를 나와 미국에서 석사학위를 받은 세 살이나 연상의 YMCA 총무로 일하던 신세대 엘리트 여성 이휘호를 만나 결혼하면서부터 정치가로서의 길이 차츰 풀리기 시작하였다.

1963년 11월 제6대 총선에서 민주당 소속으로 목포에서 당선되어 탁월한 논리와 식견으로 주목을 받게 되었고, 1964년 김준연 의원의 구속동의안 처리로 무려 5시간 14분 동안 필리버스터(의사진행방해)를 하면서 저지하여 한국 기네스북에 오르기도 하였다.

1965년 민중당 대변인, 1967년 민정 - 민주 통합야당인 민중당 대변인·정책위원회 의장 겸 정무위원으로 활약하였다. 제7대 국회의원(목포, 신민)을 하면서 1968년 5월 평생의 정치 라이벌이자 동지였던 김영삼을 만나게 되어 원내총무 경선에서 패배하였다.

1970년 대선후보 지명선거에서 40대 기수론을 주창한 김영삼·이철승과의 대결로 1차 투표에서 YS에게 뒤졌으나 2차 투표에서 이철승의 지원으로 대역전극을 펼쳤다. 1971년 박정희와의 본선 대결에서 100만 명이 모여드는 군중의 열광에도 불구하고 95만 표로 낙선해 '전투에서 이기고 전쟁에서 졌다.'라는 말이 나왔다. 이를 두려워한 박정희 정권은 「10월유신」을 선포하였다.

1971년 제8대 국회의원(전국, 신민)을 거쳐 1973년 8월 김대중납치사건을 겪으면서 죽음의 고비를 넘겼지만 그의 이름은 국민들로부터 더욱 오르내렸다.

3·1민주구국선언사건 주도로 대통령긴급조치9호 위반 혐의를 받아 구속되었으며(1976~1978), 민주주의와 민족통일을 위한 국민연합을 결성하였고(1979), 신민당 총재 상임고문(1979~1986), 1980년 서울의 봄에는 소위 김대중내란음모사건으로 군사법정에서 사형선고를 받고 다음해에 무기·20년형, 그 다음해에 형집행정지로 미국 망명길에 올랐다.

1983년 재미한국인권문제연구소를 창설하여 이사장으로 있다가 1985년 2·12총선을 며칠 앞두고 귀국하여 돌풍을 일으켜 민추협 공동의장으로서 김영삼과 범야권 후보 단일화에 실패하자 1987년 평민당을 창당하여 총재로서 대권에 두 번째로 도전하였지만 3위에 그치는 결과로, 그에게는 씻을 수 없는 천추의 한으로 남게 되었다.

1988년 제13대 전국구 국회의원, 1991년 신민주연합과의 통합으로 신민당을 창당하여 총재에 당선, 1991~1992년에는 민주당과 합당하여 통합야당 민주당을 창당하여 민주당 대표최고위원을 지냈다. 1992년에는 민주당 전국구 의원으로 대통령 후보로서 김영삼과 대결하였으나 영·호남의 대결과 YS의 용공설에 휘말려 세 번째 대권도전에 실패하고는 정계은퇴를 선언한 후 영국으로 떠났다.

그러나 1994년 귀국하여 아시아태평양평화재단을 만들어 1998년까지 이사장을 맡았고 1995년 4대 지방보궐선거를 계기로 자타에 의해 어쩔 수 없이 정계복귀 당위성을 국민들에게 설명하고는 11월 3일 새정치국민회의를 창당하였다. 그런 후에는 오랜 마라톤 협상 끝에 자유민주연합의 김종필과 상호간의 이해관계를 정략적으로 고려하여 2년 6개월 후에는 의원내각제를 골자로 한 후보단일화 협상 합의문 서명식으로 어렵게 김대중 단일후보 체제를 공식 출범하였다.

이로써 후백제 DJP연합으로 '경제대통령·외교대통령·문화대통령·준비된 대통령'이라는 깃발을 들고 1997년 11월 7일 신한국당과 민주당과의 통합후보인 신생정치인 이회창 후보와의 치열한 혈전이 벌어졌다. 결국 국가비전 제시 등 정책경쟁보다는 이회창 후보는 자녀의 병역문제로, 김대중 후보는 비자금 조성 의혹과 '20억 플러스 알파설'로 곤욕을 치르는 인신공격전으로 이어지는 3류 선거유세로 이어지고 말았다.

더구나 이인제 후보는 이회창·김대중 후보들의 자질 문제와 여론 지지율을 믿고 한나라당의 경선에 떨어지자 명분을 내세워 11월 2일 탈당하여 11월 4일 국민신당을 창당하고는 내각제 개헌 저지와 정치권의 세대교체를 내걸고 틈새공략을 하였다.

한 치 앞을 내다볼 수 없는 치열한 싸움에서 1997년 12월 18일, 39만 표라는 아주 근소한 차이로 이회창 후보를 힘겹게 누르고 네 번째 대권 도전 끝에 평생 꿈꿔온 청와대에 입성하게 된 것이다. 그는 꺼질 듯하면서도 다시 살아서 타오르는 촛불처럼 또는 짓밟혀도 다시 일어나는 들풀처럼 질긴 생명력을 유지해 온 인동초임에 틀림없다.

선거 결과는 결국 예상대로 지역감정의 정서로 이어져 강원·경북·대구·부산·경남에서는 이회창 후보가 압승하였고, 서울·경기·인천·충남·충북·대전·전남·전북·광주에서는 김대중 후보가 압승하는 동서현상으로 나타났다. 김영삼 대통령의 최대 과실인 외환위기 쟁점화로 비호남 출신의 수도권 유권자들이 과거와는 달리 마지막 기회라며 김대중 지지 성향으로 이어졌으며 뜻하지 않게 이인제 후보의 등장으로 이회창 표를 갉아먹은 바람에 어부지리로 당선에 주된 변수로 작용하였던 것이다.

1997. 12

소속정당	후보자	총유권자	총투표자수	투표율	득표수	득표율	당락
새정치국민회의	김대중				10,326,275	40.3	당선
한나라당	이회창				9,935,718	38.7	
국민신당	이인제	32,290,416	26,042,633	80.7	4,925,591	19.2	낙선
국민승리21	권영길				306,026	1.2	
-	기타3후보				148,828	0.6	

자료 : 중앙선거관리위원회　제15대 대통령선거총람. 1998. p.140~141

　선거 부정과 관권개입 사례가 두드러지게 감소하였고, 대한민국 헌정사상 여·야 간 수평적 정권 교체가 선거에 의해 이루어졌고 최초로 권력의 중심축이 영남에서 호남으로 대이동하는 계기가 되었다.

　그는 고려대 경영대학원 수학(1964), 경희대 경영대학원 수학(1967), 경희대 경제학 석사 과정 수료(1970), 명예법학박사(1983년 미 에모리대, 1992년 미 워싱턴 카톨릭대, 1996년 호주 시드니대), 명예정치학박사(1992년 러시아 모스크바대, 1994년 원광대), 명예인문학박사(1995년 미 포틀랜드 주립대, 1998년 미 워시본대, 미 조지타운대), 명예경제학박사(1998년 경희대, 고려대)를 받았다. 오스트리아 브루노크라이스키 인권상, 북미주 한국인권연합 인권상, 미국 노총연맹산업별회의 인권상, 미국 뉴욕 유니온신학대학 인권상, IOC올림픽 금장, 미국 필라델피아 자유메달 이외에 2001년에는 한민족으로서는 최초로 노벨 평화상을 수상하는 영광을 안았다.

　저서로는 《분노의 메아리》, 《내가 걷는 70년대》, 《김대중 옥중서신》, 《행동하는 양심으로》, 《대중경제론》, 《독재와 나의 투쟁》, 《그래도 역사는 전진한다》, 《공화국연합체제》, 《김대중전집》, 《한국의 통일》, 《김대중의 대전환과 민족통일의 방략》, 《김대중의 3단계 통일방안》, 《대중참여 경제론》, 《시민경제이야기》, 《이경규에서 스필버그까지》, 《새로운 시작을 위하여》, 《김대중의 21세기 시민경제이야기》, 《내가 사랑하는 여성》이 있다.

3) 역대 대통령 선거 결과 및 당선 원인

(1) 역대 대통령 선거 결과

〈표 2-16〉 역대 대통령 선거 결과

대 (년도)	소속 정당	당선자	총유권자	총투표자	투표율	득표수	득표율	차점자	득표율	득표차(%)	투표일
1 (48~52)	-	이승만	198 (국회간접선거)	196	98.99%	180	91.8%	김 구	6.6%	13 85.2%	7/20
2 (52~56)	자유당	이승만	8,259,428	7,275,883	88.1%	5,238,769	74.6%	조봉암	11.4%	797,504 63.2%	8/5
3 (56~60)	자유당	이승만	9,606,870	9,067,063	94.4%	5,046,437	70.0%	조봉암	30.0%	2,163,808 40.0%	5/15
4 (60~62)	민주당	윤보선	국회간접선거	263	98.48%	208	79.1%	김창숙	12.6%	29 66.5%	3/15
5 (63~67)	민주 공화당	박정희	12,985,015	11,036,175	85.0%	4,702,640	46.6%	윤보선	45.1%	4,546,614 1.5%	10/15
6 (67~71)	민주 공화당	박정희	13,935,093	11,645,215	83.6%	5,688,666	51.5%	윤보선	40.9%	4,536,541 10.6%	5/3
7 (71~72)	민주 공화당	박정희	15,552,236	12,417,824	79.8%	6,342,828	53.2%	김대중	45.3%	5,395,900 7.9%	4/27
8 (72~78)	민주 공화당	박정희	2,359	2,359	100%	2,357	99.9%	단	-	무효 1	12/23
9 (78~79)	민주 공화당	박정희	2,583	2,578	99.81%	2,577	99.9%	독	-	무효 84	7/6
10 (79~80)	-	최규하	2,583	2,549	99.57%	2,465	96.7%	후	-	무효 1	12/6
11 (80~81)	-	전두환	2,583	2,525	99.41%	2,524	99.9%	보	-	무효 2	8/27
12 (81~88)	민주 정의당	전두환	5,277	5,271	99.9%	4,755	90.2%	유치송	7.7%	404 92.5%	2/25
13 (88~93)	민주 정의당	노태우	25,873,624	23,066,419	89.3%	8,282,738	36.6%	김영삼	28.0%	6,337,581 8.6%	12/16
14 (93~98)	민주 정의당	김영삼	29,422,658	24,095,170	81.9%	9,977,332	42.0%	김대중	33.8%	8,041,284 8.2%	12/18
15 (98~02)	새정치 국민회의	김대중	32,290,416	26,043,633	80.7%	10,326,275	40.3%	이회창	38.7%	9,935,718 1.6%	12/18

(2) 역대 대통령 당선의 결정적인 원인분석

〈표 2-17〉　　　　　　　역대 대통령의 당선 원인과 결과

대	당선자	당선원인과 결과	차점자(낙선원인)
1	이승만	초대국회의장, 독립운동, 친일세력과 결탁 / 좌우익항쟁	김 구
2	이승만	관권 불법선거	조봉암
3	이승만	강력한 후보자였던 신익희가 선거유세중 서거, 관권선거 / 여촌야도	조봉암
4	윤보선	민의원·참의원 양원합동회의	김창욱
5	박정희	남북현상(충청이북은 윤보선, 영·호남은 박정희 우세)	윤보선 (야권분열)
6	박정희	경제정책 / 서울(야당), 그외 민주공화당 우세(영남 압승), 동서현상	윤보선
7	박정희	관권선거(소도시, 농어촌), 안보문제 쟁점화, 동서분할, 지역정서(호남 김대중)	김대중
8	박정희	10월유신, 국민투표(91.5% 지지)	단독후보
9	박정희	단독출마	단독후보
10	최규하	대통령 서거로 헌법에 의한 절차 승인, 체육관선거(통일주체국민회의)	단독후보
11	전두환	3부장악, 체육관선거(통일주체국민회의)	단독후보
12	전두환	3부장악, 체육관선거(선거인단)	유치송 (허수아비각본)
13	노태우	경제안정, 양김의 분열, 김현희 칼기폭파사건(공포분위기로 보수안정 요망), 지역감정	김영삼 (양김분열)
14	김영삼	지역정서(부산 복집사건 후 지역정서 응집력), 여당(안정), 야당(변화)	김대중 (지역감정)
15	김대중	한나라당 이인제 후보의 탈당으로 국민신당을 창당하여 대통령후보 출마, 김종필의 적극지지(충청, 보수) 호남권의 적극지지, 단체장 친관권개입	이회창 (이인제 포용력 부족)

〈그림 2-1〉 제13~16대 대통령선거 결과 연관성

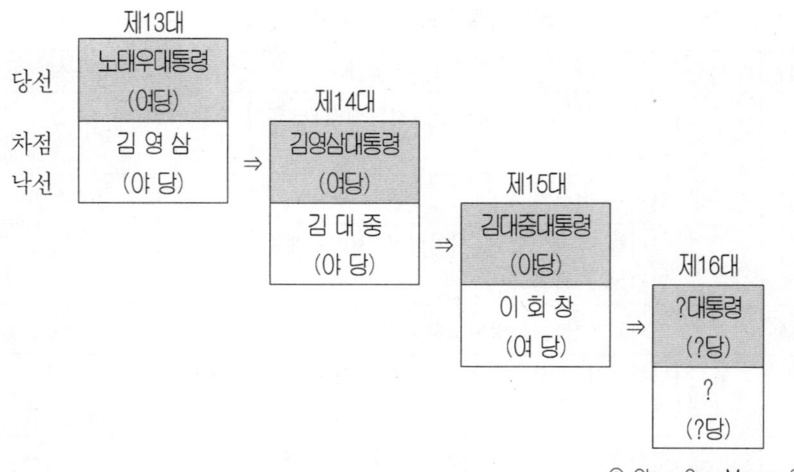
제13대
당선 노태우대통령
(여당)
차점 김 영 삼
낙선 (야 당)
제14대
김영삼대통령
(여당)
김 대 중
(야 당)
제15대
김대중대통령
(야당)
이 회 창
(여 당)
제16대
?대통령
(?당)
?
(?당)
© Chae Soo Myung 30

2. 역대 대통령의 정책분석

1) 이승만에서 전두환 정권까지

(1) 건국의 독재자, 이승만 정권

이승만 대통령의 통치 스타일은 한마디로 유아독존이었다.

분리와 지배의 통치 스타일이었기에 아부하는 소수의 정치 엘리트가 배타적이고 중앙집권적인 정치조직을 장악하여 권위적인 지배를 하였다. 혈연적인 관계에 세습적인 기반과 연고관계의 사적인 지지 기반을 바탕으로 제한적인 정치경쟁과 파벌정치로 관료·경찰 조직에 의존하였으며, 당(자유당)의 과두정치를 하였던 것이다.

특히 군부는 미군사고문단의 영향을 받았기에 특무대와 헌병대를 정치도구화하는 것은 물론 군사영어학교 출신의 선두주자인 정일권(동북 함경도파), 백선엽(서북 평안도파), 이형근(중남 이남파) 등의 분열·대립을 조장하는 수법을 최대한 적절히 이용하여 포상·징벌로 충성을 확보하였다.

1949년 1월 1일 미국으로부터 대한민국이 국가로서 정식 승인을 받았고, 6월 21일 농지개혁법을 공포했다. 민족의 진정한 지도자이자 자신의 정적인 김구 선생을 1949년 6월 26일 군인 안두희를 시켜 사살시킴으로써 치명적인 손상을 입었고, 다음해 1월 26일 한미상호방위원조협정에 조인하는 등 나름대로 국가의 기틀을 만들기 위해 노력하였으나 미비했다.

1950년 6월 25일, 한국전쟁이 일어나자 어쩔 수 없이 7월 14일 맥아더 유엔군 총사령관에게 한국군 작전지휘권을 위임하는 서신을 발송하여 인천상륙작전이 성공하였고, 10월 30일에 평양시민대회에 참석하기도 하였으며 3년간의 기나긴 전쟁으로 인해 막대한 인적·물적 피해를 남긴 채 1953년 7월 27일 휴전협정과 10월 1일 미국과의 상호방위조약에 조인하였다.

황폐화된 국토를 재건하기 위해 노력하면서도 능력의 한계성과 이미 권력의 맛을 알았기 때문에 자신도 모르게 국가정책보다는 자기방어적인 독재의 길을 걸었다.

1960년 3월 15일 정·부통령 선거에서 온갖 관권부정선거로 대통령에 이승만이, 부통령에 이기붕이 각각 당선되었지만 마산의거가 발생한 이후 4월 19일 그 당시로서는 2만 명 이상의 대규모 학생시위가 일어나 142명이 사망하자 연일 하야시위가 이어졌다. 결국 자기방어적인 참모진들의 만류에도 불구하고 그는 하는 수 없이 4월 26일 하야성명을 발표하고 이국땅 하와이로 망명하여 고국을 그리다가 세상을 떠났다.

(2) 무능한 신사, 윤보선 단명정권

집권 당시 정치세력이 민주세력과 권위세력, 좌익 진보세력과 우익 보수세력 간의 갈등으로 양극현상이 표면화되었다. 그러나 윤보선은 세력이 매우 취약했기 때문에 군부를 완전히 장악하지 못했고 우유부단한 장면까지도 방임적이어서 정치적인 리더십이 부족해 정권수호가 어려울 수밖에 없었다.

한민당과 민국당 계열을 승계한 구파는 윤보선·김준연·유진산을 주축으로 고답지사적이었고 소외된 전 자유당과 흥사단이 연합한 신파의 장면·오위영은 관료적이었으며, 더구나 장면은 국방장관에 현석호를 임명하는 등 문민 우위 정책을 펼쳤다. 한국전쟁 이래 국방안보를 위해 지나칠 정도로 비대해진 군부집단을 10만 감군을 통해 그 경비로 경제성장을 실현하려는 군부자율권의 존중과 방임이 뒤엉켜 전역해야 할 장교들의 불만이 극도로 악화됨으로써 김종필 등이 정군운동을 일으키게 만든 원인을 제공하고 말았다.

이에 1960년 1월 「콜론보고서」는 「한국군에는 커다란 정치적 신망이나 조직력을 가진 군인은 없으나 언젠가 한번은 군부 지배가 출현하리라는 것은 확실히 가능하다.」고 경고하였는데도, 그 이후 군부를 완전히 장악하지 못했으며 4·19 혁명에 고무되어 9월 10일 '충무장 결의'를 통해 무력혁명을 단행키로 결의하였는데도 이에 대비하지 못했다.

　이로써 비대해진 군부집단을 배경으로 10년 동안의 정치개입을 꿈꿔 온 박정희 소장과 예비역 중령 김종필 외에 수많은 군인들은 군부 내의 부정 비리와 진급 정체 심화로 정군운동 세력을 규합해 5·16 군사 쿠데타를 일으켰으니 결국 군부의 자율권 존중으로 인해 스스로 쿠데타를 제공한 셈이다. 기간이 짧았고 능력의 부재로 이렇다 할 정책도 없이 권좌에서 쫓겨나고 말았다.

(3) 조국근대화의 기수, 박정희 장기독재 정권

　박정희의 통치 스타일은 물리적 방법인 무기로 정권을 장악하고 독점하여 위협을 통한 '길들이기 통치'를 구사하였다.

　국민들로부터 지지를 얻기 위해 오직 경제 건설에만 중점을 두고 이를 조급하게 성과를 올리려고 하였기 때문에 결단력과 추진력 등 오직 군대식의 기능적인 선도자형 리더십을 발휘하였던 것이다.

　1962년 당시 인구수 2,500만 명으로 세계 제27위, 1인당 국민소득 83달러로 세계 제98위, 평균수명 55세라는 후진성을 안고 있었기에 보릿고개와 춘궁기를 없애는 것이 최대의 과제였다. 그 결과 지나친 물량적 능률 위주를 통한 결과주의와 경제 제일주의는 결국 도덕성, 합법성, 설득력이 부족하여 막강한 권력 아래 관주도적 행정 만능으로 탈정치화를 초래할 수밖에 없었다.

　1965년 1월 8일 미국의 종용으로 야당의 반대를 무릅쓰고 베트남 전쟁에 파병을 결정하였다. 6월 22일에는 야당과 독립운동가 및 대학생들의 극렬한 반대에도 한·일 기본조약을 조인하여 경제부흥을 위해 차관을 지원 받게 하였다.

　1966년 4월 9일 인천제철공장의 기공식을 필두로 공장건설에 힘썼으며, 1968년 1월 21일 서울 청와대 근처에 무장한 김신조 일당의 공비침입으로 반공을 위해 4월 1일 향토예비군을 창설하였고, 1969년 9월 14일 3선 개헌안을 변칙으로 처리하였다.

　1972년 1월 9일, 조국근대화를 위해 범국민적으로 실시한 사회개혁운동인 「새마을운동」은 근면·자조·협동을 기치로 국가의 안전과 민족의 번영을 앞당기기 위한 역사적인 국가부흥운동이 되었다. 1970년 7월 7일 경부고속도로의 개통, 1973년 11월 14일에는 호남고속도로를 각각 개통하여 전국의 일일 생활권시대를 만들었고 1974년 6월 23일 서울 지하철 1호선을 개통하였다.

근대화정책을 위해 정치자금은 공화당 재정위원장(김성곤), 청와대 비서실장(이후락), 경제기획원 장관(장기영)으로 한 3축을 구축하여 금융을 통제하고 소수 정치인들에게 자금과 특권부여, 소수 기업인에게 금융특혜를 제공해 충성을 얻어내는 통치술을 구사했다. 군은 육사 8기 중심의 중·남부파가 장악한 상태에서 영남 출신 김계원·서종철·노재현·정승화를 중용시켜 군사 쿠데타와 탈정치화를 추진하고 조카사위이자 실력자였던 김종필을 적절히 이용·조절하였다.

한편 혹시 모를 일에 대비하여 전두환·노태우·정호용 등 대구와 경북 출신의 모임인 일심(하나)회를 경호실장 박종규에게 보살피게 하여 육성하였고, 이에 반대하면 정적으로 몰아 예편·좌천시켰다. 이와 같은 방법으로 군의 안정을 취해 독재적인 정치안정 아래 경제성장을 이루기 위해 중화학을 집중적으로 육성하려고 경상도 해안 일대에 수많은 공단을 조성함으로써 농업국가에서 공업국가로 전환시킬 수 있었다.

1977년 12월 22일 드디어 수출목표 100억 달러를 달성하였고, 다음해 12월 10일 국민 1인당 GNP 1,117달러를 달성하는 초고속 성장을 일궈내 「한강의 기적」을 만들어 냄으로써 세계를 놀라게 했다. 이 기적 같은 일은 오직 잘 살기 위해 '하면 된다'라며 목표달성을 위해 군대식으로 밀어붙인 결과 가능했으나 1인 독재 체제는 강화되었던 것이다.

한편 1968년 국민교육헌장의 제정·반포로 새시대의 생활규범과 행동강령으로써 자리잡게 하여 국적 있는 교육상을 강조하였고, 1973년 대덕연구단지 조성사업의 시작과 1978년 한국정신문화연구원을 설립하는 등 교육·과학에 힘썼으며 1979년 7월 1일 전국민 의료보험제 전면 실시를 단행하였다.

서강대학교 교수로 있던 남덕우를 재무부 장관과 경제기획원장으로 계속 발탁해 경제의 틀을 만들어 갔기에 대기업을 육성해 수출에 일조를 하였으나 재별이라는 희한한 빈부격차를 만들었다. 또한 시골에서 도시로 사람이 몰려들면서 치안·교통·주택·환경·노동 등 각종 사회문제를 낳게 했는데, 1970년 11월 13일 근로기준법 준수를 요구하던 전태일의 분신사건은 전국민에게 충격을 안겨 주었다.

이 뿐만이 아니라 1972년 유신헌법의 선포로 공포 분위기를 조성하였고, 1973년 8월 8일 당시 최대 정적이었던 김대중 납치사건과 1975년 8월 17일 재야인사 장준하 선생이 의문사하였으며 1978년 12월 6일 미국 하원윤리위원회에서 코리아게이트 파문 최종 보고서를 채택하는 일도 있었다.

1974년 8·15 광복절 행사장인 국립극장에서 북한의 지령을 받은 문세광의 대통령 저격사건이 발생하여 결국 영부인 육영수 여사가 피살된 이후 독재 밀실정치는 더욱 강화되었다.

1979년 8월 11일 YH 노동조합원들이 야당 당사를 점령해 호소하는 농성장을 경찰을 투입해 강제로 진압한 이후 김영삼 야당 총재를 국회에서 제명시키자 도화선이 되어 결국 10월 15일 부산과 마산에서는 민주화운동이 일어나 전국으로 확산되어 국가는 혼란의 상태에 빠졌다.

1979년 10월 26일 삽교천방조제 준공식을 다녀오던 중 도고온천 부근 목장에서 사슴이 헬기 소리에 놀라 죽는 이상 징조는 그날의 불길함을 예고하기에 충분했다.

그날 저녁 청와대 별관에서는 박정희 대통령과 핵심참모였던 차지철 경호실장, 김재규 중앙정보부장 이외에 심수봉 등 아가씨들이 자리하였고 술에 취한 상태에서 김재규가 차지철에게 "버러지 같은 놈." 이라며 총을 쏘았고 바로 박정희 대통령을 시해함으로써 18년 동안 지배하던 박정희 정권은 붕괴되고 말았다.

이같은 충격적인 사건을 두고 여러 가지 추측이 난무한다.

첫째, 차지철과 김재규의 연속된 갈등이 극에 달해 술김에 우발적으로 일으켰을 것이라는 추측이 있는데, 이는 가장 핵심참모인 중앙정보부장으로서의 행동에 일치하지 않는다.

둘째, 당시 야당 김영삼 총재를 국회에서 제명하는 등 독재정치를 하여 국민의 불만이 극에 달하자 민주발전을 위해 우발적으로 사건을 일으켰다는 애국설 역시 최측근 실세로서 그렇게까지 할 필요가 있었느냐에 대한 의문점이 있다.

셋째, 그 당시 김재규가 충성심이 약해 좌천될 것에 대한 예견은 결국 권력을 맛본 상황에서 김형욱과 같은 사건이 자신에게 돌아올지 모른다는 두려움과 그 동안의 충성에 대한 환멸 및 분노설은 어느 정도 상황을 가능케 한다.

넷째, 당시 핵문제와 관련해서 미국과의 관계가 극도로 악화되자 미국의 CIA에서 사건을 조종하여 신변보호 약속과 함께 추후에도 고위 권력자로 보장을 해주는 한편 한국 민주화의 영웅으로 만들려는 그들의 장기적인 조종과 거절하지 못할 고도의 작전에 넘어갔을 것이라는 추측도 있다.

대학생들이 처음부터 이를 일관되게 주장하였고 심지어는 미문화원을 점거하면서까지도 그에 대한 해명과 답변을 원했지만 받아내지 못한 일은 아직까지도 의문과 함께 이를 믿고 있다는 점이다. 결국 박정희 대통령에 대해 '조국 근대화의 아버지'라는 칭호와 함께 일각에서는 '한국 민주화를 거역한 독재자'라는 상극의 호칭은 역사가 평가할 문제이다.

정략적으로 김종필을 조카사위로 만들었고 김형욱, 차지철로 이어지는 심복을 번갈아가며 활용하는 등 어느 누구에게도 비중을 주지 않는 고도의 전략화된 인사관리와 충성도로 무려 18년 동안 장기독재를 펼칠 수 있었다.

(4) 정통직업관료 출신으로 무능한, 최규하 초단기 정권
한마디로 세력이 아주 미약했던 최규하 임시정권은 전두환 신군부의 눈치보기에 바빴다.

더구나 긴급조치 해제 이후 1980년 2월 29일 윤보선과 김대중을 복권시켜 서울의 봄을 맞이했으나 과도정부로서 정치권과 신군부 또는 그 속에서의 극심한 암투, 그야말로 한 치 앞을 내다보기 힘든 안개정국이 되었다. 전두환 보안사령관이 정승화 계엄사령관을 체포하는 과정에서 총격이 오간 잊을 수 없

는 12·12사태를 막지 못해 대통령으로서 무능의 극치를 보여주었다.

특히 1980년 5월 17일 김대중 내란음모 조작사건이 발생한 다음 날인 5월 18일 광주에서는 민주화를 주장하는 시민들을 폭도로 몰아붙이고 무자비하게 진압하는 과정에서 수많은 시민과 학생 등이 무고하게 목숨을 잃어 최고통치권자로서 가장 기초적인 의무와 책임을 하지 못했다. 더구나 집요하고 전략적이며 공포감을 조성한 사임압력을 받아 결국 8월 16일 대통령직을 사임하였으면서도 전두환 정권 때 허수아비로 국정자문회의 의장이 되었다.

1991년에서 1993년까지 「민족사바로잡기 국민회의 의장」, 1992년부터 현재까지 「안중근 의사 여순순국유적 성역화사업추진위원회」 고문, 1993년부터 「민족사바로잡기 국민회의 명예의장」으로 있다. 김영삼 정권 때에는 5공 청문회에도 굳게 입을 다무는 등 완전한 칩거생활로 역대 대통령으로서의 무책임성을 드러내고 있어 역사에 부끄러운 대통령이 되었다.

(5) 카리스마적 독재자, 전두환 정권

국가의 어려운 시기를 오히려 호기로 삼아 군사 쿠데타로 정권을 잡았으며, 총칼로 권력을 장악하기 위해 온갖 비민주적인 행동을 하였다.

정권쟁취 전 삼청교육대를 만들어 무고한 민주인사들에게 가혹한 훈련을 시켰고, 집권하자마자 언론을 장악하기 위해 1980년 11월 15일 언론 통·폐합과 언론인을 강제 해직시키는 언론대학살을 단행하였다.

1980년 12월 30일 반공법을 폐지하고 그 내용을 국가보안법에 흡수시켰으며, 1982년 3월 18일 부산에서는 미 정권의 묵시와 조정 아래 전두환 정권이 존재하고 있음에 저항하기 위해 대학생들에 의해 미문화원이 점거당해 방화한 사건이 일어나기도 하였다.

1983년 5월 18일 김영삼 총재의 단식투쟁과 9월 1일 대한항공 여객기가 소련 영공에서 격추되어 탑승객 269명 전원이 사망한 사건이 있은 후 10월 9일에는 미얀마 아웅산국립묘지 정문 앞에서 북한에 의해 자행된 폭발 사건으로 서석준 부총리 등 아까운 장관급 인사 17명이 사망한 충격적인 사건이 일

어났다. 그러나 다음해 11월 15일 제1차 남·북 경제회담을 시작으로 1985
년 9월 20일 남·북 고향방문과 예술공연단 각 151명이 서울과 평양에서 교
환, 방문하는 등 새로운 시도를 모색하였다.

국내·외적인 시대상황으로 독재정권이 느슨해진 1986년 5월 3일 직선제
개헌요구를 한 5·3인천시위가 있었으며, 7월 3일 부천서 성고문사건의 발생
은 전두환 정권의 잔학상을 그대로 드러낸 것이었다. 그러한 와중에도 정권 유
지 차원에서 국민들의 관심을 위해 유치한 86서울아시안게임은 아시아인의 축
제로서 손색이 없이 치러냈다. 이 와중에서 정치권에서는 대권전쟁이 치열해지
자 정권 재창출이 어렵다고 판단한 전두환 대통령은 대통령 간선제 선출을 표
명하고, 1987년 6월 10일 전국 18개 도시에서 대통령 직선제를 위한 민주화
운동이 본격화되었다.

1980년 이후 정치지도자의 부재와 불신, 사회기강 해이와 윤리 및 도덕의
타락, 사치와 낭비 풍조의 만연, 근로의욕 감퇴, 살인과 강도 및 사기 등 치안
부재, 교통과 주택난, 인간성 상실, 수출 상승의 부진과 경제적 침체에 직면했
다. 결국 수많은 핵심참모들의 충성과 권력에의 아부와 함께, 어용학자들은 물
론 장세동 안기부장의 신앙과 같은 충성심으로 정권을 사유화할 수 있었지만,
퇴임 후 5공 청문회로 인하여 구속되었다가 DJ정권 초기에 석방되었다.

2) 노태우 정권에서 김대중 정권까지

(1) 무색무취의 소유자, 노태우 정권
1988년 2월 25일 제13대 대통령에 취임함으로써 어찌됐건 헌정사상 처음
으로 평화적인 정권교체를 이루었다.

취임사에서 '이제 우리는 민주주의라는 지도와 국민화합이라는 나침반으로
온 누리에 자유와 행복이 가득한 희망의 나라를 바라보며 넓은 바다를 힘차게

헤쳐 나가자.'고 하면서 민주·번영·통일에 대한 구상을 밝혔다. 이를 위해 시국사범 7,324명의 사면·복권을 시작으로 화합의 정치, 화해의 정치를 주장하였다. 3월 11일 3단계 해외여행자유화 방안을 마련하였고, 4월 1일에는 광주사태를 민주화 노력의 일환으로 규정하였으며 4월 15일 광주를 방문하였다.

그렇지만 국민여론은 극에 달하여 4월 26일 제13대 총선에서 여소야대의 양상이 그대로 반영되었기에 어두운 앞날을 예고하였다. 그 돌파구로 한반도 긴장완화와 통일시대를 열기 위해 북한과 경쟁, 적의 대상으로 하지 않고 화해·협력하며 모든 공산권과 문호를 개방하고 교류하겠다는 7·7선언을 하였다. 9월 17일 160개 국이 참여한 제24회 서울올림픽을 개막하여 성대한 폐막식과 함께 4위를 차지해 스포츠강국으로 떠오르는 개가를 올렸다.

그러나 5공 청산 문제가 불거져 11월 23일 전두환은 재임중의 비리에 대한 사과문을 발표하고 백담사로 갔고, 6개 항의 민주화조치 단행의지와 함께 5공 비리특위와 광주사태특위 청문회는 열기를 더해갔다.

여소야대의 한계성과 상호간의 이해관계가 맞아 떨어져 1990년 1월 22일 노태우 대통령과 김영삼 민주당 총재, 김종필 공화당 총재 간의 기습적인 3당 합당을 단행하여 김대중 야당 총재로부터 정치 쿠데타라는 비난을 들어야만 했다.

5월 24일 일본을 방문하여 일본 천황과의 만남, 9월 4일 북한의 연형묵 정무원 총리의 서울방문으로 정부 차원의 공식대화를 시작하여 1991년 9월 18일 제46차 유엔총회에서 남·북한이 유엔 회원국으로 동시 가입해 화해무드를 조성했다. 이후 〈12월 13일 '남·북 간의 화해와 불가침 및 교류협력에 관한 합의서〉와 〈한반도의 비핵화에 관한 공동선언〉 채택 후 1992년 2월 19일 평양에서 합의서가 정식으로 발효되었다.

한편 1991년 3월 26일, 30년 만에 지방자치제 부활로 선거가 실시되었고, 1992년 3월 24일 제14대 총선에서는 과반수에서 1석이 모자라는 149석을 얻어 패배하고 말았다. 그런 상황하에서 9월 단체장 선거에서 연기군수사건이 터져 '선거의 공정성을 위해 중립내각 구성과 민자당을 떠나겠다.'는 9·18선언을 함으로써 정국은 새로운 국면을 맞이하였다. 앞서 8월 24일 역사적인 한·중 수교가 이루어져 9월 27일 중국을 방문하였고, 11월 17일 옐친 러시아 대통령이 방한하여 다음 날 한·러 정상회담이 이루어지는 등 재임중 41개 국과 수교한 것은 오직 과업을 위한 노력이었다.

처이종 조카인 박철언을 신임하여 황태자라는 말이 나올 정도로 파워가 심했던 관계로 수서비리사건과 12·12사건으로 인해 퇴임 후인 김영삼 정권 때는 5공 청문회를 통해 결국 구속되었다가 DJ정권 때 석방되는 오점을 남겼다. 노태우 대통령은 이렇다 할 정책 없이 마무리되자 무엇인가 업적을 위해 북방 외교 정책을 펼치려다가 구 소련에게 빌려준 돈을 받지도 못해 국가 재정에 막대한 손실을 입히기까지 했다.

(2) IMF라는 경제적 비극을 부른, 김영삼 정권

제14대 대통령에 취임하던 1993년 2월 25일 일반인에게 청와대 앞길과 인왕산을 개방하는 모습은 큰 반응을 불러일으켰다. 문민정부답게 5월 13일에는 역사바로세우기와 관련하여 특별담화를 발표하였고, 24일에는 정부의 외교 구상으로 신외교를 선언함으로써 국민들로부터의 인기는 그야말로 하늘을 치솟았다.

6월 29일에는 육군 상록수부대를 소말리아 평화유지군(PKO)으로 파견하였으며, 8월 6일은 108개 국이 참가한 93대전엑스포 개막의 축포를 터뜨렸고 11일에는 공직윤리법에 따른 공직자의 재산등록 마감과 다음날인 8월 12일에 금융실명제를 실시하였다.

1994년 7월 2일 남·북 정상회담을 위한 실무절차를 완전 타결하여 새로운 장을 여는 듯했고, 12월 16일에는 국회에서 WTO 가입인준동의안을 통과시켰다. 1995년 1월 21일 세계화추진위원회 출범과 이에 따른 세계화 12대 과제를 추진하였고, 6월 25일 북한에 대한 식량지원 선박을 청진항에 도착시켰다.

6월 27일 제2기 지방자치단체선거 실시와 8월 15일 조선총독부 건물의 중앙돔 상부첨탑 철거는 과거 역사를 청산하는 듯한 인상을 주기에 충분했다. 12월 19일 국회에서 그 동안 응어리졌던 12·12사태 및 5·18 관련자 처벌을 위한 「5·18민주화운동 등에 관한 특별법안」 의결로 청문회를 통해 전·노 두 전 대통령을 구속함으로써 군사 쿠데타에 대한 엄중한 심판을 받게 했다.

1996년 5월 31일 FIFA 2002년 월드컵 한·일 공동개최 결정, 1997년 1월 7일에는 1996년의 교역규모가 2,800억 달러로 세계 12위라고 대한무역진흥공사가 발표했으나 1월 27일 한보철강의 부도와 함께 기업들이 차례로 쓰러지기 시작하더니 결국 정권 말기인 1997년 11월 17일에 IMF 사태 즉 제2의 국치일을 당하기도 했다. 더구나 통치기간 동안 둘째아들 김현철이 이끈 사조직의 힘으로 당선되었다고 굳게 믿고 그를 황태자로 불릴 정도로 신임한 결과, 고위직 인사권까지도 의견을 수렴했다는 청문회의 결과는 어느 정도였는지 가늠해 볼 수 있다.

결국 문민정부를 위한 반세기 정치활동의 결과는 업적도 없지 않으나 국민들로부터 실망과 고통만 안겨준 초라한 정권이 되고 말았다.

(3) 남·북 통일의 물꼬를 튼, 김대중 정권

DJP연합으로 당선된 김대중 정권은 환호의 기회도 없이 IMF에서 벗어나기 위한 노력에 분주하였고 정적이었던 전·노 두 전 대통령을 석방시킴으로써 정치보복에 대한 화해 무드를 이루어 국민들의 지지를 얻기에 충분하였다.

국민의 정부를 내세워 처음에는 DJ와 JP와의 공동정권으로 원활하게 수행되는 듯하다가 온갖 정책노선의 차이로 결국은 결별하자, 여소야대 현상으로 인해 한나라당과의 갈등은 정국혼란의 주요 원인이 되고 말았다.

IMF로부터의 탈출은 대성공적이었지만 잦은 각종 비리와 인사정책의 실패로 낙마하는 장관이 많았고 국가의 주요 보직은 호남의 특정고교 출신들이 장악하였으며 여소야대 현상으로 정치권은 바람 잘 날이 없어 혼란의 연속이었고 지역갈등의 골이 더욱 깊어 여기저기에서 불만이 생겨났다.

한편 기업과 정부의 구조조정으로 인한 무분별한 공적자금 지원과 비합리적으로 추진했던 의약분업의 실패는 국민들에게 혼란을 가져와 비난을 면치 못하게 되었다. 그러나 햇볕정책으로 2000년 6월 15일 평양에서 김대중 대통령과 김정일 국방위원장의 만남은 세계적인 뉴스거리로서 손색이 없어 우리 민족으로서는 처음으로 노벨 평화상을 수상하는 영광을 안았다.

구조적으로 다양한 갈등을 해소하지 못한 상황에서 여당은 수권정당으로서 교만과 차기정권 재창출을, 야당은 여당의 견제와 지원보다는 차기정권 탈환이라는 각각의 목표만을 고려하다 보니 문제해결과 발전보다는 정치불안의 연속으로 국민들로부터 정치불신임을 감수해야 하는 극한 상황에 이르고 있다.

어렵게 정권을 잡은 김대중 대통령은 여러 가지 악조건의 환경을 어떻게 지혜와 슬기를 모아 역사에 남을 만한 일을 하고 다음 정권에게 위임할지 궁금하다.

3) 각 공화국의 특성과 정권의 한계점

(1) 각 공화국의 특성

제헌공화국에서 제9차 개헌을 통해 현재 제6공화국에 이르기까지 나름대로 민주주의로 접근하기 위해 기여했다.

그러나 국민들의 의사와는 관계없이 통치자들의 의도대로 독재정권 성격을 띤 반민주적이었다는 점에서 많은 문제점을 낳았으나 제9차 개헌은 상당한 발전을 위한 획기적인 계기가 되었다.

(2) 각 정권의 한계점

기초를 이룬 이승만 정권은 과거 친일세력을 제거하지 못하고 오히려 이들과 적당히 결탁하여 정권을 유지하는 가운데 한국전쟁이라는 비극을 당했음에도 불구하고 측근에 의한 독재정치를 서슴지 않았다.

<표 2-18>　　　　　　　　　各 공화국의 특성

구 분	헌법특성	대	대통령	집권시기	이 슈	업 적	비 고
제1 공화국	제헌헌법(충분한 토의나 검토없이 이승만의 의도대로 대통령제 채택 ; 미국대통령제와 영국 의원내각제 장점 혼합	1 2 3	이승만	12년	뭉치면 살고 흩어지면 죽는다	건국	기(起) 나라를 건국함
제2 공화국	의원내각제	4	윤보선	1년	-	-	-
제3·4 공화국	·제3공화국 : 5차 개헌(대통령제, 단임직선제, 사법권 강화) ·제4공화국 : 6차 개헌(3선개헌), 7차개헌(절대전제적 대통령제, 통일주체 국민회의 대통령 간접선거 6년 임기), 3권통합, 입헌민주주의 원칙 이탈	5 6 7 8 9	박정희	18년	하면된다 (우리도 한번 잘 살아 보세)	조국근대화 (새마을운동, 한강의 기적)	승(承) 경제 개발의 도약
		10	최규하	10개월	-	-	-
제5 공화국	8차 개헌(대통령선거인단에서 대통령선거 임기 7년단임제, 사법권 독립)	11 12	전두환	7년 4개월	정의사회 구현	3저(물가, 금리, 환율)정책, 부동산 투기억제, 스포츠(86·88)	이를 계승함
제6 공화국	9차 개헌(대통령직선제, 대통령권한 완화, 미국 대통령제 접근)	13	노태우	5년	보통사람의 시대	북방외교	전(轉) 민주화 활발
		14	김영삼	5년	문민정부		결(結) 민주화 완성
		15	김대중	5년	국민의 정부	남북정상회담, IMF 해방, 노벨 평화상	
		16	?	-	-	-	

최대 정적이었던 김구 암살 이후 조봉암마저도 간첩죄의 누명을 씌워 처형하였으니 스스로의 무덤을 파 결국 3·15부정선거가 4·19민주의거로 이어져 하야·망명하게 된 것이다.

〈표 2-19〉 각 정권의 한계점

구 분	정권	수식어	업 적	과 실
기초정권	이승만	이박사	국가체제	독재, 6·25, 과거청산 부족
군사정권	박정희	박통	조국근대화, 경제성장	군사독재, 인권유린, 각종비리
	전두환	전통		
관리정권	윤보선	영국신사	–	대통령의 의무와 책임 회피, 혼란가중
	최규하	최주사		
	노태우	물태우	북방외교	
민간정부	김영삼	YS	민주화운동, 남북화해 무드 조성	각종 비리, 인사정책 실패, 국민기대 실망
	김대중	인동초, DJ		

윤보선·최규하·노태우의 관리정권은 이렇다 할 정책 없이 시간 때우기식이었으니, 대통령으로서의 의무와 권한 및 책임을 다하지 못해 혼란만 가중되었다. 한마디로 대통령이었다기보다는 일정 기간의 관리자였기 때문에 쿠데타와 민주시민항쟁을 가져와 국력낭비는 물론이거니와 결국 민주화 실험장이 되고 말았다. 이 틈을 노린 박정희·전두환을 주축으로 해서 군사 쿠데타를 일으켜 그들 나름대로의 조국근대화와 경제성장을 이루는 데 초점을 둔 결과 장기 독재정치로 인해 민주화를 요구하는 인사들에게는 인권유린을 서슴지 않았다.

또한 고학력의 명문대 엘리트라고 자칭하는 사람들은 자기의 목소리를 내어 국가발전에 기여하기보다는 이들에 기생, 어용학자로 전락하여 군사정권 유지를 가능하게 했다. 그들 또한 고급 행정관료로서 맛을 본 나머지 이를 지속화하기 위해 정권이 바뀔 때마다 온갖 루트를 통해 아첨한 결과 완전히 전문성을 상실하는 경우가 보편적이었다.

한편 우리 현대정치사에서 한 획을 긋는 상징적인 인물은 YS와 DJ이다. 출신배경과 성격, 스타일, 정책과 업적은 다르면서도 재임기간 중의 민심은 매우 유사하다는 공통점을 갖고 있다. 과감한 개혁과 외환위기의 극복 등으로 치솟았던 초반의 인기는 시간이 흐를수록 실망과 분노를 가져와 결국 허탈감만 안겨주었다는 점이다.

〈표 2-20〉　　　　　　　YS와 DJ 민간정부의 공통적 한계점

정권	특성	공통점	공통적 한계점
김영삼	상도동 / 영남	민주투사, 민간대통령	• 국정운영의 경험부족(집권을 위한 큰그림은 있었으나 이에 대비하는 구체적인 방법 및 노하우는 전무 : 우수전문인력 부족으로 과거정권 인사 활용) • 민주화 동지를 권력의 핵심요직에 기용(능력한계와 친인척의 각종 비리 등 도덕성 시비) • 민주화기여에 대한 국민들의 지나친 기대와 실망(취임 당시의 인기와 말로의 실망 및 개혁의 실패 등 미완의 민간대통령, 기록많이 남김)
김영삼	기회활용형		
김영삼	대졸(서울대)		
김영삼	문민정부		
김대중	동교동 / 호남		
김대중	정면돌파형		
김대중	고졸(목포상고)		
김대중	국민의 정부		

© Chae Soo Myung 32

그들은 평생 동안 민주화 투쟁을 외쳤으면서도 막상 집권하자 구호와는 달리 구체적인 방법론의 부재와 우수전문인력을 적시·적소·적량으로 활용하지 못했다. 민주화 투쟁 동지들은 측근에서 보좌하면서 그 보상심리가 강해 합리적 비판자는 적으로 여기는 한편 끼리끼리 권력을 나누어 좌우하는 민간군사정권을 연상케 하였으니 국가경영이 제대로 될 리가 만무하다. 더구나 국무회의에서 문제를 진지하게 대화·토론하고 협상하여 풀기보다는 대통령의 지시를 기록하는 데 급급하였고 마음에 들지 않으면 가차없이 낙마시키는 중·소폭의 내각인사로 더욱 혼란할 수밖에 없었다.

  국회에서의 날치기 통과와 계속된 경제침체 속에 기업이 도산되어 명예퇴직은 물론 청년실업자가 증가하는 가운데 빈부의 격차는 심화되고 수도권 부동산 투기열기를 해결하지 못했으니 국민들의 실망은 이루 말할 수가 없다. 이는 지나친 기대 속에 정부·기업·언론·재계·종교계 등 범국민적인 네트워크 없이 일개 당을 운영하듯 국가를 운영했기 때문이라는 점에서 이를 교훈 삼아 다시는 이런 실험기간이 있어서는 안 되기에 국민들도 의식수준 향상이 요구된다.

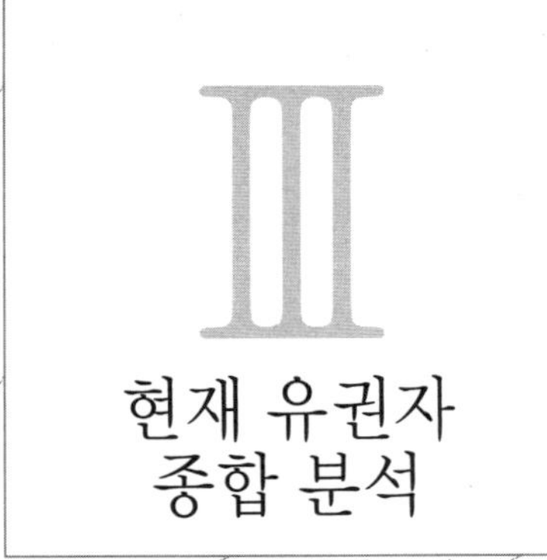

Ⅲ

현재 유권자
종합 분석

1. 유권자 · 지역 분석

1) 유권자 심리와 행동 분석

(1) 유권자 심리란?

유권자(有權者)는 엄연히 국가의 최고 주인으로서 당당하게 권리를 행사하고 의무와 권한 및 책임을 지는 주체이다. 선거 때만 되면 한 표를 던져주는 피동적인 백성이 아니라 개인과 지역 및 국가의 장래를 함께 하는 통치자의 선택이라는 중대한 임무와 사명을 띤 당당한 국가의 주인인 것이다.

이런 점에서 유권자 개개인의 힘은 미약하지만 이것이 소단위로 모이면 거대하고 무서운 태풍으로 변화해 걷잡을 수 없는 혼란과 막대한 피해를 입을 수도 있으므로 이를 잘 활용하면 에너지화할 수 있다.

〈표 3-1〉　　　　　　　　유권자의 유형과 대응전략

구 분	특　　성	결　　과
합리적 유권자	이성적인 관찰·분석, 주관이 뚜렷한 투표행사	정보제공, 선거원칙 준수로 우파 유도, 확산효과가 큼
고정적 유권자	고정관념, 부동층(표), 연고(지역, 동문, 정책, 기타 관련)	우(관리확대), 좌(지속적인 관리로 인식변화, 반대극소화, 우파전환
유동적 유권자	시기상황에 따라 유동적, 귀가 얇음	우호적인 유도(개인과 지역이해 관련/금품향응제공과 지역개발공약 요망), 유동표가 당락좌우
감정적 유권자	감정변화, 주관 전무	?
충동적 유권자	무관심, 충동적 선택	선거에 임박해서 우호적인 유도

이와 같이 태풍은 일시적으로 일어나는 현상이라는 특성을 지니고 있어 시기에 따라 어떻게, 어떤 전략·전술로 무섭게 움직이는 눈을 주시하면서 지역·계층별로 세분화시켜 대비하고 역이용하느냐에 대한 O, X라는 결과를 초래하게 된다.

지극히 일시적이고 감정적인 우리의 투표관습은 태풍과 흡사해서 보다 체계적인 이론을 바탕으로 선거법에 입각한 경제원칙 아래 고도의 전략과 전술을 펼쳐 효율화를 통한 필승을 실현해야 한다.

〈표 3-2〉 　　　　　　　　　　지지정도와 관리

구 분	특 성	행 동	결 과
적극적	자기 일, 물고기가 물을 만난 격	자금지원, 휴직 후 선거활동, 직장 근무시간 외 유세활동	적극지원 동기부여
지원적	후원회, 지지요청	자금지원, 정보제공, 직장과 각종 모임에서 적극적인 지지요청	지원 동기 부여
소극적	소속 주변에 지지요청	가족, 친구, 선후배 등 주변에 소극적인 지지요청	우호관계 연결
무관심	나와는 무상관	반대 제거, 신뢰성과 지지를 유도하여 소극지원, 적극세력으로 유도	관심 신뢰성 부여

가장 당당하고 자신의 주장을 펼 수 있는 선거상황에서의 유권자들은 선거철마다 머슴을 주장하며 대권을 향해 뛰는 후보자와 참모진들에게 잠시나마 대우를 받는 시기이다.

아무리 이성적으로 후보자 지지와 선거를 한다고 해도 오히려 지역이 다르면 이단자로 매도당하는 우리의 지역정서가 존재하는 한 선거혁명은 기대하기 힘들다. 그러나 최근 들어 시민단체들의 활동은 신선하면서도 일부에서는 도를 넘는 행동과 밀약설에 휘말리는 등 아직 성숙되지 않아 중·후진국형 선거풍토는 결국 갈등과 오해의 소지를 낳기에 충분하다.

(2) 유권자 심리행동과 영향과정

선거행동은 문화적·사회적·개인적·심리적인 요소에 따라 영향을 받는다.
이런 점에서 상품구매심리 행동과 유사하기 때문에 이에 대한 보다 심층적
인 조사를 통한 연구가 절대적으로 필요하다.

〈표 3-3〉　　　　　　　　선거 행동의 영향요인 유형

구 분	내　　　　　용
문화적 요인	문화, 하위문화(연령, 종교, 지역), 사회계급(지위, 직업, 소득)
사회적 요인	준거집단, 대면집단(가족, 직장, 동창, 친구, 선후배, 종교, 친목회)
개인적 요인	연령(세대), 가족(가족 영향), 직업(의식), 소득(계층), 성격
심리적 요인	비전, 지각, 학습, 신념, 태도, 충동, 포기

© Chae Soo Myung 35

또한 유권자들의 선거과정은 정치에 대한 관심은 물론 절대적인 무관심에
이르기까지 직·간접적인 관심과 욕구의 인식에서 출발하여 선택, 결정 후 투
표행사를 거쳐 결과와 그 이후의 행동을 분석에 활용하는 것이 효과적이다.

〈그림 3-1〉　　　　　　　　유권자의 선거과정

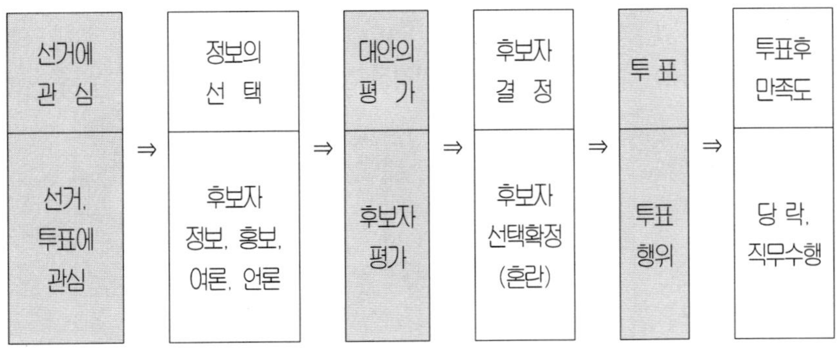

© Chae Soo Myung 36

<표 3-4> 　　　　　　　　선거시 집단영향 요인

구 분	내　　　용
지 역	고향, 지역정서 / 감정적 역사의식, 후삼국(고구려, 백제, 신라) / 후보자의 출신지(고향사람 대통령 만들기)
가 족	가장의 영향
직 장	업종별, 직급별 지지, 출신 동료애
모 임	취미, 각종 서클(후보자, 지도자)
언 론	TV, 지역방송, 신문, 라디오, 잡지의 영향
종 교	대권후보자의 종교일치, 종교지도자의 영향
종친회	혈연관계, 이해관계
이미지	자질과 능력, 리더십, 정책비전, 정당, 참모진
기 타	직·간접적인 이해관계와 이미지

© Chae Soo Myung 37

이와 같이 유권자의 직·간접적인 이해관계를 자기와 보다 밀접하게 함으로써 간접적으로 자기의 대리만족을 느끼는 경향이 매우 짙어 이성적으로 판단하는 고차원의 선택에 의한 투표라기보다는 순간적인 감정에 의한 아주 원시적이며 미래가 없는 아주 뻔한 투표를 하고 있다는 점이 아쉬우며 정치인들은 이를 잘 활용하기도 한다.

<그림 3-2> 　　　　　　　선거 집단결정 참여자

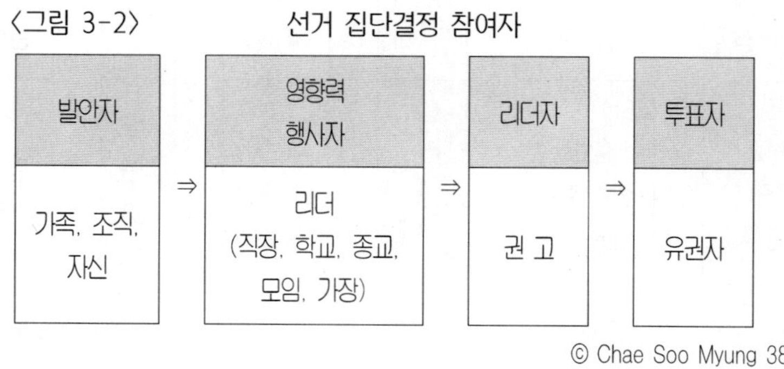

© Chae Soo Myung 38

반면에 선거전략도 실현가능한 정책이나 비전제시보다는 지역감정을 노골적으로 조장하는 국민분열에 의한 방법에서 벗어나지 못하고 있다. 또 당선만 되면 그만이라는 결과주의는 결국 실현불가능한 공약을 남발하는 데 익숙해지게 만들었다. 후보자와 영향력이 있는 지도자 간의 밀실야합으로 이루어지고 있다는 점에 반박을 하면서도 이를 옹호하는 지역의 지도자들 간의 밀약은 물론 돈선거라는 3류선거야말로 3류를 낳게 만든다.

2) 지역별 심층 분석

(1) 지역별 유권자 분석

지역을 대별하면 지형과 역사·문화·생활권에 따라 수도권, 충청권, 영남권, 호남권으로 나누어 볼 수 있다. 또한 서울권, 경기권, 인천권, 강원권, 충청권, 호남권, 부산경남권, 대구경북권, 제주권으로 더욱더 세분화될 수 있다.

이는 삼국시대 이후 오늘날에 이르기까지 지역문화의 색채가 짙은 잠재상황에서 김영삼, 김대중, 김종필 간의 라이벌 의식으로 이를 대권도전에 표로 이용한 결과 지역패권주의, 지역할거주의가 생겨났다. 국제화로 지구촌이 하나되는 상황에서 장점이 많은 지방화가 오히려 지역을 분할하여 맹목적으로 뭉치고 편을 가르는 폐쇄적인 현상은 바로 표와 연결되는 최근의 추세이다. 이로써 충성을 중심으로 풀뿌리 지방자치단체선거와 거대 대선은 거의 유사한 양상으로 흐르나 다만 지역의 대권 맹주들이 어떤 선택을 하느냐에 따라 지역 유권자들이 동요되는 심각한 하류민주주의가 팽배하고 있고 대부분 고정적이어서 그 결과를 예측할 수 있다.

오늘날의 유권자들은 거대한 지역감정에 의한 후삼국 형태를 취하면서 수도권에서 지역감정과 함께 여·야 간의 경쟁은 거의 비슷한 양상을 보이고 있다는 점에서 유권자 영향요인에 의한 투표성향을 활용하는 전략과 전술이 필요

하다. 다만 선거 전에 충격을 줄 만한 대사건이 변수로 작용되어 급회전할 만
큼 예측불허의 혼란을 가져올 뿐이라는 점이다.

〈표 3-5〉   최근 선거인수 변동 추이

시 도 명	제1회 전국동시지방선거	제15대 국회의원 총선거	제15대 대통령선거	제2회 전국동시지방선거	제16대 국회의원 총선거
	(1995. 6. 27)	(1996. 4 11)	(1997. 12. 18)	(1998. 6. 4)	(2000. 4. 13)
서울	7,438,025	7,393,013	7,358,547	7,377,751	7,505,246
부산	2,658,224	2,672,285	2,692,311	2,699,499	2,741,341
대구	1,663,614	1,685,233	1,707,338	1,716,312	1,763,128
인천	1,551,925	1,578,041	1,639,655	1,659,977	1,721,234
광주	822,880	839,092	870,554	877,868	917,761
대전	819,604	841,251	881,474	888,968	937,065
울산	-	-	654,125	659,965	681,718
경기	5,043,054	5,298,160	5,707,087	5,800,425	6,151,379
강원	1,048,490	1,057,784	1,077,853	1,087,113	1,113,504
충북	972,170	988,394	1,015,921	1,025,022	1,051,593
충남	1,270,138	1,289,508	1,330,627	1,343,633	1,374,591
전북	1,360,350	1,374,445	1,391,537	1,400,419	1,422,719
전남	1,504,598	1,507,277	1,519,292	1,527,489	1,540,231
경북	1,926,274	1,946,499	1,988,379	1,999,195	2,026,210
경남	2,621,029	2,664,513	2,094,036	2,109,058	2,159,642
제주	348,191	352,799	361,680	365,121	375,025
합계	31,048,566	31,488,294	32,290,416	32,537,815	33,482,387

자료 : 중앙선거관리위원회

(2) 선거의 고질적 병폐, 지역편견

어느 나라든 지역편견과 감정은 있기 마련이다. 선조 때부터 내려온 나쁜
전통을 고수하여 현재의 자기를 합리화하려는 지역우월주의와 패권주의가 그

것이나, 시대가 발전하면서 서서히 줄어들고 타지역과의 화해와 용서 등으로 융화되는 현상이 일어나고 있다.

땅이 비좁은 우리의 지역편견은 이미 삼국시대의 고구려, 백제, 신라에서부터 시작하여 한동안 사라졌다가 근래에 이르러 수단과 방법을 가리지 않고 대권전쟁에서 승리하여 정권을 쟁취하겠다는 정치꾼들이 새삼스럽게 이용, 지역정서를 갈라놓았다.

그 원인은 과거의 삼국 역사 · 지형 · 관습적인 면도 있겠으나 정치지도자들이 교묘하게 통치해 왔고 선거철만 되면 이를 악용한 것을 지역주민들은 지역적인 경쟁에서 이기기 위해 동조한 결과로 생긴 좋지 못한 산물이다.

〈표 3-6〉　　　　　　　8도민의 연상감정(흥선대원군)

구　분	내　　　용
경　기	거울 속의 미인(鏡中美人)
강원(강릉+원주)	바람 아래 해묵은 부처(岩石老佛)
충청(충주+청주)	맑은 바람에 밝은 달(淸風明月)
전라(전주+나주)	바람 앞의 가는 버드나무(風前細柳)
경상(경주+상주)	송죽과 같은 큰 절개(松竹大節)

자료 : 채수명, 지역별 이미지조사분석. 2001. 11

〈표 3-7〉　　　　　　　　지역편견 분석

지역	편　　　견
서울	한양, 수도, 뺀질이 - 사교적, 영리함 / 타산적 · 이기적, 인색사치, 건방
경기	수도권 - 다정, 영리함 / 서울 입성의식이 강함, 서울의 외곽
강원	산, 바위, 감자, 옥수수 - 검소, 소박 / 보수, 우둔
충청	양반, 멍청 - 겸손, 예의, 소박, 성실 / 보수적, 자기표현 무
호남	남도 - 생활력 강함, 영리, 사교적, 야심적, 단결력 / 이기적, 신뢰성
제주	삼다도 - 생활력 강함 / 이국적
영남	생활력 강함, 결단성, 의미 / 시끄러움(말투)

자료 : 채수명, 지역별 이미지조사분석. 2001. 11

<표 3-8>　　　　　　전국 시도인구의 출생지역별 분포(1995)

단위 : 천명, %

출생지역	현거주지														
	서울	인천	경기	강원	대전	충남	충북	대구	경북	부산	경남	광주	전남	전북	제주
계	100.0	100.0	100.0	100.0	100.0	100.0	100.0	100.0	100.0	100.0	100.0	100.0	100.0	100.0	100.0
서울	43.5	10.6	17.3	4.2	5.6	3.6	3.9	1.7	1.7	2.0	1.6	2.3	1.4	2.0	2.3
인천	1.1	39.6	1.7	0.6	0.7	0.7	0.6	0.2	0.2	0.3	0.3	0.3	0.2	0.3	0.3
경기	8.1	9.2	39.6	3.6	3.0	3.1	3.5	0.8	1.0	0.9	0.9	0.9	0.6	1.0	1.0
강원	3.7	4.2	4.8	75.0	1.9	1.3	4.2	1.3	2.0	1.5	1.6	0.5	0.4	0.4	0.6
대전	0.7	0.6	0.7	0.3	39.1	1.6	1.4	0.3	0.3	0.2	0.2	0.2	0.1	0.3	0.1
충남	7.0	9.3	7.3	1.6	22.8	78.9	4.0	0.7	0.9	1.1	1.0	0.5	0.4	1.7	0.7
충북	3.8	3.4	3.9	2.6	9.4	2.3	72.4	1.1	1.4	1.2	1.1	0.3	0.3	0.4	0.4
대구	1.2	0.7	0.9	0.6	0.9	0.4	0.5	47.3	4.3	1.3	1.4	0.2	0.1	0.2	0.4
경북	5.4	4.0	4.5	4.5	3.5	1.3	3.8	-	80.8	8.9	6.9	0.4	0.7	0.4	0.9
부산	1.9	1.2	1.4	0.8	1.3	0.6	0.8	1.6	1.8	48.6	7.2	0.5	0.7	0.4	1.6
경남	3.5	2.4	2.6	1.6	2.0	1.1	1.2	-	3.4	25.2	73.4	0.6	1.0	0.7	1.4
광주	1.2	0.7	0.8	0.3	0.5	0.3	0.2	0.1	0.1	0.3	0.2	44.4	2.5	0.7	0.5
전남	9.5	6.9	7.1	1.5	2.6	1.7	1.4	0.7	0.8	4.7	2.0	44.6	89.0	4.3	4.3
전북	7.0	4.8	5.3	1.1	5.5	2.4	1.3	0.7	0.7	1.6	1.2	4.0	2.0	86.5	0.8
제주	0.4	0.2	0.3	0.2	0.2	0.1	0.1	0.1	0.1	0.5	0.2	0.2	0.2	0.1	83.8
북한	0.5	0.2	1.2	1.3	0.4	0.5	0.5	0.7	0.2	1.0	0.2	0.2	0.1	0.3	0.2

자료 : 1995. 인주주택총조사. 통계청. 1996

<표 3-9>　　　　　　한국인들의 출생시도별 분포(1995)

단위 : 천명, %

지역	인구	구성비	지역	인구	구성비	지역	인구	구성비
서울	6,490	14.8	충북	2,113	4.8	전남	4,496	10.3
인천	1,230	2.8	대구	1,604	3.7	전북	3,193	7.3
경기	4,366	10.0	경북	4,741	10.8	제주	529	1.2
강원	2,237	5.1	부산	2,583	5.9	기타	583	1.3
대전	721	1.6	경남	4,707	10.7	계	43,836 북한지역출신자도 포함	100.0
충남	3,367	7.7	광주	859	2.0			

자료 : 1995. 인구주택총조사. 통계청. 1996

이렇다 보니 생활은 물론 어릴 적 초·중·고의 친구와 결혼관계도 지역, 광역에 머물러 있게 되고 혼합된 서울, 수도권에 의존하고 있다. 다만 군생활의 옛 전우나 대학, 직장생활은 어쩔 수 없이 혼재할 뿐이나 이 또한 향우회라는 비조직이 존재하고 있고 심지어 어떤 기업의 경우는 자기 고향이 아니면 인재등용이나 비지니스까지도 외면하는 경우도 있다는 데 그 심각성이 있다.

반 만 년 동안 이어 내려온 지역감정을 하루아침에 해결할 수는 없겠지만 국가발전의 가장 큰 저해요인은 현실에서 해결의 실마리를 찾기보다는 이를 자기이익으로 악용하려는 자들이 존재하고 있는 한 그리 쉽게 해결되지는 않으리라 예상된다. 왜냐 하면 겉으로는 지역감정을 없애자고 외쳐대면서도 이를 교묘한 방법으로 부추겨 순간적인 이득을 취하려는 아주 나쁜 무리들이 존재하고 이에 휩쓸리는 상호비방의 연속을 근본적으로 치유하기란 어떤 특단이 없는 한 곤란하기 때문이다.

지역감정과 지역편견을 없애자고 하는 것부터 그 자체가 지역감정, 지역편견을 은근히 조장하는 일이라는 것을 모르고 있다는 데 그 심각성을 갖고 있다고 해서 불능론을 주장하는 것 또한 결코 아니다.

각계각층에서 진정 세계사적 시야를 갖고 변화의 물결을 살펴 거대한 우리 민족을 어떻게 하면 발전시켜 번영의 길로 갈 수 있는지, 작지만 내가 할 수 있는 일이 무엇인지를 찾아 큰 것을 얻기 위해 작은 것을 양보하는 사고와 행동양식을 갖는 길이다.

(3) 현대선거의 지역감정 실상

망국적 고질병인 지역감정이 일어난 시기는 제5대 대선 때이다.

박정희와 윤보선 간의 대결에서 이슈화된 박정희의 사상문제와 공화당 윤치영 의장의 '구 정치인이 집권하면 쿠데타를 일으키겠다.'라는 발언이 큰 영향을 주지는 않았다. 그러나 영남 출신 공화당측의 이효상과 이만섭 등이 찬조연사로 나와 '이 고장은 신라 1,000년의 탄탄한 문화를 자랑하는 고장이지만 그 긍지를 잇는 이 고장의 임금은 여태껏 한 사람도 없었다. 박정희 후보는 신라

임금님의 자랑스런 후손이며 이제 그를 대통령으로 뽑아 이 고장 사람으로 1,000년 만의 임금님을 모시자.'라고 지역감정을 조장하면서 시작되었다고 할 수 있다.

이에 충청 출신 윤보선 진영의 김사만이 '부산, 대구 등지에는 빨갱이가 많다.'고 연설한 것이 인구가 많은 경상도 사람들을 자극했지만 당시 영남 인구가 서울 인구보다 2배 이상 많았기에 영남에서 66만 표 이상 앞서 서울에서 2대 1로 대패했고, 기타 지역에서도 뒤졌지만 1.5%라는 아주 근소한 차이로 당선되었다.

추풍령과 노령산맥을 중심으로 영남·호남·제주는 박정희 후보를 지지한 반면, 충청·서울·경기·강원은 윤보선 후보를 지지하여 남부와 중부로 구분되었고, 1967년 5월 3일 제6대 대선에서는 지역감정이 더욱 벌어져 10.5%의 차이로 박정희 후보가 당선되었다.

이와 같이 제5·6대 대선에서는 영·호남이 합세한 충청 중부와의 대결 선거였으나 1971년 제7대 선거에는 호남인들이 영남의 박정희를 적극 밀어주었음에도 불구하고 푸대접을 받았다고 생각해 왔다. 이후 호남 출신 김대중이 나서자 국회의장 이효상은 '경상도에서 대통령을 내야 한다.'며 정치지도자로서의 도를 넘어 지역감정을 조장했으니 우리 지도자들의 자질이 이 정도밖에 되지 않는 현실이 안타깝기만 하다.

'경상도 사람을 뽑지 않으면 경상도의 푸대접 내지는 보복이 온다.', '전라도 대통령을 꼭 뽑아 푸대접을 면해야 한다.'라는 등의 소문과 전단이 나돌아 박정희 후보는 영남에서 3대 1로 김대중 후보를 압도한 반면 호남에서는 2대 1로 리드당했다. 서울에서 김대중이 40만 표나 이겼던 것은 호남사람들이 고향을 떠나 서울의 변두리로 이사왔기 때문으로, 이 역시 지역감정의 부산물이며 기타 지역은 득표 차이가 없어 박정희가 당선되었다.

1987년 12월 16일, 16년만에 실시된 직선에서는 지역별로 출마하다 보니 더욱더 지역감정이 일어났고 관권, 금권, 야권 분열, 지역감정 등 총체적인 선거타락 현상이 일어나 지역편견의 극치를 이뤘다.

1987. 12

| 시도명 | 선거인수 | 투표자수 (투표율) | 유효 투표수 | | | | | | | | 계 | 무효 투표수 | 기권수 |
| | | | 후보자별 득표수 | | | | | | | | | | |
			민정당 노태우 (%)	민주당 김영삼 (%)	평민당 김대중 (%)	공화당 김종필 (%)	사민당 홍숙자	일민당 김선경	한국당 신정일 (%)	무소속 백기완			
계	25,873,624 (854,700)	23,066,419 (827,378) 89.15%	8,282,738 35.91%	6,337,581 27.48%	6,113,375 26.50%	1,823,067 7.90%	0	0	46,650 0.20%	0	22,603,411	463,008	2,807,205
서울	6,486,710 (154,364)	5,717,805 (151,426) 88.15%	1,682,824 29.43%	1,637,347 28.64%	1,833,010 32.06%	460,988 8.06%	0	0	4,560 0.08%	0	5,618,729	99,076	768,905
부산	2,290,038 (56,946)	2,024,324 (55,872) 88.40%	640,622 31.65%	1,117,011 55.18%	182,409 9.21%	51,663 2.55%	0	0	3,612 0.18%	0	1,995,317	29,007	265,714
대구	1,275,293 (38,967)	1,146,652 (37,992) 89.91%	800,363 69.80%	274,880 23.97%	29,831 2.60%	23,230 2.03%	0	0	3,774 0.33%	0	1,132,078	14,574	128,641
인천	955,271 (22,368)	841,983 (21,897) 88.14%	326,186 38.74%	248,604 29.53%	176,611 20.98%	76,333 9.07%	0	0	1,126 0.13%	0	828,860	13,123	113,288
광주	520,488 (16,108)	481,126 (15,667) 92.44%	22,943 4.77%	2,471 0.51%	449,554 93.44%	1,111 0.23%	0	0	74 0.02%	0	476,153	4,973	39,362
경기	3,352,554 (83,638)	2,962,014 (81,640) 88.35%	1,204,235 40.66%	800,274 27.02%	647,934 21.87%	247,259 8.35%	0	0	5,621 0.19%	0	2,905,323	56,691	390,540
강원	1,040,632 (49,523)	943,379 (47,022) 90.65%	546,569 57.94%	240,585 25.50%	81,478 8.64%	49,954 5.30%	0	0	2,628 0.28%	0	921,214	22,165	97,493
충북	854,232 (40,657)	777,739 (39,043) 91.05%	355,222 45.67%	213,851 27.50%	83,132 10.69%	102,456 13.17%	0	0	2,796 0.36%	0	757,457	23,282	76,493
충남	1,788,014 (79,287)	1,578,557 (76,044) 88.29%	402,491 25.50%	246,527 15.62%	190,772 12.09%	691,214 43.79%	0	0	3,902 0.25%	0	1,534,906	43,651	209,457
전북	1,298,522 (56,644)	1,172,867 (55,103) 90.32%	160,760 13.71%	17,130 1.46%	948,955 80.91%	8,629 0.74%	0	0	1,501 0.12%	0	1,136,975	35,893	125,655
전남	1,659,767 (78,886)	1,498,755 (75,781) 90.30%	119,229 7.96%	16,826 1.12%	1,317,990 87.94%	4,831 0.32%	0	0	994 0.07%	0	1,459,870	38,885	161,012
경북	1,878,025 (95,564)	1,709,244 (90,412) 91.01%	1,108,035 64.83%	470,189 27.51%	39,756 2.33%	43,227 2.53%	0	0	7,812 0.46%	0	1,669,019	40,225	168,781
경남	2,193,206 (71,145)	1,963,376 (69,240) 89.52%	792,757 40.38%	987,042 50.27%	86,804 4.42%	51,242 2.61%	0	0	7,567 0.39%	0	1,925,412	37,964	229,830
제주	280,872 (10,603)	248,598 (10,239) 88.51%	120,502 48.47%	64,844 26.08%	45,139 18.16%	10,930 4.40%	0	0	683 0.27%	0	242,098	6,500	32,274

자료 : 중앙선거관리위원회. 보완(%)

대구 출신 노태우는 대구에서 70%, 경북에서 65%를 득표했고 부산 출신 김영삼은 부산에서 55%, 경남에서 50%, 호남 출신 김대중은 광주에서 93%, 전남에서 88%, 전북에서 81%, 충청 출신 김종필은 충남에서 44%를 득표하여 지역정서가 그대로 드러났다.

광주에 거주하는 부산과 경남의 인구는 0.8%인데 김영삼 투표는 0.5%로 나타났고, 부산에 거주하는 호남인은 9.9%인데 김대중 투표는 9.1%, 대구에 거주하는 호남인 2.2%이나 김대중 투표는 2.6%로 나타났다. 이런 점에서 약간의 편차는 있으나 대체로 지역감정이 거의 그대로 드러나고 있음을 알 수 있다.

제14·15대 대선 때도 지역감정이 그대로 일어났으며 제16대 국회의원이나 지자체 단체장 및 의회 의원선거의 경우 더욱더 두드러지게 나타나 자기 지역을 연고로 한 정당공천만 받으면 무조건 당선이라는 말까지 나왔다. '지역에 말뚝만 꽂아도 당선된다.'는 망국병이 현재까지 이어져 결국 민주주의를 파괴시키고 있다.

그러나 지역 전체가 맹목적으로 신봉하는 것이 아니라 신봉에 한계성이 드러나 폭발하면서 일부 지역, 일부 계층에서는 지역발전과 관련된 사항과 영향력을 행사하는 지도자와 관계함으로써 새로운 변화가 일어나게 된다.

지역의 계층들이 뚜렷한 의식으로 잠재적·기습적으로 이를 거부하고 주변의 광역적인 지역정서와는 다른 선택을 하는 분위기가 일어나고 있기에 선거의 묘미가 기대된다. 이를 두고 선거에서는 관념적인 지역정서에서 이탈했다는 표현으로 '지역 반란'이라는 용어를 사용하고 있어 배신자, 반란자, 이민자 또는 상대방편에서 볼 때에 효자라는 말도 탄생했다.

유권자 지지분석은 지역별, 연령별, 소득별, 직업별, 거주별, 주거형태별 등에 따라 다르다는 점에서 이에 따른 조사분석으로 이들의 욕구를 충족시켜야 한다. 특히 열성적인 유권자는 아예 처음부터 고정적인 지지를 하나 수많은 유권자들은 상황별로 유동적이어서 투표 2~3일 전에 결정하거나 심지어는 투표 당일에 결정하거나 거부하는 경우도 많기 때문에 선거유세는 끝까지 최선을 다하는 자세가 요구된다.

<표 3-11>　　　　　　1990년대 중반 이후 지역별 유권자 성향

구 분		내　용
수도권	서울권	진보적 성향, 지방출신의 집합, 정치적 관심 집중, 승패
	인천권	이북월남과 충청출신에 기타 혼합, 규모보다 지역낙후
	경기권	위성도시(서울권), 경기남(중도성)과 북(보수, 지역낙후)
중부권	대전권	보수개혁적, 충청성향과 호남성향 혼재
	충남권	보수성향, 김종필의 아성
	충북권	보수성향, 김종필 중영역권
호남권	전북권	지역차별과 피해의식, DJ의 아성, 북·남지역 낙후
	전남권	지역차별과 피해의식, DJ의 아성, 내륙 낙후
	광주권	지역차별과 피해의식, DJ의 아성
영남권	부산권	김영삼 정권창출 중심지, 대권 재창출 요망
	경남권	김영삼 중영역권, 서북지역 낙후
	울산권	노동계 파워, 지역경제침체, 지역활성화
	대구권	과거 TK중심체 향수, 대권재창출 요망, 첨단산업육성
	경북권	조국근대화 기수(선산), 박정희정권의 향수, 북부지역 낙후
기타권	강원권	보수성향, 지역 완전 소외, 문화산업단지 조성
	제주권	여야 성향 공존, 관광특구 활성화

자료 : 채수명, 유권자선거심리에 관한 이미지조사. 2001. 11

<표 3-12>　　　　　　　지역별 지지기반 성향

구 분	김대중	김영삼	김종필	이회창	이인제	한화갑	김중권
수도권	중	저	저	고	고	중	중
충청권	중	저	고	고	고	저	저
호남권	최고	최고	최저	최저	고	고	최저
영남권	저	중	저	고	저	최저	중

자료 : 채수명, 유권자 선거심리에 관한 이미지조사. 2001. 11

<표 3-13>　　　　　　　제14대 대통령선거 결과

1992. 12

시도명	선거인수	투표자수 (투표율)	유효 투표수								계	무효 투표수	기권수
			후보자별 득표수										
			민자당 김영삼 (%)	민주당 김대중 (%)	국민당 정주영 (%)	새한국당 이종찬	신정당 박찬종 (%)	정의당 이병호 (%)	무소속 김옥선 (%)	무소속 백기완 (%)			
계	29,422,658 (748,843)	24,095,170 (716,328)	9,977,332	8,041,284	3,880,067	0	1,516,047	35,739	86,292	238,648	23,775,409	319,761	5,327,488
		81.89%	41.41%	33.37%	16.10%		6.29%	0.15%	0.56%	0.99%			
서울	7,394,554 (158,724)	6,021,311 (154,293)	2,167,298	2,246,636	1,070,629	0	381,535	4,797	13,098	67,784	5,951,777	69,534	1,373,243
		81.43%	35.99%	37.31%	17.78%		6.34%	0.08%	0.22%	1.13%			
부산	2,565,831 (59,292)	2,135,546 (57,238)	1,551,473	265,055	133,907	0	139,004	978	3,236	21,736	2,115,389	20,157	430,285
		83.23%	72.65%	12.41%	6.27%		6.51%	0.05%	0.15%	1.02%			
대구	1,494,057 (35,810)	1,172,636 (34,477)	690,245	90,641	224,642	0	136,037	1,103	2,753	12,772	1,158,193	14,443	321,421
		78.49%	58.86%	7.73%	19.16%		11.60%	0.09%	0.23%	1.09%			
인천	1,346,964 (25,348)	1,081,011 (24,419)	397,361	338,538	228,505	0	84,211	1,351	3,867	12,455	1,066,288	14,723	265,953
		80.26%	36.76%	31.32%	21.14%		7.79%	0.12%	0.36%	1.15%			
광주	769,300 (24,030)	685,797 (23,035)	14,504	652,337	8,085	0	2,827	133	1,149	1,565	680,600	5,197	83,503
		89.15%	2.11%	95.12%	1.18%		0.41%	0.02%	0.17%	0.23%			
대전	725,583 (20,356)	582,613 (19,444)	202,137	165,067	133,646	0	64,526	961	2,294	5,772	574,403	8,210	142,970
		80.30%	34.69%	23.18%	22.94%		11.08%	0.16%	0.39%	0.99%			
경기	2,354,271 (86,277)	3,502,774 (82,726)	1,254,025	1,103,498	798,356	0	239,140	6,299	13,685	36,392	3,451,395	51,379	851,497
		80.44%	35.80%	31.50%	22.79%		0.83%	0.18%	0.39%	1.04%			
강원	1,025,018 (34,197)	834,891 (32,233)	340,528	127,265	279,610	0	56,199	3,047	4,007	9,599	820,255	14,636	190,127
		81.45%	40.35%	15.24%	33.49%		6.66%	0.36%	0.47%	1.14%			
충북	922,701 (27,864)	750,483 (26,092)	281,678	191,743	175,767	0	68,900	4,844	4,568	8,671	736,171	14,312	172,218
		81.34%	37.53%	25.55%	23.42%		9.18%	0.65%	0.61%	1.16%			
충남	1,232,586 (41,045)	973,070 (38,178)	351,789	271,921	240,400	0	64,117	4,143	9,899	10,185	952,454	20,616	259,516
		78.95%	36.15%	27.94%	24.70%		6.59%	0.43%	1.02%	1.05%			
전북	1,321,778 (44,847)	1,126,597 (42,832)	63,175	991,483	35,923	0	9,320	1,087	7,130	4,232	1,112,350	14,247	195,181
		85.23%	5.61%	88.01%	3.19%		0.83%	0.10%	0.63%	0.38%			
전남	1,500,662 (55,497)	1,285,110 (52,887)	53,360	1,170,398	26,686	0	7,210	1,048	8,010	3,311	1,270,023	15,087	215,552
		85.64%	4.52%	91.07%	2.08%		0.56%	0.08%	0.62%	0.26%			
경북	1,934,544 (57,909)	1,559,478 (54,337)	991,424	147,440	240,646	0	124,858	3,365	6,240	17,664	1,531,637	27,841	375,066
		80.61%	63.57%	9.45%	15.43%		8.01%	0.22%	0.40%	1.13%			
경남	2,504,339 (67,001)	2,118,601 (64,018)	1,514,043	193,373	241,135	0	115,086	2,020	5,070	22,863	2,093,590	25,011	385,738
		84.60%	71.46%	9.13%	11.38%		5.43%	0.10%	0.24%	1.08%			
제주	330,470 (10,646)	265,252 (10,119)	104,292	85,889	42,130	0	23,077	563	1,286	3,647	260,884	4,368	65,218
		80.27%	39.32%	32.28%	15.88%		8.70%	0.21%	0.05%	1.37%			

자료 : 중앙선거관리위원회. 보완(%)

제15대 대통령선거 결과

1997. 12

| 시도명 | 선거인수 | 투표자수 (투표율) | 유효 투표수 | | | | | | | 계 | 무효 투표수 | 기권수 |
| | | | 후보자별 득표수 | | | | | | | | | |
			한나라당 이회창	국민회의 김대중	국민신당 이인제	국민승리 리 21 권영길	공화당 허경영	바른정치 치 聯 김한식	한국당 신정일			
계	32,290,416 (801,130) 80.65%	26,042,633 (775,458)	9,935,718 38.15%	10,326,275 39.65%	4,925,591 18.91%	306,026 1.76%	39,055 0.15%	48,717 0.19%	61,056 0.23%	25,642,438	400,195	6,247,783
서울	7,358,547 (176,163) 80.54%	5,926,743 (172,450)	2,394,309 40.40%	2,627,308 44.33%	747,856 12.62%	65,656 1.01%	5,432 0.09%	8,978 0.15%	5,234 0.09%	5,854,773	71,970	1,431,804
부산	2,692,311 (65,799) 78.89%	2,124,010 (64,144)	1,117,069 52.59%	320,178 15.07%	623,756 29.37%	25,581 1.20%	2,252 0.11%	2,211 0.10%	3,359 0.56%	2,094,406	29,604	568,301
대구	1,707,338 (42,479) 78.90%	1,347,018 (41,101)	965,607 71.68%	166,576 12.37%	173,649 12.89%	16,258 1.21%	1,661 0.12%	1,229 0.09%	4,108 0.30%	1,329,088	17,930	360,320
인천	1,639,655 (33,298) 79.99%	1,311,512 (32,116)	470,560 35.88%	497,839 37.96%	297,739 22.70%	20,340 1.55%	1,915 0.15%	2,356 0.18%	1,862 0.14%	1,292,611	18,901	328,143
광주	870,554 (27,192) 89.95%	783,025 (26,369)	13,294 1.70%	754,159 96.31%	5,181 0.66%	1,478 0.19%	154 0.02%	660 0.08%	273 0.03%	775,199	7,826	87,529
대전	881,474 (22,115) 78.60%	692,821 (21,205)	199,266 28.76%	307,493 44.38%	164,374 23.73%	8,444 1.22%	1,028 0.15%	1,352 0.20%	936 0.14%	682,893	9,928	188,653
울산	654,125 (13,505) 81.09%	530,459 (12,937)	268,998 50.71%	80,751 15.22%	139,824 26.36%	32,145 6.06%	627 0.12%	427 0.08%	991 0.19%	523,763	6,696	123,666
경기	5,707,087 (115,163) 80.60%	4,600,005 (111,459)	1,612,108 35.05%	1,781,577 38.73%	1,071,704 23.30%	47,608 1.03%	7,077 0.15%	8,035 0.17%	7,415 0.16%	4,535,524	64,481	1,107,082
강원	1,077,853 (32,756) 78.54%	846,596 (31,582)	358,921 42.40%	197,438 23.52%	257,140 30.37%	8,231 0.97%	3,201 0.38%	1,851 0.22%	4,161 0.49%	830,943	15,653	231,257
충북	1,015,921 (27,897) 79.29%	805,496 (26,766)	243,210 30.19%	295,666 36.71%	232,254 28.83%	10,232 1.27%	2,784 0.35%	2,313 0.29%	3,357 0.42%	789,816	15,680	210,425
충남	1,330,627 (35,364) 76.96%	1,023,990 (34,022)	235,457 22.99%	483,093 47.18%	261,802 25.57%	9,604 0.94%	3,011 0.29%	4,109 0.40%	4,122 0.40%	1,001,198	22,792	306,637
전북	1,391,537 (42,321) 85.53%	1,190,190 (41,055)	53,114 4.46%	1,078,957 90.65%	25,037 2.10%	4,189 0.35%	943 0.08%	4,981 0.42%	1,968 0.17%	1,169,189	21,001	201,347
전남	1,519,292 (50,170) 87.26%	1,325,731 (47,735)	41,534 3.13%	1,231,726 92.91%	18,305 1.38%	2,199 0.17%	1,027 0.08%	4,790 0.36%	2,255 0.17%	1,301,836	23,895	193,561
경북	1,988,379 (53,191) 79.18%	1,574,454 (51,284)	953,360 60.55%	210,403 13.36%	335,087 21.28%	22,382 1.42%	4,177 0.27%	2,476 0.16%	11,723 0.74%	1,539,608	34,846	413,925
경남	2,094,036 (53,567) 80.30%	1,681,584 (51,452)	908,808 54.04%	182,102 10.83%	515,869 30.68%	27,823 1.65%	3,215 0.19%	2,150 0.13%	8,047 0.48%	1,648,014	33,570	412,452
제주	361,680 (10,150) 77.14%	278,999 (9,781)	100,103 35.88%	111,009 39.79%	56,014 20.08%	3,856 1.38%	551 0.20%	799 0.29%	1,245 0.45%	273,577	5,422	82,681

자료 : 중앙선거관리위원회. 보완(%)

2. 유권자 계층분석

1) 사회지도층 분석

(1) 각종 사회지도층 부대

지도층(指導層)이란 지지세력의 크고 작음에 관계없이 직·간접적인 어떤 룰에 의해 형성된 지도자이고 리더이다.

권력, 명예, 부를 한 몸에 쥐고 있는 층이며 그 영향이 매우 크다. 때문에 권위와 지배의식이 아주 강해 소왕국의 리더적인 사고가 은밀하게 배어 있다.

〈표 3-15〉　　　　　　　　사회지도층의 유형

구 분		내　　　용
유 형 (전·현직)	권　력	대통령, 국회의장, 대법원장, 국무위원 등
	재　력	재벌그룹 회장, 경제단체장
	지　력	총장, 종교최고지도자, 유명과학자, 언론인
	기타력	각종 최고지도층(예술, 스포츠, 기타)
시 점	고 객	과거(전직), 현재(현직), 미래(미래 대상자)
범 위	규 모	크기(크다, 작다), 한정, 광범위
	해당자	대표자(소속단체의 대표자), 소속(소속 해당자 전원)
기 타	요 인	영향(크다, 적다), 성별(남성, 여성), 여론(존경, 좀벌레)

© Chae Soo Myung 39

그들은 여러 개의 조직에 가입하고 있으며 어떤 형태로든 직접 투표와 추대라는 방법을 통해 선출되었기 때문에 보이지 않게 정치성향이 매우 강하며 자신의 지역에 조건 없이 헌신하여 존경을 받는 지도자도 있다.

겉으로는 지역발전을 위해 봉사한다고 하면서도 그 속을 들여다보면 주어진

권한을 최대한 악용하여 개인의 욕구를 채우면서 자기보다 상위의 지도층에게
철저히 아첨하기도 한다. 특히 특별한 행사나 선거 때는 자기 주가를 높이기
위해 세를 과시하거나 결탁하여 이해득실관계를 이루는 호기회로 이용하기도
한다.

이들은 권위적이고 자기를 알아주길 바라며, 받는 것을 아주 좋아하므로 평
소에 자주 문안인사나 안부를 전하는 한편 특별한 날에는 선물을 보내는 것이
좋다. 한 마디로 선택받은 사람임을 인정해 주는 것을 좋아하기에 언제나 지도
층이라는 자부심으로 가득 차 있으며 은근히 과시하는 것을 하나의 낙으로 삼
으며 그들끼리의 보이지 않는 자존심 대결과 권력다툼 등 갈등 요소가 존재해
있다.

따라서 많은 조직의 지도자와 관계하여 표를 얻으려는 방법도 중요하나 진
정한 봉사자로서 존경받는 지도자를 발굴하여 격려하며 육성함으로써 표와 연
결하는 장기적인 노력과 투자가 진정한 표를 확보하는 길이다.

(2) '지식만능설'을 주장하는 전문지식층

학문적으로 많이 배우고 항상 연구하여 정신적으로 영향을 주는 식자층을
흔히 '전문지식층'이라고 말한다.

이들은 지식의 전달과 창조자로서 전문성에 대한 자부심과 엘리트 의식이
매우 강하여 은근히 우월감에 빠져 있고, 재력보다는 지력을 중시하는 선비정
신이 있는 관계로 일반인들과는 차별화하는 경우가 일반적이다. 항상 교육을
중시하여 개인은 물론 국가발전의 원동력이 곧 지식이라 여기는 '지식만능설'을
주장하는데, 그들은 학벌의식이 강하고 이미 시대에 뒤떨어진 낡은 이론을 장
황하게 늘어놓거나 또는 지나치게 시야가 좁은 관계로 자기 아집에 사로잡혀
실천이 없는 공상적인 궤변으로 타인의 생각을 거부하는 경향이 매우 짙다.

자기주장이 매우 강하며 주로 학생을 가르치는 습관으로 인해 타인이 자신
의 논리를 경청하는 것을 좋아하고 반박하는 것을 가장 싫어한다는 점에서 이
들의 공로를 인정하고 격려하며 주장을 공손히 수용하는 자세가 필요하다.

구 분	내 용
정 신	교수와 교사(국가백년대계/학생, 학부모), 종교지도자(종교중심 생활과 비즈니스/종교인)
법 률	판·검사(공정성), 변호사(대변), 법무사(대변)
보건복지	의사(생명치료, 진단, 예방/환자, 보호자), 약사(제조/환자, 보호자), 간호사(간호/환자, 보호자), 사회복지사(생계곤란층 지원/생계곤란층)
회 계	공인회계사, 세무사-세무업무(기업인)
건축환경	건축사, 기사-건축, 환경업무
예 술	화가, 작가, 음악인, 연극영화인-예술·문화의 사랑, 실천(준예술인)
과학기술	연구원, 기술자
컨설팅	농촌지도사(지도/농민), 경영 컨설턴트(경영진단지도, 개발, 교육/기업인), 감정평가사(지가), 공인중개사(부동산 소개)

특히 최고의 지식층으로 자처하는 대학교수들은 연계성이 부족하다 보니 비현실적인 데다가 자기비판은 하지 않고 타인에 대한 비판과 비난을 서슴지 않는다. 이들은 방송, 신문 등 매스컴에 등장하는 것을 좋아한다.

초·중등교사와 퇴직교장·교감 등은 보이지 않게 신뢰성이 높아 영향력이 있는 지식층이며, 변호사, 의사, 세무사 등도 영향력이 막강하여 이들과 연계하고 목소리에 귀를 기울이는 것이 효과적이다.

이를 뛰어넘어 지속적으로 조사·연구하여 새로운 이론을 발견, 창조, 개척해 사회발전에 기여하는 진정한 의미의 지식층과 만나는 것은 신뢰도의 향상과 함께 선전효과가 매우 크다. 집단이기주의와 함께 개인주의를 동시에 갖고 있어 까다로우나 한번 선호하면 지지자로 변신하지만 그렇다고 주변에 권고하거나 적극적으로 지지 또는 홍보하지는 않는 편이다.

(3) 중산 샐러리맨들의 넥타이부대

중산 샐러리맨들은 최소한 전문대졸의 학력에 도시의 준기업체에서 일정한

직책을 가지고 근무한다. 주로 아파트 생활을 하며 자가용을 소유하고 일과 가정 그리고 인생을 즐기려는, 한마디로 자칭 '엘리트'라고 하는 사람들이다.

사는 데 큰 고비가 없었고 그저 직장생활에서 업무를 충실히 하고 술과 담배를 벗삼아 스트레스 해소와 인간관계를 이루나 자기계발은 석사학위 정도만 받으면 된다는 생각을 갖고 있는 것이 일반적이다.

신문과 전문잡지, 간혹 전문서적을 대충 읽거나 TV를 시청하는 것이 고작이고 극소수를 제외하면 자기계발은 희망사항일 뿐 실천을 하지 않는 것이 또한 특징이다.

정치, 경제, 사회에 관한 관심이 매우 높고 이 나라의 중추적 역군으로서 자부심도 매우 크며 국가의 장래도 걱정하는 등 차세대의 주역이라 할 만한 화이트 칼라로서 사회문제, 특히 심각한 정치문제가 발생했을 경우 넥타이부대를 자청하여 참여하는 의식이 가장 두터운 층이라는 점에서 어쩌면 선거는 이들에 의해 판가름난다고 해도 과언은 아니다.

대학시절 국가와 민주주의 등 정의를 위해 시위대열에 나섰던 경력이 있다면서 그들 나름대로 민주주의 발전에 기여했다고 자부하기도 하나 IMF 사태 이후 경제가 악화된 상태에서 구조조정으로 가장 타격을 받은 층이기도 하다.

자존심이 강해 어느 누구와도 대화할 수 없는 속앓이를 하고 있는 실정이니 이들에게 다가가 아픔을 달래 주고 회상만 하고 있는 과거를 회복할 수 있다는 희망을 줄 수 있는 현실적이고 구체적인 대안이 필요하다.

정치성향을 잘 알고 있기 때문에 정치적 논리보다는 경제적·사회적 논리로 접근하여 호응을 얻는다면 제2의 오빠부대로 등장할 수 있다. 하지만 그렇지 않으면 비판·비난부대로 변질될 수 있다는 점에 유의해야 한다. 말없는 거대한 반란인 광주항쟁, 6·29선언을 이끌어 낸 결정적인 힘을 발휘했던 무서운 잠재집단으로 평소에는 소속이 불분명하고 응집력이 없는 편이나 일단 뭉치면 그야말로 핵폭탄이랄 수 있는 위력을 갖고 있다.

중산층 넥타이부대는 사회에 대한 인식이 강해 그들의 정열과 욕구를 포용하고 적극적으로 수용한다면, 퇴근 후에 자발적으로 선거운동에 참여할 수 있는 힘을 갖고 있다는 점에서 그들의 편에 서서 올바른 정책, 올바른 홍보, 신뢰받는 이미지를 구축한다면 기대 이상의 우군으로 만들 수도 있다.

2) 세대별 분석

(1) 자유분방하면서 튀는 신세대부대

20대를 주축으로 한 신세대는 1980년 이후 출생자로 극소수를 제외하고는 풍요와 자유를 만끽하면서 대부분 어려움 없이 자란 세대들이다.

컬러 TV, 교복 및 두발 자유화 물결과 컴퓨터, 휴대폰, 서태지와 아이들의 등장, 풍부한 용돈은 그들의 문화와 정신세계를 완전히 바꾸어 놓았다. 때문에 버릇이 없고 개인주의, 이기주의, 편의주의로 자기의 할 일마저도 망각한 채 자기가 하고 싶은 것만 하는 습관을 갖고 있어 버릇이 없다는 지적과 함께 국가의 장래를 걱정하기도 한다.

주로 유흥적인 것에 관심이 높고 남녀구별이 없으며 개방화된 성문화와 사상적인 관심 부족으로 사회철학적 관념이 없고 무관심하다. 소속감과 정의감도 과거보다는 떨어지지만 자기가 좋아하는 것만은 모든 것을 버리고 광적으로 집착하며 감성적이고 충동적이다.

이는 경제발전과 개방화, 정보화, 개성화 추구라는 시대상황과 구세대의 자식 사랑이 지나친 결과 자연스럽게 형성된 신세대 문화라고 보아야 한다. 우후죽순으로 생긴 대학의 입학문이 열려 있는 반면에 취업문은 막혀 있는 상황에서 어려운 경제사정과 부딪쳐 정치에 대한 무관심으로 나타나고 있다.

민주화나 사회모순을 선봉에 서서 호소했던 과거가 아닌 무관심과 응집력의 결핍은 정치적 관심까지 멀어져 가게 하고 있어 투표는 그들과는 무관한 것으로 여기고 있다. 따라서 투표율이 저조하고, 반대도 그렇다고 해서 찬성도 아닌 무관심 세력으로 변질되어 버렸다.

따라서 잠자고 있는 거대하면서도 무한한 잠재력이 있는 이들 세대와 정치력이 경제활성화에 의한 취업 등과 직·간접적으로 연계되면서 자연스럽게 투표로 연결될 수 있는 방안을 모색해야 한다.

(2) 왕성한 미들세대

구세대와 신세대 사이에 끼어 있는 30대 중·후반에서 40대 중·후반의 틈새세대이다.

중·고교시절 까까머리에 교복을 입고 검정운동화를 신고 만원버스나 자전거로 통학하면서 가장 치열한 온갖 입시관문을 뚫어야 했고, 10·26, 12·12, 5·18을 모두 겪은 세대로 청바지, 통기타, 흑백 복사기를 사용하며 어느 정도의 문화적인 혜택을 받고 성장했다.

구세대의 관료사상과 신세대의 자유분방함은 물론 개성이 강한 그 속에서 사상적으로는 구세대에 가까우나 행동은 신세대에 가까워 양다리 걸치기의 기술을 가져야만 생존할 수 있다는 절박함이 있다고 할 수 있다. 어떻게 보면 숨쉬기조차 어려운 입장이지만 다른 한편으로는 연계고리로서의 능력을 발휘할 수 있다. 그러나 최근 구세대의 퇴출로 인해 미들세대가 급부상하면서 이 사회의 당당한 주역으로 자리를 잡아가고 있는 추세이다.

전문성과 경력을 바탕으로 하는 추진력으로 정치, 사회, 조직의 리더가 되기 위한 도전의식이 있으므로 이들과 연계하면 효과적이지만, 이해관계가 복잡하기 때문에 극소수를 제외하고는 대부분 잘 이루어지지 않고 있다. 역학적인 이해관계의 해법을 찾을 수만 있다면, 실질적인 중간 활동은 이들 층에서 이루어지기 때문에 기대 이상의 효과를 얻을 수 있다는 점을 주지해야 한다.

(3) 관료적, 보수적인 구세대

50대 초반에서 64세 미만으로, 경제적으로나 지위적으로 인생의 황금기이다. 기업, 학교, 공공기관, 지자체, 예술문화 등 각종 분야에서 최고 리더층으로서 봉사하고 권한 및 책임을 다하는 이 사회의 실질적인 주인공으로 사회적으로나 경제적으로 어느 정도 안정되어 있으면서도 자녀의 학비, 취업, 결혼 등 가장 돈이 많이 들어가는 층이이기도 하다.

사회안정을 원해 여당성향이 강했지만 IMF 이후 많은 변화 속에서 가장 실직을 많이 당해 아픔이 많은 층이다. 또한 오직 앞만 보고 달려와 국가와 기업에 공헌했지만 퇴출 1호라는 불명예를 몸소 겪게 되고 현실을 수용하면서도 생각하면 할수록 원한만 생겨 창업, 재취업 등 무엇하나 할 것이 없는 절망의 세대이다. 그저 그 동안 허리띠를 조이며 비축해 놓은 재산과 퇴직금으로 여생을 취미활동과 여행 등을 하면서 부부간의 건강과 행복을 우선으로 여기는 듯하지만 늘 자식 걱정을 하고 있다.

정치, 경제, 사회 전 분야에 걸쳐 관심이 높아 대화거리가 되고 특히 동창회, 향우회, 친목회 등 여러 개의 사조직 활동으로 실제적인 영향력을 행사한다는 점에서 이들 층을 잡아야 한다. 아무리 비판을 한다고 해도 극진한 예우와 경청으로 개선하겠다는 강한 의지만 있다면 우호적으로 전향하는 것이 구세대층의 특징이다.

(4) 소외집단, 실버세대

연령적으로는 65세 이상의 고령층으로 일제강점기, 한국전쟁, 한강의 기적을 만든 이 사회와 국가 건설의 주역이다.

시대적으로 불운한 때에 태어나고 성장해 고생은 말할 것도 없고 자신보다는 자식과 가족, 부모형제를 위해 헌신했다. 이들이 보릿고개를 넘길 수 있었던 것은 어렵고 위험하며 더러운 것도 마다하지 않는 생존정신이 있었기에 가능했다.

한문문화와 전통적인 농업의 봉건적인 관료생활에 젖어, 생존하기 위해서는 맹목적인 충성을 바치고 눈치를 보아가며 권력, 돈, 명예를 한꺼번에 얻으려는 이중적인 기회주의자도 많았다. 이런 점에서 경제적인 발전에 대한 존경을 받으면서도 정치·사회적으로는 비난의 대상이 된 것을 보면 업적과 과오가 상극을 달린다고 하겠다.

지나치게 관료적이고 과시적이며 상대방에게 강약, 약강 현상을 보이고 이 사회의 발전자이면서도 혁신을 거부하고 평생 현상유지에 급급하며 만족해 한다. 특히 돈, 명예, 권력의 맛을 본 실버세대는 화려했던 지난날의 향수에 젖어 경제적으로 풍요롭게 살면서 외국에 대한 거부감과 콤플렉스가 있어 해외여행과 사치품에 관심이 많다. 잔혹했던 공산주의에 대한 거부감이 아직도 남아 있고, 군대조직 형태에 익숙해 신세대들의 개성을 인정하지 않는다.

여러 개의 친목단체에 가입해 건강과 만남을 통한 활동을 하고 있어, 사회, 정치, 자식, 건강, 재산관리 분배, 지역발전, 거물급과의 인간관계 등에 관한 관심이 가장 높고 보수적이어서 안보가 우선이나 이산가족의 마지막 소원인 생사확인과 왕래를 통한 통일을 바라고 있다. 따라서 주기적인 문안인사와 정책반영을 위한 의견수렴의 전화, 방문 및 종친회, 동창회, 과거와 현재의 관계는 단체와 지역에 상당한 영향을 끼친다.

반면에 나이만 먹고 무기력한 노인세대는 가난, 병, 온갖 하류생활의 연속이었기에 이를 운명으로 받아들이면서도 부유층에 대한 부러움과 반감을 사는 한편 자식들마저도 가난에서 해방시켜 주지 못한 것을 자신의 죄과로 여긴다. 자식걱정 속에서도 변혁을 바라고 있으며 투표율이 가장 높은 층이기도 하다. 자주 찾아가 어루만져 주고 선거법에 저촉되지 않게 평상시에 의료봉사활동, 노인문화학교를 통한 즐거운 놀이문화와 식사제공 및 소일거리로 가계에 보탬이 될 수 있는 연결고리만 잘 주선하면 바로 득표와 연결된다.

3) 거주 및 소득별 분석

(1) 개혁성향이 강한 거대도시

거대도시는 인구 100만 명에 준하는 광역시로 의식수준이 높다.

거대도시에서 거주·생활하고 있다는 자부심이 강하지만 항상 어릴 적 추억

이 깃든 고향에 대한 그리움이 남아 있다. 그렇다고 고향으로 돌아가 생활하는 것은 거부하는 성향이 많다.

그 중에서도 10% 미만의 최고 상류층 지역은 권력, 돈, 명예를 함께 거머쥔 관계로 소유지배욕에 의한 귀족의식이 아주 강해 영향력을 행사하며 비지니스상 직·간접적으로 정치와 관계를 맺는 경우가 많고, 특정 라인을 형성해 은밀히 상호공존관계를 형성하는 경우가 일반적이다. 이들은 후원자로서는 적격이나 표면화시키는 것은 의외로 싫어하는 경우가 많아 수시로 연락하여 안부를 묻고 상의를 하는 등 은밀한 관계유지가 필요하다. 이들의 애경사를 챙기는 등으로 관심을 표현하면 더욱더 신뢰를 구축할 수 있다.

또한 어느 정도는 여유와 향락을 즐기는 경향이 있었으나 IMF 이후 정신적으로나 물질적으로 가장 곤경에 빠져 있어 불만에 가득 차 있다. 중산층의 구조는 과거 피라미드의 중간에서 1980년대 이후 중산층이 급격히 증가하면서 다이아몬드형의 중간으로 영역이 확대됨으로써 사회지지 기반을 두고 있으나 이 또한 몹시 위태로워졌다.

IMF와 21세기 이후 양파형의 중간 부분으로 자리한 중산층의 붕괴는 개인뿐만 아니라 국가 전체의 발전에 악영향을 준다는 점에서 중산층을 회복시키는 것은 매우 시급한 과제이다. 조직생활에서도 샌드위치이고 가정에서도 경제적 위기와 함께 여성들의 지위향상으로 인해 상대적으로 위축되면서 어쩌면 가장 고통스런 층으로 전락하고 말았는지도 모른다.

과거에는 지역감정의 후선에 나서기도 했으나 이제는 경제활성화를 가장 희망하면서 정치적인 실망층으로 돌변했다. 이들에겐 중산층의 중요성과 위치를 인식하여 다양한 대화창구를 열어 놓고 이들의 목소리에 귀기울여, 불만과 방안을 듣고 수용하며 비전을 줄 수 있는 구체적인 대안을 제시하는 등의 적극적인 선거유세 홍보방법이 필요하다.

이밖에 생활이 어려운 서민층으로 원래부터 경제적으로 서민층에 속했던 사람도 있으나, 사업 등의 부도로 인해 중산층에서 어느 날 갑자기 추락한 가정파괴형은 가장 심각한 층으로 이렇게 중산층에서 서민층이 되어 버린 경우가 의외로 많다.

달동네와 같은 하류층은 저학력과 저소득층으로 주로 월세나 전세를 살고 일용 막일로 근근히 생계를 이어가는 것이 일반적이다. 자신의 무능에 대한 자격지심과 상류층에 대한 반항의식이 짙게 배어 있다. 몸이 아파도 병원에 갈 수 없는 현실과 열악한 생활환경으로 인해 절망하고 있기 때문에 평상시 자주 방문하여 대화하고 격려하며 생필품을 전달하는 등 관심을 보이면 홍보효과와 함께 응집력이 강해 확실하게 표로 연결될 수 있다.

청중동원과 소그룹의 지지, 유세집단 관리가 만만치 않아 자본이 가장 많이 들어간다는 점에서 효율적인 플랜과 집행 및 체크가 필요하다.

(2) 중견도시와 도·농 혼합도시

생활인구가 40만 명 이상 70만 명 미만의 중견도시와 15만 명에서 30만 명인 도·농 혼합도시는 도시의 성격이 확연히 다르다.

중견도시는 소비도시로 공무원, 상인, 중견·중소기업 등이 밀집되어 있는 혼합도시이다. 유흥업이 발달된 소비도시이기 때문에 가장 유동적인 곳이다. 대체로 서울 등 광역시에서 밀려 내려왔다는 패배의식이 강하나 언젠가는 대도시로의 이사를 원해 잠시 머물다 떠나는 곳으로 여긴다. 인구이동이 가장 심하고 소규모의 영세기업들이 많아 경기변동에 대한 여파를 순식간에 느낄 수 있다.

의식 있는 층이 많고 대도시와 중소도시를 잇는 연결고리 역할을 한다. 때문에 도시형태가 개방적이며 편안한 상태를 유지하지 못하고 혼란하다. 지역민들은 거주지역에 대한 집착이 적어 약간 들떠 있으며 소득, 세대, 의식이 뚜렷하게 나타나 바람몰이에 아주 적합한 지역이다.

반면에 15만 명에서 30만 명 미만의 도·농 혼합형태는 각종 단체들의 지도자층들이 이 지역의 강력한 리더를 형성한다는 점에서 이들과의 긴밀한 관계유지와 침투는 이 지역에서의 성패를 좌우한다고 해도 과언이 아니다.

따라서 중견도시와 도·농 혼합도시를 획기적으로 발전시킬 수 있는 신뢰성

짙은 방안을 제시해야 한다. 대선을 치를 때마다 지키지도 못할 온갖 공약을 너무도 많이 들어왔던 관계로 거짓선전에는 이미 환멸을 느꼈기 때문이다.

(3) 보수개혁적인 농·어촌의 개미군단

생활인구 15만 명 미만이며 농업, 어업, 축산업, 광업, 임업을 주로 하고 소득이 낮고 문화혜택을 받지 못할 뿐만 아니라 재정자립도가 매우 취약한 지역이다.

노인층이 대부분으로 노동생산성이 낮고 농가부채와 보증에 의한 정신적 스트레스가 이만저만이 아니다. 땅과 하늘만 바라보며 순박한 마음으로 소농의 영세성을 벗어나지 못한 가운데 자신들의 삶을 운명으로 여기고 성실하게 살아보려고 노력하는 가장 기초산업인 1차산업군이지만 심각하게 흔들리고 있는 실정이다.

중품질 저가격의 수입농산물이 들어와, 농사를 지으면 지을수록 손해를 감수하는 것도 이제는 한계점에 직면했다. 수 년만 참으면 나아질 것이라는 믿음은 이제 불만으로 변해 폭발위기에 놓여 있다. 잘못하면 제2의 농민혁명이 일어날 지도 모른다는 유언비어처럼 이들이 응집되면 한 번에 1,000만 명이 신속하게 표로 뭉쳐 농민선거혁명이 일어날 수 있는 분위기까지도 만들어질 수 있다.

저항력이 약해 정부의존도가 높기 때문에 피부로 느낄 수 있는 농가부채탕감이나 혁명적인 신농업정책을 강구해야 한다. 관료적이고 관습적이어서 보수성향이 매우 강하다는 점에서 무조건 겸손하고 웃어른을 잘 모신다는 소문이 나면 바로 득표와 연결되기도 한다.

읍·면 소재지에서 거주하는 공무원과 1차산업 종사자, 서비스산업의 자영업자들로 구분되며 동창회, 친목회, 종친회 등 각종 소단체 등의 활동이 활발하여 그 리더들의 영향이 매우 크다.

투표율이 높은 것은 소외에 따른 은근한 저항의식의 표현으로, 개미군단인 노인층이 가장 무서운 유권자 군단으로 급변했다는 사실을 주시하고 그 지도자들과의 관계유지와 정책반영 등으로 우군으로 만드는 노력이 필요하다. 개미 군단인 농·어민층을 확실하게 우군화하는 선거전략은 저비용 고효율의 극치의 선봉에 선다 하겠다.

3. 제3세력의 파워

1) 신세대와 대학생

(1) 30대 직장인층의 무관심

현재의 30대 직장인층은 1970년대에 출생한 근대화 세대층이다.

이미 결혼을 해서 가정을 책임지고 있거나 아니면 노총각·노처녀라는 소리를 듣고 있으며, 직장생활에서는 새로운 청년문화를 창조했다. 주택을 구입하거나 현실적인 삶을 구하기보다는 승용차가 우선이어서 드라이브를 즐기고 진급과 월급도 중요하지만 적당히 자기계발을 하면서 취미, 건강을 중시하는 등 자기주장이 강하다.

자신의 업무를 마치고 나면 개인 플레이를 하고, 팀워크도 중요하지만 개성을 우선시하며 팀장의 능력과 리더십에 대한 평가로 존경과 비난을 하는 등 직장생활이 냉철하며, 적당히 눈치를 보면서 적당히 일하는 등 받는 만큼 주는 확실성 때문에 똑소리 나는 세대라고 하지만 기성세대들로부터 보이지 않는 눈총을 받는다.

맞벌이 부부가 많고 남녀 역할의 분담과 자택개념에서 벗어나 인생을 즐기려는 경향이 강하다. 미취업, 퇴출당한 경우도 있어 생활고에 시달리고 있기도 하고 정치·경제·사회문제와 선거에 대한 관심을 갖고 있으면서도 막상 투표까지 이어지는 경우는 많지 않다.

때문에 이들을 잡기 위해서는 고도의 정책과 홍보전략이 필요하다. 무엇보다도 경제 살리기에 대한 관심이 높기 때문에 이들로부터 신임을 받고 있는 벤처사업가들을 영입하여 희망을 주고 전국 순회 세미나, 이벤트 등을 고려해 볼 만하다. 무관심한 층을 가장 관심이 있는 층으로 변화시켜 지지를 얻는 것은 생각지도 않았던 표가 넝쿨째 굴러 들어오는 것과 같다.

(2) 신세대군단, 대학생층

현재의 대학생층은 1980년 전후에 태어난 세대로, 그야말로 우리 사회 안에서는 풍요와 자유를 만끽하는 층이다.

대학생 수의 증원과 새로 설립한 대학교의 개교로 인해 전국의 군 단위마다 대학이 있어, 이제 대학은 선택이 아닌 필수라는 개념으로 바뀔 정도로 대학생 수가 급격히 증가했다.

전문대학생의 수가 86만 2,000여 명, 4년제 대학생의 수가 208만 3,000여 명으로 총 289만 5,000여 명이지만 실제로 휴학하거나 군입대 및 재수생활로 인해 200만 명 정도이다. 이들 중 11% 정도는 이미 해외배낭여행을 다녀왔고 일부 자가운전자의 반은 부모가 사준 승용차를 몰고 있으며, 청년문화에 영향을 끼친 사건인 인터넷 통신을 즐긴다. 하지만 IMF로 인해 취업이 거의 되지 않아 최대의 피해자이기도 하다. 때문에 인격도야와 이 나라의 지도자 양성이라는 본래적인 의미의 대학생활은 사라지고, 철학적 사상이 없는 개인주의와 이기주의로 흘러 힘들고 어렵고 더러운 것을 하지 않으려는 3D 회피의 풍토가 만연하다.

정치·경제·사회 등에 대한 무관심으로 사회참여가 없고 외국문화에 관심이 높으며, 컴퓨터와 휴대폰의 사용을 유일한 낙으로 여기지만 자기가 좋아하는 것은 광적으로 빠져 버리는 습성이 있다.

정치적 무관심은 곧 선거에 대한 무관심으로 이어져 후보자에 대한 적극적인 지지 및 선거운동원으로 활용하기 힘든 상황이지만 신뢰와 선호가 융합되면 적극적인 지지와 선거운동원으로 활동한다는 점을 잘 활용해야 한다.

당락을 좌우하는데 결정적인 역할을 하지만, 유동적이면서도 거부층이 될 가능성도 높다. 대학생층 289만 표를 얻기 위해서는 대중스타와 함께 하는 선거전략이 필수적이다.

인기 대중스타를 광적으로 좋아하는 그들의 문화를 이해하고 역이용하기 위해서는 간접적인 선거유세 지지자로 확보하여 대형 이벤트를 하는 등 구체적이고 적극적인 활용은 파급효과가 매우 커 확실하게 우리편으로 만들게 한다.

(3) 70만 대군, 국군

일반투표와는 달리 70만 명에 이르는 부재자투표는, 거의 투표에 참석하게 된다는 점이 상당한 매력을 낳게 한다.

과거에는 아무래도 교묘한 방법을 동원해 여권표를 강요했으나 이제는 자율적으로 자기 의사를 반영하고 있다. 무엇보다도 군인의 노고에 대한 치하와 함께 깊은 관심을 갖고 군의 총체적인 복지는 물론 젊은 날에 유익한 시간이 될 수 있도록 보완장치가 필요하다.

의무병에겐 복무단축, 구타방지, 개성을 살리는 한편 외국어, 컴퓨터 등의 교육으로 한 가지 이상 자격증을 취득하여 제대할 수 있도록 하는 즐겁고 유익하며 행복한 국방의 의무로 전환해야 한다.

또한 장교와 하사관들에겐 더욱더 후생복지를 강화하여 동기를 부여해 주고 전역 후의 사회생활을 위한 다양한 프로그램을 개발해 연수, 교육시키는 군의 복지후생정책이 필요하다. 그리고 공약남발에 의한 구호보다는 수시로 군을 방문하여 위로하고 격려해 주는 한편 손수 체험함으로써 무언의 선호와 지지가 가까이 오게 할 수 있다.

2) 군집된 개혁세력

(1) 재야·노동계 세력

재야 및 노동계 세력들은 정치성향이 매우 강하지만 원내와는 거리가 먼 장외 세력층이나 막강한 힘을 발휘하고 있다.

그러나 그들은 조직과 자본이 없는 관계로 기득권에서 밀려 의식으로 뭉친 단기성 투자보다는 장기성 투자로 인권문제, 독재정권과의 투쟁 등 제도권 밖에서 어렵게 투쟁하면서 일정한 역할을 해왔다. 재야라는 설움은 조직, 자금, 지지도가 취약한 상황에서 언제나 용공세력으로 몰렸고 중앙정보부나 안기부의 감시대상인 블랙 리스트에 올라 본인은 물론 가족들까지도 감시와 고충을 겪어 자신의 삶은 물론 가족들의 생활까지도 풍비박산되는 경우가 많았다.

이념과 의식으로 뭉쳤기 때문에 인생의 모든 것을 걸 정도로 투쟁의식이 강해 보수적인 국민들로부터 따가운 눈총을 받았고, 개혁세력들로부터는 찬사를 받으면서도 노선은 달리했다. 일부에서는 그 한계를 느껴 제도권 정당에 들어가 활동하는 경우도 있으나 대부분 재야에 남아 소수정당을 형성해 언젠가는 제도권에 진입하기를 기대하고 있다. 기존정당에서 재야와 너무 친하거나 이념이 유사하면 급진 또는 용공으로 몰릴 수 있고, 너무 멀리하면 보수·수구세력으로 몰린다는 묘한 무엇인가가 있으니 적당한 거리가 요구된다.

반면에 노동계는 직접적으로 투표와 직결되는 1,000만 명의 거대한 우군이자 때로는 적군이 될 수 있지만, 그렇다고 해서 모두가 자기가 속한 노동계를 따르는 것은 아니라는 점에 주목할 필요가 있다.

'한국노총'과 '민주노총'이라는 양대산맥으로 갈려 한 방향으로 몰아 세우기가 불리한 점도 있으나, 반면에 이 점을 또한 잘 활용하면 좋은 점도 있다는 것이 명백한 사실이다. 두 노총을 한꺼번에 잡을 수 없어 한쪽과 결탁해야 하나 아무래도 노동정책이 비슷하고 세력이 크며 응집하여 확산할 수 있는 노총과 연계하는 것이 바람직하지만 그렇다고 지나치게 표면화되면 오히려 결탁의 소지로 역효과를 초래할 수도 있다.

전국망의 조직에 대부분의 기업체에서 노조활동이 이루어지고 있고, 노동환경과 보수에 관한 요구가 아닌 생계, 생존 나아가 직계가족의 생계까지도 달려 있어 2인 이상과 부모와 형제 등 가족 전체를 합하면 그 여파가 메가톤급이 될 수 있는 소지가 충분히 잠재해 있다.

이들의 아픔을 끌어들이는 지속적인 만남으로 정신적인 충격을 달래 주고 구체적이고 현실적인 경제활성화정책의 제시가 필요하다.

(2) 21세기의 파워, 시민단체
21세기는 시민단체의 시대가 열리게 된다.

과거에는 여성들에 의한 소비자, 주부클럽 단체들이 주류를 이뤘으나 1990
년대 들어서면서부터 각종 시민단체들이 속속 출현하고 있어 그 수는 헤아릴
수 없이 많다. 평범한 시민들이 힘을 모아 목소리를 낼 수 있다는 장점도 있으
나 아직 영세하여 회비납부와 정부 혹은 지차체에서 제공되는 약간의 지원, 그
리고 기업의 후원금으로 운영하고 있는 실정이다. 아직까지는 관련기관의 민
원, 불만, 고충, 고발, 감시에 머물고 있지만 일부는 정책대안 제시 등으로 상
당한 전문성을 띤 고차원의 단계에 이른 경우도 있다.

군 단위까지 연결된 조직망을 갖고 있거나 때로는 유사단체들이 상호간에
연합을 이루는 경우도 많아 결코 가볍게 보아서는 안 될 일이다.

어쨌든 정부와 정당, 기업은 직·간접적으로 시민단체와 업무가 연결되어
있고 조직적으로 연계되어 있다는 점에서 적당한 관계유지가 필요하다. 하지만
관계가 너무 친밀하면 색안경을 끼고 보는 경향이 짙어 역효과가 생길 수도
있고 지나치게 악화되면 치명적인 결정타를 맞을 수도 있다.

지난 총선에서 특정후보에 대한 낙선운동은 무서운 태풍으로 몰아쳐 거물급
이 낙선의 고배를 마시기도 했고, 당선되었다고 해도 힘든 싸움이었다. 추후에
낙선운동은 위법이라는 판결이 나왔으나 선거 후에 나온 판결이었고, 앞으로도
다른 방법을 이용한 낙선운동이 지속될 전망이다.

3) 전국의 여성세력

(1) 전국망을 가진 여성단체세력

여성의 교육향상과 사회활동 등 지위가 향상되면서 점점 목소리가 커져가고
있다. 이렇다 보니 여성들이 각종 단체를 조직해서 각각 자기 특성에 맞는 목
소리를 냄으로써 비약적인 발전을 이루었지만 선진국에 비하면 아직도 멀었다
는 평이다.

선진국은 여성단체에 대한 인식이 좋으나 아직 보수적인 우리 나라에서는 '여자가 나서느냐'는 목소리도 있어 아직은 소극적일 수밖에 없다. 자생적으로 생겨난 관계로 조직적·전문적이지 못한 점도 있지만 이런 지적을 감수하면서, 어려운 재정에도 불구하고 꾸준히 활동하는 것을 보면 대견스럽기까지 하다.

가부장적인 남성 중심의 한국 사회에서 여성단체세력은 점점 그 세력을 확장해 가고 있어 이미 만만치 않은 세력으로 성장하였다. 여성에 대한 관심과 역할 배분 및 남녀차별 방지 등 직·간접적인 지위향상을 주장하고 있으므로, 타당한 점은 과감히 수용하고 나아가 요구하기 전에 앞서 정책을 제시하고 집권 유무를 떠나 가능한 영역에서 추진하는 실천력이 필요하다.

전국 각지에 조직되어 있는 여성단체와 반상회, 부녀회 등은 주로 여성이 이끌고 있다는 점을 주시하고 근본적인 차원에서 지위를 향상시킬 수 있는 방안을 모색해야 한다.

여성단체와의 관계가 나쁘면 그에 비례한 만큼 표를 잃는다는 사실을 인식하고 관계유지와 함께 여성단체의 요구가 주요정책에 반영될 수 있도록 많은 의석을 배려하는 실천력이 필요하다.

(2) 신세대 아줌마부대로서의 여성층

우리 나라 총인구 중 절반을 넘게 차지하고 있는 여성은 선거인수 뿐만 아니라 투표자수도 남성보다 많다. 여성들의 고학력화 현상으로 사회적 지위가 높아져 가고 있고 활발한 사회참여로 세력이 확장되면서 남성들의 위치는 그만큼 축소되고 있다.

그러나 실제로는 여성 권한지수가 세계 78위, 여성 개발지수는 30위, 주부의 가사노동시간은 일일 5시간 30분, 이외에 가게와 수많은 잡일은 물론 자녀교육까지 맡고 있어 분명 가사노동자이다.

여성공무원의 98.5%가 6급 이하, 여교사가 교원의 47%를 차지함에도 불구하고 여성교장은 5% 이내로 남녀 간 구조적인 불평등은 지속적인 개선을 요구받고 있다. 대부분의 여성들은 자녀가 건강하고 공부를 잘하기 바라며, 절반 이상은 날씬해져야 한다는 강박관념 때문에 건강을 해칠 정도로 다이어트에 집착하고 있다.

경쟁적으로 주변과 자신을 비교하기 때문에 호화, 허례허식, 낭비는 물론 과시적이고 맹목적으로 유명 브랜드를 좋아하는 것이 일반적이다. 반면에 억척스럽게 근면, 절약하며 허리끈을 졸라매는 또순이도 있다. 특히 반상회와 부녀회를 주도하고 응집력이 강해 선거홍보원 및 운동원으로 끌어들여 잠재능력을 키워 주는 것이 아주 적격이다.

더구나 요즘 20대 신세대 여성들은 남성을 능가하는 목소리를 갖고 있고 30대 주부들도 과거처럼 남편에 의해 특정후보를 선택하지 않고 오히려 자기가 좋아하는 후보를 선택하도록 남편을 설득한다. 남편과 의견을 나누면서 마치 자신이 대권에 출마한 것처럼 항변하는 경우도 있고, 아예 스스로 알아서 결정하고 말없이 투표하는 경우도 있다는 점을 주시해야 한다.

4) 믿음으로 뭉친 종교세력

(1) 종교인의 의식

종교란 초인간적으로 숭고·위대한 것을 외경한다는 정의에 의거하여 인격화하고 신앙·기원 및 예배를 함으로써 안심안명, 축복, 해탈, 구제를 얻기 위한 봉사생활을 영위할 때의 그 관계를 말한다.

불교는 석가모니를 통해 스스로 깨달음을 얻는 철학적 종교로서 고(苦)에서의 해탈을 역설한 사성제팔정도사상과 무신론을 강조한다. 기독교는 예수 그리스도의 길·진리·생명의 외침을 '전지전능한 하느님을 믿어라. 믿지 않는 것이 으뜸가는 죄다.'라고 하면서 믿음(信)을 외쳐 죄에서의 해방을 강조한 유신론이다.

이런 점에서 불교인은 설법과 산사의 분위기를 선호해 완전종교인이기보다는 준종교생활을 하며 엄숙하나, 천주교는 로마 카톨릭의 전통사상에 젖어 엄숙하다. 개신교는 청교도 정신으로 신대륙인 미국에 건너가 개혁성과 자유로운 분위기로 자본민주주의의 발전에 지대한 공헌을 했다.

우리 나라에서는 아직도 헌금에 의지해 자신의 소원을 이루려는 기복신앙적인 성격이 지나치게 강하고 또한 이기적인 풍토가 있다는 점에서 종교집단을 최대한 활용한다면 그 에너지는 무한대이다. 타종교를 옹호, 비난하는 행위 등에 민감한 까닭에 이를 인정해 주면서 종교활동을 원활하게 할 수 있도록 관심을 가져주는 것이 바람직하다.

특히 종교지도자들과 자주 만나는 것은 오히려 마이너스 효과를 낳을 수 있으므로 간혹 만나는 것이 좋고, 필요하다면 핵심거물급 중 불교·개신교·천주교·천도교·원불교·유교 등의 종교와 연관성을 가지는 것이 효과적이다. 하지만 이유를 막론하고 사이비 종교나 이단 종교와 관련을 맺게 되면 이미지에 큰 타격을 입을 수도 있으므로 특별히 주의해야 한다.

(2) 종교계의 통계 응용

대개 종교를 믿는 이유는 마음의 평안(66.8%), 죽은 다음의 영원한 삶의 추구(12%), 축복(12%), 삶의 의미(6.9%) 순으로 나타났다.

인구 4,700만 명에서 종교인수는 전체인구 중 불교신도(23.2%, 1,035만 명)가 가장 많고 다음은 개신교(20.3%, 876만 명), 천주교(7.0%, 295만 명), 유교(0.5%, 22만 명), 원불교(0.2%, 8만 7,000명), 천도교(0.1%, 2만 8,000명), 대종교(8,000명), 기타(0.5%, 23만 2,000명) 순으로 나타났고 무종교인(49.3%, 2,200만 명)도 상당히 많았다.

한국인의 절반 이상은 기독교의 천국이나 불교의 극락이 저승에 있지 않고 이승에 있다고 믿고 있다. 종교인의 비율은 여자가 54.2%로 남자 47.3%보다 높고 특히 40대 여성은 10명 중에 6.6명 꼴로 종교를 갖고 있다. 연령별로는 불교신도는 30대, 개신교는 10대, 유교는 50대 이상이 가장 많고, 30대 이하의 젊은 층은 개신교가 72%, 천주교가 67.5%를 차지한다.

<표 3-17> 　　　　　한국인의 시·도 종교인구(단위 : 명)

구 분	불 교	개신교	천주교	유 교	천도교	원불교	대종교	기 타	계
서울	1,883,243	2,675,580	886,166	22,212	6,680	14,546	2,140	48,618	2,539,815
부산	1,456,358	424,631	179,940	5,900	2,297	5,650	351	26,629	2,101,756
인천	337,292	593,716	207,738	6,894	1,263	1,824	394	11,365	1,160,486
대구	811,271	284,002	165,429	4,119	1,077	1,898	393	17,456	1,285,645
대전	294,633	268,633	83,281	2,212	871	1,904	165	6,834	658,533
광주	192,733	273,156	114,848	5,892	712	3,494	103	6,102	597,040
경기	1,416,579	1,807,931	589,865	34,124	4,971	7,655	1,141	41,700	3,903,966
강원	339,234	238,030	75,275	8,680	900	1,589	326	6,317	670,351
충북	328,571	211,596	86,951	4,581	751	1,252	232	6,084	640,018
충남	352,057	337,978	83,827	16,710	1,359	2,109	445	7,880	802,365
경북	829,786	327,964	104,002	25,128	1,221	2,423	430	12,576	1,303,530
경남	1,395,431	350,173	139,882	19,955	3,267	5,918	700	21,653	1,936,979
전북	232,325	502,474	113,918	14,553	1,723	28,422	394	8,775	902,584
전남	281,827	422,237	88,460	37,750	874	7,454	363	6,966	845,936
제주	169,672	42,235	31,143	2,217	218	685	26	3,254	249,450
계	10,321,012	8,760,336	2,950,730	210,927	28,184	86,823	7,603	232,209	22,597,824
%	23.2	19.7	6.6	6.6	0.1	0.2	0.0	0.5	총인구 845,554천명

자료 : 1995. 11. 1 기준, 통계청 인구 및 주택센서스 집계자료

<표 3-18> 　　　　　한국 사회학적 종교 인구(1994. 세례비율)

구 분		내용
성 별		남(42.9%) 여(62.4%)
연령	남	18~24(37.8%), 25~29(36.8%), 30~39(40.1%), 40~49(50.6%), 50이상(46.6%)
	여	18~24(46.3%), 25~29(44.3%), 30~39(61.0%), 40~49(70.5%), 50이상(74.0%)
교 육		초졸(64.3%), 중졸(55.5%), 고졸(49.5%), 대재이상(48.9%)
지 역		경기인천(58.5%), 부산경남(57.3%), 대전충청(52.7%), 광주전라(49.4%), 강원(44.6%), 대구경북(44.3%)

자료 : 통계청. 1994

4. 여론조사 방법과 활용

1) 여론조사 방법론 및 활용

(1) 여론조사 내용과 방법

여론조사는 현재의 상황뿐만 아니라 과거와 어제, 그리고 내일과 미래의 흐름을 분석하고 예측해 이에 대비하기 위한 노력이다.

무엇보다도 지역정서와 주민들의 욕구불만과 자기 당의 후보자는 물론 경쟁자와의 비교·분석 및 유권자의 심리와 행동을 철저히 분석하여 이에 대한 대응책을 강구함으로써 우위를 확보하기 위한 노력인 것이다.

〈표 3-19〉　　　　　　　　　　여론조사 유형

구 분	내　　　용
일반조사	지역욕구와 정서, 존경인물 / 활용, 전략
자기후보	정당, 정책, 인물 / 인지도, 지명도, 지지도, 상향도 - 강점 강화, 약점 약화, 우호적인 홍보전략 및 조직확대(세분화 공략)
경쟁후보	정당, 정책, 인물 / 인지도, 지명도, 지지도, 상향도 - 약점 강화, 강점 약화, 지지도 추락

조사는 어디까지나 흐름을 찾아내는 것이나 정확한 통계개념으로, 작성된 환경이 정확하게 인식되고 이해되어야 하는 무형의 사회간접자본이고 선거에서 결정적인 역할을 하는 특급 정보이다.

여론조사기관은 단순히 여론을 조사하는 회사일 뿐이나 우리는 지나칠 정도로 신뢰와 기대를 하고 있다. 제16대 총선에서 방송 3사는 경쟁적으로 막대한 자금을 투자해 여론조사를 실시했지만 실제 결과와는 너무도 동떨어진 결과를 초래해 공개적으로 사과하는 촌극을 빚기도 했다.

신뢰도에서 표본오차 ±2~5라는 그럴 듯한 기준은 어디에서 나왔는지 의문이며, 전문가로서의 자질과 팀워크 그리고 도덕적인 책임성이 뒤따라야 한다는 점에서 '원숭이도 나무에서 떨어질 수 있다'는 자기합리화론은 아마추어에게나 어울리는 변명일 뿐이다.

여론조사는 원인 분석과 해법을 찾는, 보다 구체적이고 총체적이며 합리적인 프로그램들로 구성된 책임있는 시스템적 팀워크를 구성해야 성공률이 높다.

오늘날 여론조사는 특정후보에 대한 지지 유도와 경쟁후보를 비난하는 조사로 타락하는 경우가 있어 이미지가 추락되고 있다.

여론조사는 그 기법이 호감을 갖게 하는 순수하면서도 고도의 지지유도기법이 필요하므로 심오한 연구 아래 실험을 통한 보완으로 실시되어야 할 것이다. 동시에 최소의 비용으로 최대의 정보분석 및 홍보효과까지도 얻어낼 수 있는 실천적인 전략과 전술이 필요하다.

여론조사는 전체 유권자를 대상으로 할 수 없기 때문에 지역별로 대표성을 갖춰 객관성을 가져야 한다. 이러한 전제조건 하에 성별, 연령, 직업별, 소득별, 주거별, 종교별, 동문별 등의 항목을 골고루 조사하는 표본추출방법을 통해 실시되는 것이 일반적이다.

〈표 3-20〉　　　　　　　　　　　여론조사방법

구 분		내　　용
표본조사	임의추출	비슷한 몇 개의 층으로 나누어 조사, 가장 일반적
	유의추출	주관적 선정, 편견과 정밀한 객관성 문제
	특수조사	각 지역에 몇 개의 정서와 태도조사
접촉방법	전화면접	전화상담 유도 / 너무 반복되면 역효과
	대면면접	일일이 접촉 / 일반인(시간낭비), 영향력 행사자(필요효과 매우 큼)
	집단면접	계층별 지도자층과 의견수렴 / 노선혼란 초래

요일, 날씨, 시간, 지역 분위기 등은 물론 조사자의 접근방법에 따라 조사 응답자들의 결과가 다를 수 있기 때문에 매우 신중해야 한다. 또 일회용으로 그치지 않고 주기적·입체적으로 조사해야 구체적이고 정확한 차이를 알 수 있다. 이러한 여론조사의 결과를 토대로 자신과 경쟁자의 지지변화 추이를 분석하고 예측하는 적극적인 전략방안이 필요하다.

〈표 3-21〉 　　　　　　　　　여론조사의 비교

구　분		내　　　용		
후보자	자기후보	지지율 상승	지지율 상승	지지율 상승
	라이벌후보	지지율 상승	지지율 정체	지지율 하강
유권자	선거관심	향　상	정　체	하　락
	부동표	이　동	정　체	침　체

© Chae Soo Myung 43

여론조사의 결과는 실체와 이미지의 상호관계와 연계된다는 점에서 이에 대한 이론적 접근과 대응력이 요구된다. 단순히 조사만으로 끝내 버리는, 근본적인 대응전략을 모르는 원시적인 방법은 무의미하다는 점에 유의해야 한다.

〈그림 3-3〉 　　　　　후보자의 실체와 이미지관계

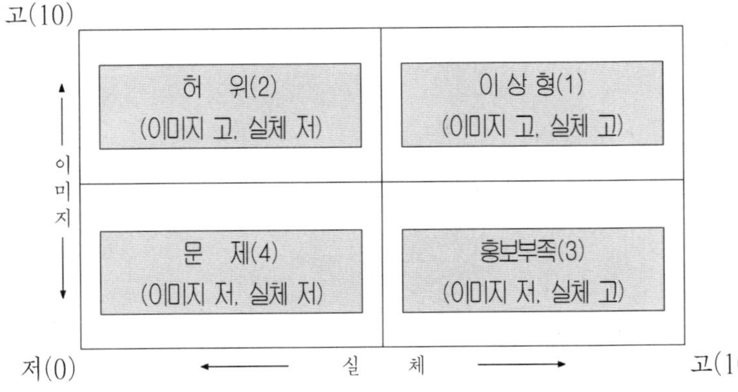

© Chae Soo Myung 44

<표 3-22>　　　　　　　　　실체와 이미지전략

구 분	특 성	내 용
문제형(4)	이미지 저, 실체 저	모두 문제가 있으므로 모두 변경 시급
홍보부족형(3)	이미지 저, 실체 고	홍보부족, 적극적 홍보 요망
허위형(2)	이미지 고, 실체 저	실체개선 시급
이상형(1)	이미지 고, 실체 고	이상, 더욱 향상 노력으로 선점확보

© Chae Soo Myung 45

　　라이벌 후보와의 비교·분석과 관련된 요소와 포괄적인 조사를 통한 의견수렴 및 정책반영을 위한 조사가 있으므로, 이 모두 평상시의 정책반영은 물론 선거전략에 활용하면 효과적이다. 물론 선거법에 저촉되지 않아야 한다.

(2) 여론조사의 적극 활용

　　여론조사는 실제적인 활용을 목적으로 실시하는데, 변수가 많아 항상 유동적이다.

　　거시적인 인물조사를 통해 기성세대에겐 존경하는 인물을, 신세대에겐 인기스타를 조사한다. 사물에 대한 동질화는 간접적인 영향력을 끼칠 수 있으므로 직·간접적으로 관계를 맺어 호감을 갖게 해 우군으로 만드는 한편 최대 라이벌의 여론조사 분석에 대한 대응전략까지도 주도면밀하게 파악해야 한다.

<그림 3-4>　　　　　　　　　후보자 결정요인

자료 : 채수명. 국민의식조사. 2002. 1

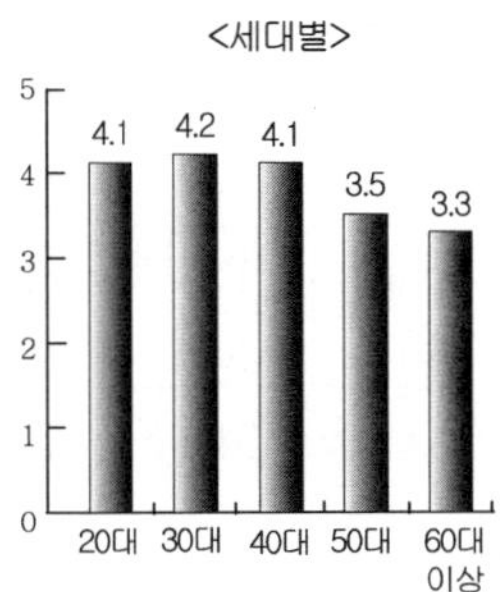

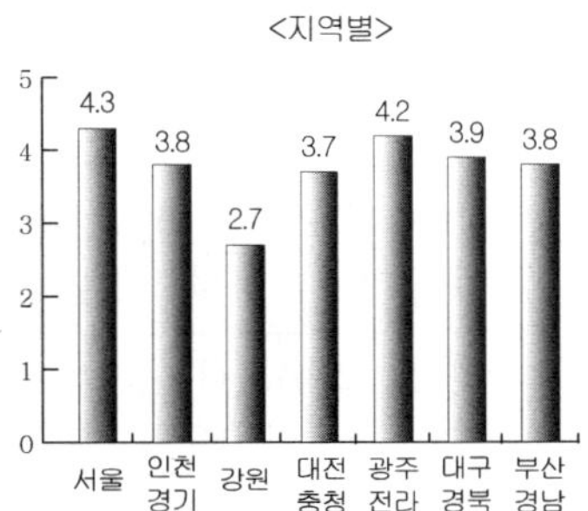

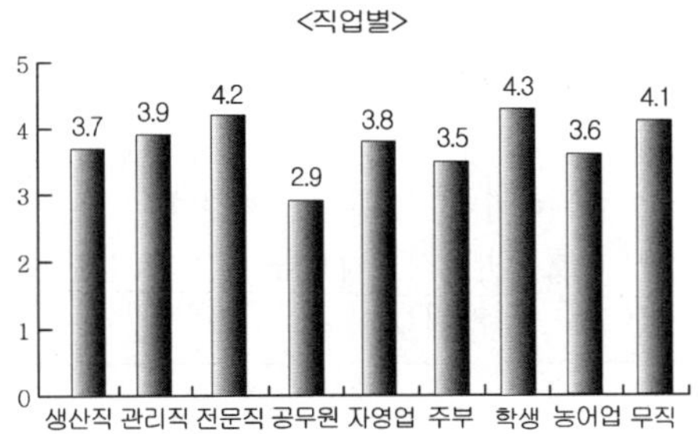

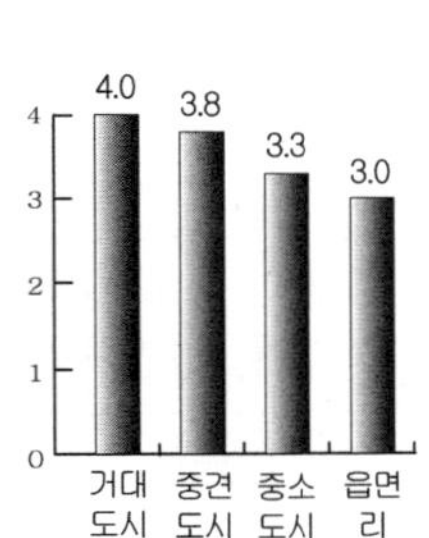

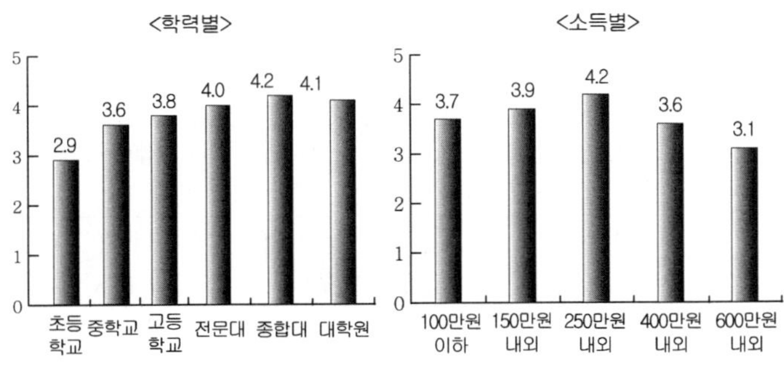

자료 : 채수명, 국민의식조사, 2002. 1

<표 3-23>　　　　　　　　거시적 선호이미지 조사 사례

구분		내　　　　용(%)
한민족 긍정적		세종대왕(58.5), 박정희(37.9), 이순신(30.9), 김구(9.9), 김대중(4.1), 광개토왕(3.6), 장영실(1.9), 이승만(1.8), 이성계(1.8), 유관순(1.7)
20세기 최고인물		박정희(52.1), 김구(16.6), 김대중(10.7), 안중근(3.2), 정주영(3.0), 김영삼(2.4), 김수환(1.6), 전태일(1.4), 안창호(1.3), 전두환(1.3), 유일한(1.0), 이승만(0.9)
존경하는 전직대통령		박정희(54.9), 이승만(4.2), 전두환(1.6), 윤보선(0.5), 김영삼(0.5), 최규하(0.2), 노태우(0.2)
최고	정부	박정희(43.6), 김영삼(10.8), 전두환(9.2), 노태우(4.3), 이승만(3.3)
	정책	새마을운동(50.5), 경제개발5개년계획(22.2), 올림픽개최(10.3), 경부고속도로개통(10.0), 남북한 유엔동시가입(2.9)
스타		기업(정주영), 종교(김수환추기경, 성철스님, 한경직목사), 음악(정명훈, 백건우, 조수미, 이미자, 조용필, 서태지), 미술(백남준), 스포츠(황영조, 박찬호, 박세리, 차범근), 영화(김지미, 안성기, 임권택), 문학(서정주, 박경리)
스포츠		축구(40.5), 야구(29.9), 농구(7.7), 골프(3.3)
한국인	장점	근면성실(21.6), 끈기·인내력(17.4), 인정·온정(17.0), 예절·미풍양속(11.6), 단결력(7.1)
	단점	이기주의(19), 사치·낭비(15.4), 조급성(11.3), 질서의식결여(7.4), 주체성결여(3.7)
좋아하는	꽃	장미(42), 백합(7.2), 국화(6.6), 안개꽃(4.2), 코스모스(3.4)
	나무	소나무(45.7), 은행나무(7.5), 동백나무(5.5), 감나무(3.7), 향나무(2.9), 잣나무(2.9)
선거투표		자질 능력 이미지(25.4), 지역정서(20), 정책이슈(15), 정당(19.5), 향응접대관련(5.4), 주변부탁(8.4), 기타(6.3)
정보홍보		TV광고, TV토론, 가두선전, 군중집회, 인쇄물, 신문, 주변대화
투표결정		관념(17.5), 2~3달 전(5.8), 한달 전후(13.6), 보름 전후(16.9), 1주일 전후(35.8), 2~3일 전후(5.7), 선거 당일(4.5)

자료 : 조선일보, 월간조선 별책부록, 2000. 1. 요약발췌

<표 3-24>　　　　　　국민들의 정치관심도와 국가비전 및 만족도

구 분		내　　　용
정치관심도		매우　관심(4.5%),　관심(16.7%),　보통(30.6%),　무관심(30.4%), 완전무관심(17.8%)
정치신뢰도		매우 신뢰(3.3%), 신뢰(9.8%), 보통(18.8%), 불신임(48.4%), 매우 불신임(19.7%)
대선후보 정보입수		신문(45.8%), TV(23.5%), 지역여론(20.6%), 잡지(2.8%), 라디오(0.8%), 기타(6.5%)
투표 결정 요인	인물	도덕성(30.7%),　리더십(25.8%),　능력(19.2%),　경력(10.4%), 주변인물(8.7%), 지역연고(4.7%), 학력(0.5%)
	정당	정책제시(35.8%),　이념(30.5%),　비전(18.7%),　국가발전기여도(5.2%), 운영방법(2.7%), 기타(7.1%)
	당면	경제활성화(23.8%),　정치개혁(14.5%),　지역갈등 해소(13.3%), 빈부격차(11.0%), 법질서(9.8%), 구조조정 마무리(5.4%), 행정혁신(4.7%),　교육개혁(8.7%),　국민정신개혁(3.7%),　기타(5.1%)
국가비전		매우　비전적(5.8%),　비전적(19.5%),　보통(22.8%),　불투명(31.6%), 매우 불투명(10.3%)
현재 삶의 만족도		매우 만족(0.5%), 만족(6.7%), 보통(18.8%), 불만족(45.2%), 매우 불만족(19.7%)

채수명. 국민의식조사연구. 2002. 1

2) 언론과 지역여론

(1) 여론형성의 주도자, 언론계

언론이란 말이나 글로 자기 사상을 발표하여 논의한다는 뜻으로 방송과 인쇄를 주업무로 하는 방송사, 신문사, 잡지사가 이에 해당된다.

그 중에서도 TV와 중앙의 4대 일간신문은 우리 생활에 지대한 영향을 끼치고 있다. 이들은 신속, 정확, 공정을 생명으로 하기 때문에 공익단체로 보는 것이 바람직하지만 우리 현실은 그렇지 않다는 것이 중론이다.

신문은 일제시대에는 어쩔 수 없이 결탁하는 경우도 있었지만 일제의 만행에 저항했고, 군사정권시절에는 '펜은 칼보다 강하다.'며 강력하게 독재에 저항하면서 신임과 찬사를 받은 적도 있다. 그러나 언제부터인가 교묘히 때로는 노골적으로 정치권과 결탁해 서로의 이익을 도모하는 행태를 보여 그 신뢰성이 심각하게 의심받고 있다.

특정한 신문과 특정한 인물의 결탁은 이미 그 공정성의 상실뿐만 아니라 신문끼리의 난타전으로 이어져 지식층들의 볼멘소리가 터져 나오고 있다. 각종 여론조사를 조작하는 등 언론으로서의 정도를 넘은 행위는 대선 후 극명하게 갈려 반대편에 섰던 언론기관은 탄압이라는 고통을 감수해야 하지만 모두가 자업자득이다.

대권후보자들도 특정한 언론과 과도하게 밀착하면 오히려 마이너스 효과가 생길 수 있으므로 적당한 관계유지가 바람직하다.

언론은 어떤 일이 있더라도 항상 정도를 걸어야 하며 건전한 비판을 하면서 사회를 리드해야 한다. 어떤 집단과도 결탁해서는 안 되며 정의의 펜으로 진실만을 기록해야 한다

신문은 선거실무론과 통계학으로 무장된 전문가집단이 조사·분석한 공정한 정보를 제공해야 하며, 후보들은 신뢰성 있는 국가 비전을 제시해야만 언론과 유권자들을 진정으로 끌어들일 수 있다.

(2) 지역지도자와 지역여론

각계각층의 지도자들은 지역여론을 형성하며 지역신문이나 방송 등의 언론은 이를 대변해 준다.

소그룹의 지도자들은 대개 고정적이어서 웬만하면 바뀌는 경우가 없기 때문에 지역정서, 지구당, 국회의원, 시·군·구청장, 구의원, 각계각층 지도자와 연결되어 있다.

<표 3-25> 　　　　　　　　지역지도자의 유형

구　분	내　　용
정　당　원	국회의원, 지자체 의회의장 및 의원, 지구당 조직책
지역행정가	지자체장, 치안소방장, 의료관련단체장, 면(동)장
영향력지도자	종교지도자, JC회장, 총동창회장, 재력가, 교육단체장, 학자
소그룹지도자	조합장, 노총지부장, 소상인 대표, 친목회장, 종친회장, 부녀회장, 노인회장, 각종모임 대표, 공동주택 대표, 리(통)반장

© Chae Soo Myung 46

대개 정당원이며 지역특성상 간접적인 이해관계에 따른 인간관계로 지역의 유지를 자청하며 개인 혹은 지역발전을 무기로 특정후보를 지지한다.

그 힘이 강하면 반박 없이 따르게 되지만, 약하면 반발하는 것이 일반적인 지역여론의 생리이다. 하부에 자리하고 있는 다양한 소그룹의 지도자들은 여론을 살피고 규합하는 상하전달자인 동시에 실질적인 선거운동원이라 해도 과언은 아니다. 잘 만나면 자기 일처럼 발벗고 나서는 경우도 있어 하부구조의 조직책 역할에 적격으로 활용할 수도 있다. 그러나 순간적인 이해타산에 의해 여기 붙었다 저기 붙었다 하는 이중성도 있으므로 매우 주의해야 한다.

3) 사회사건의 음모와 변수

(1) 각종 사회사건의 음모와 대응

선거철만 되면 각종 사건이 일어나는 것이 우리의 정치적 관습이었다.

남과 북의 대치상황을 이용해 남침이라는 공포감을 조성했던 '총풍사건', 세금사찰로 바람을 일으켰던 '세풍사건'과 같은 선거전략은 파급 효과가 매우 크다. 이러한 선거전략은 어떻게 해서든 집권만 하면 된다는 결과주의적인 발상의 산물이었다.

언제나 집권당이 유리한 고지에서 조작한 사건이었고 문제를 제기하기가 매우 어려운 일이었기 때문에 야당은 가만히 앉아서 당할 수밖에 없었다.

박정희 정권 시절에는 김대중 후보의 진보적인 사고와 리더십을 '색깔론'으로 공격했다. 그가 집권하면 당장 공산화되기라도 하는 듯이 공격해서 톡톡히 재미를 보았다. 제13대 대선에서는 칼기폭파사건이 대선 3일 전에 일어나 당선이 불리했던 노태우 후보가 그 여파로 당선될 수 있었기에 일부에서는 이 사건의 진실성에 의문을 제기하기도 한다.

〈표 3-26〉   선거음모의 유형

구 분	내　　용
사 상	사상(공산주의 색채, 친일, 친러, 친중, 애국심, 기타)
자 질	자질과 능력, 학력 허위사실과 경력, 전공, 비전, 집권후 예견
과거경력	직업, 진급, 군면제 및 탈영, 과거의 업적 사실
사생활	여자·돈·부의 축적과정, 건강, 연령
가족문제	결혼, 부인이미지, 부모(친일, 친공), 자녀(입학과 졸업, 군대, 사생활)
지역감정	보복, 지역발전
기 타	핵심참모, 정경유착, 언론유착, 외국밀약, 과거정권과의 관계, 국가안보, 자금살포, 선거법 위반, 밀약설
유 형	흑색선전, 허위유포, 공포분위기 조성, 사실 축소 및 과장

제14대 대선에서는 선거 막판에 김영삼 후보가 40년 정치동료인 김대중 후보의 용공문제를 다시 제기하면서 당선되었고, 패배한 DJ는 정치적·인간적인 환멸을 느끼고 영국으로 떠나 버렸다.

제15대 대선 때에도 집권당인 신한국당은 김대중 후보를 압도하기 위해 '총풍사건'을 일으켰으나 그 바람이 미약해 선거 후 그 진위에 대한 논란이 일어났다. 반면에 집권당 후보였던 이회창은 아들의 병역문제와 아버지의 일제때 법원서기 경력으로 인해 반세기 전의 일로 고통을 겪어야 했다.

따라서 지금까지 선거 때만 되면 일어났던 각종 사건과 사고 및 음해전술에 의해 피해를 당하지 않기 위해서는 사전에 정보를 입수해 신속하게 역대응할 수 있는 적극적인 전략을 펼쳐야 한다. 또 여·야 모두가 페어 플레이를 펼치며 정당하게 정책경쟁, 인물경쟁으로 승패를 판가름하는 상호규약이 필요하다.

(2) 해외동포의 지원

미국, 일본 등 해외동포들의 지원과 공격 또한 간과해서는 안 된다.

그들은 언론, 정치자금, 조직 등 막강한 영향력을 지니고 있고 언제나 고향을 그리면서 모국의 발전을 바라는 애국자로 변신하는 경우도 있으나 각종 사건으로 얼룩진 현실에 개탄하는 경우도 많다. 더구나 그들은 모국의 주요인사들과 연계된 관계로 외부로부터의 역풍이 거세면 태풍으로 변신하는 경우도 있었다는 점에서 이국 땅 해외 동포들은 언제나 선거유세의 지원병으로 적격이며, 우군의 연합군으로서 든든한 세력이 되는 것이다.

해외의 한인 지도자들은 이국 땅에서 소수민족으로서의 서럽고 고달픈 삶 속에서 그들의 대변인으로 성장해 경제력과 신뢰력을 바탕으로 점차 정치권의 문을 두드리고 있으며 이미 정치인들과 오랜 관계를 유지하고 있다는 점에서 영향력이 크다 하겠다.

오랜 관계 속에서도 특정한 문제로 한순간에 갈라져 소원해지는 경우도 있기 때문에 외국의 거물급을 소개해 주거나 한인들의 지위향상을 위해 지원해 주는 등 장기적인 노력이 필요하다. 또한 그들로부터 정부의 외교통상관계를 혁신적으로 개선하는 방안을 모색하며 조사연구하는 노력이 절실하다.

5. 필승 대권고지 선점전략

1) 필승선거전략

(1) 과학적 선거전략

'선거는 곧 전투와 같다'라는 점에 동의하지 않는 사람은 아무도 없을 것이다. 그러나 이제는 수단과 방법을 가리지 않고 오직 승리만을 생각하는 전근대적 발상에서 벗어나 선거법을 준수하며 페어 플레이를 통해 진정한 승리를 거두어야 한다. 당선 후에도 선거법에 관한 문제나 부정·불법·탈법 선거의 꼬리표에서 벗어나 국민들의 환호를 받아야 국정수행을 원활하게 할 수 있다.

〈표 3-27〉　　　　　과학적인 선거전략·전술 과제

구 분	내　　　용	
선거과학화	합리적, 체계논리적, 가치효율화	선거의 경제원칙(시간, 자금, 노력의 효율성)
마케팅기법	선거환경 변화, 유권자 중심의 사고와 행동, 국민의 요구사항 수렴, 지역세분화 포지셔닝, 여론조사 분석, 정보, 지지주기별 대응전략, 선거마케팅 전략, 선전홍보 전략, 유권자 만족, 경쟁자분석과 대응전략, 디자인 홍보	경쟁력 강화
전략·전술	전법, 경영전략·전술, 시나리오	공격과 방어술
기 타	수학, 과학, 기술학, 물리학, 지형학, 천문기상학, 영상학, 사회심리학, 선거법	토탈종합학문의 응용술

이를 위해서는 감정에 호소하는 바람몰이식 선거방법에서 벗어나 보다 과학

적인 선거운동으로 효율화를 꾀하는 선거의 경제원칙이 필요하다.

어떤 이슈와 정책 아래 어떤 방법으로 어떻게 당선되어야 하느냐가 최대의 목표이자 과제이므로 이제는 단순한 당선전략보다는 다각적인 시나리오에 입각해 구체적인 전략·전술을 펼치는 고도의 노하우가 필요하다.

〈그림 3-6〉   선거전략 발전 변화도

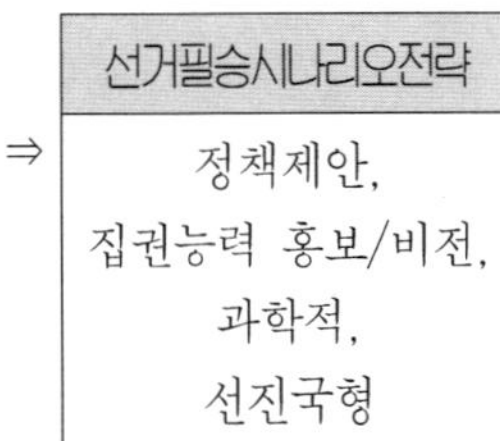

© Chae Soo Myung 49

〈그림 3-7〉   핵심 참모진 변화흐름도

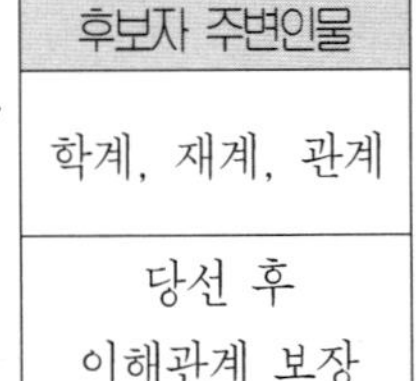

© Chae Soo Myung 50

이를 위해서는 다양한 전문가들로 구성된 팀의 시스템적 에너지를 극대화시키는 지혜가 요구된다.

(2) 선거 춘추전국시대의 손자병법

선거전은 마치 중국 춘추전국시대의 전쟁과 같으므로 손자병법을 활용해 보는 것도 효과적일 수 있다.

<표 3-28> 　　　　　　　　　　　　손자병법 총13편

구　분	내　용
제1(시계)편	도, 천, 지, 장, 법을 바탕으로 일곱 가지의 비교기준을 제시하여 상황파악과 뚜렷한 명분은 모든 고난을 앞지른다.
제2(작전)편	전략이 훌륭하면 승리하고 치졸하면 패하기 마련으로 적을 자기편화하는 전략과 부하를 사랑하라.
제3(모공)편	백전백승보다는 싸우지 않고 적을 계략·외교·병력으로 쳐서 성을 공격하는 것이다.
제4(군형)편	승리하는 군대는 이기도록 해놓고 싸우며, 세심하고 빈틈없는 판단력이 필요하다.
제5(병세)편	기병을 잘 쓰는 군대가 하늘과 땅의 조화, 강과 바다처럼 마르지 않고 해와 달이 뜨고 지는 것과 같이 모든 전쟁은 정법으로 마주치고 기병으로 이기는 것이다.
제6(허실)편	싸움터에 먼저 나가 적을 기다리는 자는 편안하고 뒤늦게 달려온 자는 수고로우므로 전쟁을 잘 아는 사람은 적을 나오게 하되 적에게 나가지 않는다.
제7(군쟁)편	전쟁이란 속임수로 이루어지고 유리함을 쫓아 움직이게 되어 분산과 집결로 변화를 일으키므로 바람과 같이 빠르고 숲과 같이 느리며 빼앗는 것은 불길과 같다.
제8(구변)편	높은 언덕에서 내려오는 적을 공격하는 것은 무리이고 궁지에 몰려있을 때는 괴롭히지 말라.
제9(행군)편	장수는 문무를 겸해야 하고, 통치란 백성과 더불어 뜻이 맞아야 하며 참으로 위험한 것은 보이지 않는 데 있다.
제10(지형)편	하늘을 알고 땅을 알면 승리는 완전하며 적이 보여주는 이로움은 결코 이로움이 아니다.
제11(구지)편	끊임없는 훈련으로 정예군을 만들 것이며, 그들이 아끼는 것을 먼저 빼앗으라.
제12(화공)편	이익이 맞으면 움직이고 그렇지 않으면 그만두어야 하며 군주는 분노 때문에 전쟁을 일으켜서는 안 되고 장수는 홧김에 전쟁을 일으켜서는 안 된다.
제13(용간)편	현명한 군주와 훌륭한 장수가 군대를 움직이면 반드시 승리하는 것은 향간(고장), 내간(적의 관리매수), 반간(적의 첩자나 아군의 배신자), 사간(아군의 첩자 이용), 생간(적에 침입) 등의 첩자를 움직였기 때문이다.

《손자병법》은 1권 13편 8,000여 자로 구성된 춘추전국시대의 병법서이다. 그 내용은 치근이론과 작전이론은 물론 지휘기법 및 장수의 수양에 이르기까지 광범위하고 체계적으로 구성되어 있다.

결론적으로 말하면 덕의 사나이 유비, 용맹의 장비, 지·의·용의 관우, 기상천외한 두뇌전략가 제갈공명이 치열했던 전투에서 승리하기 위해서는 이에 대한 학습 및 응용력이 필요했다. 대의명분만 지닌 유비는 현실적인 능력이 부족했으나 제갈공명의 머리에 앉았고 팔은 관우, 발은 장비, 제갈공명의 머리로 빛을 보게 되어 전쟁의 영웅으로 등장할 수 있었다.

전쟁에서도 수단과 방법을 가리지 않고 승리하면 국제적으로 비난과 제재를 받듯이 선거에서도 선거법에 위배되면 모든 문제에 악영향을 끼칠 수 있다. 3·15부정선거에 따른 민주시민혁명으로 결국 이승만 대통령이 하야를 했고, 제13·14대처럼 당선무효소송이 제기될 수도 있다.

선거법을 완벽하게 준수할 수는 없지만 지나친 불법·탈법 선거운동을 하지는 말아야 한다. 여러 후보가 출마한다고 해도 결국 양자대결 또는 3자대결로 압축되므로 고도의 전략·전술에 의한 테크닉으로 기회를 잘 활용한다면 오히려 쉽게 승리할 수 있는 묘법이 나올 수도 있다.

'《손자병법》을 여러 번 읽은 사람과의 경쟁에서는 승리하지 못한다'는 이야기가 있듯이 이를 선거에 활용하면 백전백승하겠지만 그렇지 않으면 백전백패를 면치 못할 것이다. 그렇다고 손자병법이 만병통치약은 아니다.

(3) 과학적인 선거 란체스타 전법

란체스타 전략은 영국 항공기 공학의 대가인 란체스타가 만든 수학적 전략이론이다.

이는 일반적인 정신주의와 근성주의를 철저히 부정하고 수학공식과 같은 판촉의 법칙화를 통해 경쟁에서 승리하기 위한 과학적인 접근 방법을 정립했다.

제1법칙은 약자라도 강자의 강점을 따라가지 말고, 강자의 약점을 강화해서 집중적으로 공략하고 독창적인 전략을 펼치면 승산이 있다는 약자전략이다.

《구약성서》에서 약자인 다윗 소년이 거인 골리앗과의 싸움에서 골리앗의 눈을 집중공격함으로써 승리를 거둔 경우처럼, 강자의 약점을 공격하면 충분히 승산이 있다는 것이다.

때문에 국민이 간절히 원하는 욕구를 조사·분석해서 정책개발, 비전제시, 자질과 능력, 수권정당, 신뢰도를 높이는 차별화에 의한 국지전을 펼치는 '일점집중주의'가 필요하다.

제2법칙은 약자와의 근접을 피하고 원격적인 국지전으로 힘의 집중화를 꾀하는 한편 피차의 손해양비는 초기 병력수와 잔존병력의 자승에 비례한다는 것이다. 이는 아군이 5명이고 적군이 3명이면 그 힘의 비율은 5대 3이 아니라 25대 9가 된다는 것이다. 따라서 선제공격을 가하고 세분화된 특정목표에 힘을 집중화시킨다는 것이다.

유세 때 어느 후보의 지지자들이 많이 모여 함성을 외치느냐에 따른 기싸움에서 이미 승산을 가늠할 수 있기 때문에 금품을 살포해서 조직적으로 사람들을 동원하는 방법을 쓰는 것이다. 음식점에 손님이 많으면 음식을 먹기 위해 기다리지만, 손님이 없으면 문제가 있을 것으로 생각하기 때문에 무료제공, 저가할인과 동원된 손님으로 자리를 메우는 방법을 쓰는 것과 같은 원리이다.

〈표 3-29〉　　　　　　　　　란체스타전략 핵심요인들

구 분		내　　용
법칙	제1법칙 (약자전략)	강자의 강점을 따라가지 말고, 강자의 약점을 강화하여 집중적으로 공략하고 독창적인 전략을 펼치면 승산이 있다.
	제2법칙 (강자전략)	약자와의 근접을 피하고 원격적인 국지전으로 힘의 집중화를 꾀하는 한편, 피차간의 손해양비는 초기 병력수와 잔존병력의 자승에 비례한다.
원리 과제	3대원리	무조건 제일주의(조직, 자금, 전략, 이미지), 일점집중주의, 약자 괴롭히기
	3대과제	차별화, 중점화, 표준화

또한 가장 중요한 3대원리로는 경쟁에서의 무조건제일주의(No.1주의 : 조직, 자금, 전략, 이미지), 일점집중주의, 약자 괴롭히기가 있고, 3대 과제로는 차별화·중점화·표준화가 있으며 이를 통해 승리자가 되어야 한다는 것이다. 따라서 정책, 자질, 능력, 정당과 참모진, 추진력과 신뢰도 등에서 국민을 위한 제일주의 아래 차별화를 꾀하며 순항할 수 있는 것이다.

선거는 크든 작든 간에 언제나 당선확정 전까지는 초조하고 불안하다. 승자는 일정 기간 동안 부귀영화를 누리지만 패자는 패잔병과 같이 혹독한 시련의 시기를 거쳐야만 한다.

세계전쟁사 중에서도 빼놓을 수 없는 영웅으로 몽고의 칭기즈칸과 프랑스의 나폴레옹이 있다.

나폴레옹은 죽음의 알프스 산맥을 넘으면서 '나의 사전에 불가능이란 없다.'라는 확고부동한 적극성과 추진력으로 자기목표를 달성했고, 칭기즈칸은 동양인을 가볍게 여기던 서양인들의 콧대를 완전히 꺾어 놓았다. 칭기즈칸이 아시아는 물론 저 멀리 유럽까지 진격해서 영토를 넓힐 수 있었던 것은 빠르고 날렵했던 기마병과 유럽 국가들의 자만심 때문이었다.

한편 1960년대에 시작해 1970년대에 막을 내린 베트남전에서는 수없이 많은 민주국가의 병사들이 목숨을 걸고 싸웠지만 결국 험한 정글과 낮과 밤이 다른 월남인들의 의식구조로 인해 공산화되고 말았다.

걸프전과 9·11테러사건의 배후조종자 빈 라덴을 포획하고 추종자들을 제거하기 위한 전쟁에서 미군이 단기간에 성과를 거둘 수 있었던 것은 과거의 전쟁과는 달리 최첨단 장비를 동원한 미국과 연합군의 막강한 경제력과 군사력 때문이었다.

민주주의 속의 합법적인 전쟁으로 표현될 수 있는 대통령 선거에서, 피도 눈물도 없이 승과 패만 존재하는 갈림길에서 정당성은 존재하기 힘들고, 수단과 방법을 가리지 않고 목적을 향해 돌진하는 야수들의 무리와 같다고 말한다 해도 과언은 아닐 것이다.

2) 자연과학의 선거필승법칙

(1) 질량의 선거필승법칙

자연과학은 자연에 존재하는 물질과 이들 사이에 일어나고 있는 변화를 이해하고 그 원리를 탐구하는 학문으로 자연현상에서 일어나는 법칙을 선거에 이용하면 충분히 승리하는 데 기여할 수 있을 것이다.

일의 원리는 병따개, 가위, 작두, 드라이버, 수도꼭지, 자동차 핸들, 도르래나 지레 또는 빗면과 같은 도구를 이용해도 물체를 이동할 때 하는 일은 도구를 이용하지 않을 때와 같다. 할 수 있는 에너지에는 위치에너지와 운동에너지가 있는데, 이것이 역학적 에너지이고 결국은 열에너지와 빛에너지이다.

〈표 3-30〉　　　선거전략 홍보의 능률공식

$P = W/T$	P : 선거 능률
	T : 투여시간
	W : 홍보조직 확대 노력

역학적 에너지의 보존법칙이란, 추의 위치에너지가 감소하거나 증가한 양은 운동에너지가 증가하거나 감소한 양과 같아 서로 전환해도 그 총량은 항상 일정하다. 즉 $9.8mH = 9.8mh + 1/2mv2 = 1/2mv2$이다. 달은 지구의 주위를 돌고, 지구는 태양의 주위를 돌며 태양도 은하계의 중심을 기준으로 돌고 있는데 이를 위해서는 힘이 필요하며 관성의 법칙, 힘과 가속도의 법칙, 작용과 반작용의 법칙 등 뉴턴의 운동법칙이 적용된다.

원운동을 하는 물체에 구심가속도를 생기게 하는 구심력, 가속도운동을 하고 있는 가속좌표계에서 좌표계의 가속도와 반대방향으로 나타나는 관성력, 구심력과 반대방향으로 나타내는 원심력을 최대한 활용하면 효과적이듯 선거전략에 활용하는 방안이 모색되어야 한다.

질량을 가진 모든 물체 사이에 작용하는 힘인 만유인력의 법칙, 운동량 보존의 법칙 이외에 두 전하 사이의 전기력은 각각의 전하량의 곱에 비례하고 거리의 제곱에 반비례한다는 쿨롱의 법칙도 활용가치가 있다.

염화나트륨이나 황산구리와 같이 물에 녹아 수용액이 되면 전류를 흐르게 하는 물질이 전해질이고 설탕과 같이 물에 녹아 수용액으로 되어도 전류를 흐르게 하지 않는 물질이 비전해질이다.

양이온과 음이온은 물론 이온화와 이온의 반응과 검출, 염산, 황산, 질산과 같이 이온화가 잘 되어 수소 이온을 많이 내놓는 강한 산과 아세트산, 붕산, 탄산 등과 같이 이온화가 잘 되지 않아 수소 이온을 적게 내놓는 약한 산이 있다.

종이나 나무에 진한 황산이 묻으면 잠시 후 검게 변하는 탈수작용, 강과 약의 염기성, 공기중의 수분을 흡수하여 스스로 녹는 수산화나트륨, 무색무체로 공기보다 가볍고 코를 찌를 듯한 냄새를 가진 암모니아, 수용액의 성질에 따라 색깔이 변하는 물질인 지시약을 활용하면 기대 이상의 효과를 얻을 수 있다.

피부병을 일으키며, 철과 대리석을 부식시키고 식물의 생장을 방해하며 토양을 산성화시키는 산성비로 심각하게 오염되었을 때는 염기성 물질인 석회를 뿌려주는 것이 좋고 산화와 환원을 적절히 고려하는 선거전술도 필요하다.

또한 세포가 분열하는 전의과정 간기(전, 중, 후, 말), 감수분열(제1·2분열), 이분법, 출아법, 포자법, 영양생식법은 물론 시간과 생장량에 의한 생장곡선의 흐름도 활용하면 좋다.

유전(우열, 분리, 독립)의 법칙과 생물의 형질변화는 햇빛, 온도, 수분, 양분 등의 환경에 따라 차이가 있기 마련이나 돌연변이, 미맹혈액형, 성의 결정, 색맹이 있기에 주의하여야 한다.

핵치환, 유전자 재조합, 세포융합기술 등 고도의 유전공학도 활용하는 방안이 필요하며 진화에서 용불용설, 자연선택설, 돌연변이설, 격리설 등을 적극 활용하는 방안이 모색되어야 한다. 한편 천동설과 지동설, 춘하추동 지점, 삭

막월과 항성월, 일식과 월식, 사리와 조금, 행성의 운동, 태양계 가족, 행성과 혜성, 광년, 은하(밝은, 암흑), 성단, 우주 등의 관계도 살펴보는 것도 좋을 성싶다.

이밖에 생태계에서의 에너지 오염(수질, 대기, 토양)과 온실효과, 쾌적한 환경 만들기는 선거문화를 스스로 차원 높게 만들어 우호적인 이미지와 신뢰 속에 선거에서 압승하도록 유도하는 자연법칙이다.

(2) 선거에서 베버의 법칙과 도미노 이론

베버의 법칙이란 '자극을 가하면 그보다 더 자극을 가해야 효과적이다.'라는 점에서 선거홍보나 유세시 경쟁자보다 더 이해관계가 밀접하고 강한 정책과 캐치 플레이즈를 내걸면 더 많은 관심과 호감을 유도할 수 있다.

따라서 웬만한 구호나 이슈는 눈에 띄지도 귀에 들리지도 않기 때문에 보다 자극적이고 원초적인 욕구를 충족시켜 주어야 효과적이라는 뜻이다. 기업의 제품광고도 경쟁사보다 더욱 고객의 필요와 충족 등 욕구를 자극해 줄 때 고객의 관심을 통해 판매가 촉진되는 것과 같은 원리이다 보니 자연스럽게 과장광고와 허위광고가 판을 치게 되기 마련이다. 그렇다고 해서 베버의 법칙이 정당하다는 논리가 아니므로 남용하지 말고 결정적인 시기에 이 법칙을 활용하면 효과가 상승한다는 것이다.

도미노 이론은 '특정의 빈약한 곳이 붕괴되면 주변도 함께 붕괴된다.'라는 이론이므로 가장 불만이 많고 취약한 상대방의 지역을 기습적으로 공격함으로써 주변까지 차례로 붕괴시키는 것이니 적군이 당할 때에는 우군에겐 그만큼 이익이 된다. 이때 서해의 파도처럼 잔잔한 파도가 밀려오는 보이지 않는 무서운 힘이 있는가 하면 순식간에 태풍으로 돌변하여 막대한 피해를 입히는 경우도 있다.

어쨌든 이러한 변화의 바람은 그 동안 쌓아놓았던 실체적 이미지를 뒤집어 놓을 수 있는 위력이 있다. 따라서 이를 효과적으로 공격할 수 있는 에너지를 극대화시키기 위해 역량을 키워 적시ㆍ적소ㆍ적량으로 활용해야 한다.

반면에 피해를 볼 수도 있으므로 주의하고 대비하는 것이 방어의 첩경이다. 어쨌든 베버의 법칙과 도미노 전략전술을 구사할 수 있는 힘을 갖춘다는 것은 승리의 첩경으로 가는 길이다.

3) 필승 선거마케팅전략

(1) 선거 당락의 결정요인

현대의 선거는 정보전이고 첨단과학전이며 기술전이고 자본전인 동시에 조직전이다.

결과보다는 과정이 중요하지만 우리의 선거문화 풍토에서는 어쨌든 결과주의라는 냉혹한 현실을 고려하지 않을 수 없다. 민주주의의 성숙이라는 교과서적인 학습이 아니라 승과 패라는 눈앞의 절박한 갈림길에 있는 현실이자 과거이고 미래이다. 천당의 문과 지옥의 문이라는 열쇠를 쥐고 있는 선거의 핵심은 후보자 세력 간의 파워 게임과 함께 어디까지나 유권자의 선거혁명에 달려 있다고 보는 것이 더 옳을 것이다. 선거 때만 되면 무서운 핵폭탄으로 변화하는 유권자의 가려운 곳을 누가 더 진심으로 열의를 다하여 적시·적소·적량적으로 긁어 주느냐가 성패를 좌우하는 키 포인트이다.

당선과 낙선을 좌우하는 여러 가지 요인 중에서도 가장 중요한 것은, 시대 흐름에 부응하는 인물 이미지와 지역감정에 의한 대결 및 차기 주자들과의 긴밀한 결탁이다.

이는 아주 후진적인 선거유세 형태로 지역의 인구수와 비례하는 한편 국가를 사유화하려는 몇몇 정치꾼들이 더욱 분열·조장하고 있다. 특히 자기 지역 출신을 옹립하려는 천민의식이 그렇게 만든다는 점에서 유권자들의 선거 자세와 투표형태를 활용하고 대응할 수 있는 방안을 모색하고 보다 면밀히 조사, 분석해서 우파화시키는 노력이 필요하다.

 선거당락의 결정적인 요소

구 분		내 용
핵심	인물이미지	자질, 능력, 과거경력, 리더십, 인간관계, 이미지메이킹, 학력, 건강, 친근감, 신뢰성, 성장배경, 헌신성, 가족 이미지
	조직운영	정당, 비조직, 두뇌 핵심, 학계, 재계, 노동계, 시민단체, 언론계, 지지세력 이미지, 거물급 포용력, 피라미드 조직
	자금조달	자금비축, 후원회, 장·단기자금 조달능력, 법망을 교묘하게 피해 운용·살포
중요	지역기반	지역연고 지지 후원회, 간접적인 지역감정 유도, 지역연고의 흡수 또는 연계
	정책이슈	통치철학, 신선한 각종 정책, 비전제시, 시대욕구 이슈, 지역 선심성 공약, 행정품질서비스, 당선 후 관료조직
	기타변수	홍보전략, 언론관계, 여론형성, 시대상황 적극활용, 사건활용, 상대방 흠집내기, 되받아치기, 국내·외 후원세력

 대권당락의 결정적 양비론

이 성 론	감 성 론	무 관 론
능력과 자질, 경륜, 비전, 수권정당, 리더십, 의사결정	지역감정, 직·간접적인 이해관계 연결, 지역정서, 언론	정치에 대한 환멸
과학적이고 합리적인 판단에 의한 소신투표, 이성에 호소	일시적 감정과 동료의식에 의한 무소신 투표, 감성에 호소	투표외면과 거부, 차선 선택 유도
미래 비전(후회 없음)	현재 감성(후회)	방관, 불만

특히 감성론자가 많으며 선거를 남의 나라 이야기하듯 하는 무관심론자들에게 차선책을 선택할 수 있도록 유도한다면 그 세력은 보이지 않는 개미군단이 될 것이다.

(2) 필승 선거마케팅 전략·전술의 유형

선거는 어디까지나 승리를 위한 도전이자 전투이다. 2등은 패배자이고 오직 1등만 존재하므로 철저한 시나리오 전략·전술에 의해 물적·인적 자원을 투자하여 승리의 고지를 탈환하여 승리의 깃발을 쟁취하는 첨단현대전투인 것이다. 아무리 온갖 첨단장비를 동원한다고 해도 결국은 조직전이고 홍보전이며 자금전인데, 이에는 필승을 위한 선거마케팅전략이 필수적이다.

대안적 선거마케팅전략에는 전체를 하나로 묶는 비차별화전략보다는 차별화전략 나아가 특정지역과 계층의 욕구를 집중적으로 세분화시켜 충족시키는 거시적 집중화전략이 효과적이다.

<그림 3-8>　　　　　　　표적지역 선거마케팅 믹스 전략

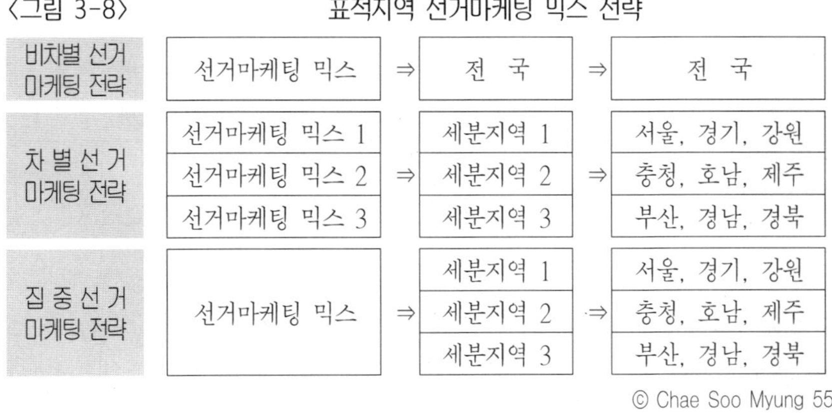

© Chae Soo Myung 55

<표 3-33>　　　　표적지역 선거마케팅믹스전략의 유형 비교

구 분	비차별선거마케팅전략	차별선거마케팅전략	집중선거마케팅전략
범위 / 비용	매우 넓다 / 비용절감	중간 / 증감	매우 좁다 / 증가
사고방식	유권자 중심	유권자 중심	세분화 유권자 중심
목 적	경쟁우위 장악	동질욕구, 선호충족	지역입지 획득
과 제	주기적 조사분석	목표 최대화 활동	선거홍보전략 다양화
위험부담	극소 / 지역특화 부족	중 / 노력 과중	대 / 지역특화 가능

© Chae Soo Myung 56

첫째, 선두주자가 펼치는 선두선거 마케팅전략에서는 인기도에서 선점을 하고 있는 상황을 계속 몰아부쳐 현재의 상태를 유지하고 유동표를 흡수하며 상대방의 불만 공조세력을 유인하는 조심스러우면서도 공격적인 확대전략을 펼쳐야 한다.

이를 위해 도전자의 다양한 기습공격을 방어할 수 있는 태세를 갖추는 동시에 우군의 불만세력이 이탈하지 않도록 점검·포용하며 사기를 고취시키는 내부 단속과 결집이 필요하다. 일반 유권자들에게 더욱 호응을 받을 수 있는 공격적인 정책제안과 홍보전략은 물론 조직확대 및 효율극대화 방안이 중요하다.

〈표 3-34〉　　　　　　　선거마케팅전략의 유형

구 분	선두선거 마케팅전략	도전선거 마케팅전략	추종선거 마케팅전략
특 징	우위확보유지 목적	현재 2위이나 선도목적	일정비율확보
전 략	선두방어전략	선두공격전략	선도도전추종전략
	유지전략, 확립전략	정면공격, 측면공격, 포위공격, 게릴라공격	완전추종공격 차별추종공격

둘째 도전·공격선거전략은 현재 후보자(예상) 중에서 여론조사 결과 선두를 달리고 있는 후보자의 결정적인 강점에 적극적으로 정면 도전하는 전략이다. 즉 정면공격전략은 경쟁자의 강점에 정면으로 도전해 파괴시키는 것으로 치열한 난타전을 감수해야 하며, 측면공격전략은 이것이 어려울 때 우측 혹은 좌측을 공격해서 강점을 희석시키는 전략이다.

포위공격전략은 사방에서 포위공세를 펼쳐 대항의욕을 상실케 하는 것이며 선회공격전략은 직접적인 교전을 피하고 자원기지를 확대하여 공격하는 것이고 게릴라 공격전략은 게릴라전을 연상하듯이 집중공격을 통한 붕괴방법이다.

셋째, 추종전략은 당선권에서 밀려 있는 후보자가 강력한 당선권자의 선거전략을 모방하거나, 유사한 방법 등으로 추종하는 선거전략이다. 이는 당선을 위한 전략이라기보다는 차기 혹은 자신의 존재가치를 노린 이미지 홍보전략이다. 완전추종선거전략과 차별적인 추종전략 및 선택추종전략이 있다.

이와 같이 필승을 위한 선거마케팅전략은 선거일정과 지지도, 자금, 조직력 등을 고려해 상황에 적합한 효율성 극대화 전략이 필요하다.

4) 지지자 선거마케팅 과업

(1) 조직확대와 리더십

'선거는 조직이다.'라는 말과 같이 조직의 확대와 관리 및 충성 등의 효율화를 꾀할 수 있는 동기부여가 중요하다.

총본부의 핵심참모를 중심으로 지역조직이라는 거대한 역할담당팀 외에 계층, 연령, 성별, 종교, 동문 등으로 유권자를 세분화하여 조직을 강화해야만 한다. 이를 위해서는 철저히 계획하고 조직하며 지휘하는 동시에 조정 및 통제가 요구된다.

이때 국회의원 지구당 조직을 활용하는 공식조직의 강화도 중요하겠으나 다양한 분야에서 신뢰와 덕망이 있는 소그룹의 리더를 비공식조직으로 인정하여 조직을 확대하면 오히려 공식조직보다 효과를 거둘 수도 있다.

〈표 3-35〉　　　　　　　　필승선거의 공식조직

A 캠프	B 캠프	C 캠프
선거전략, 여론조사 분석, 비전수립, 일정, 자금조달운용, 이미지메이킹, 홍보전략	조직확대, 신변보호, 유세장 선점	이벤트 기획, 자원봉사, 기타
핵심 브레인 (전략본부, 기획팀)	피라미드 조직화 (전술부대, 영업팀)	관심 확실하게 유도

〈표 3-36〉　　　　필승선거 비공식조직의 세분화 유형

구 분	내　　　용
지역별	행정구역(도, 시, 군, 구, 읍, 면, 리, 반) / 도시, 도·농, 농·어촌
계층별	상류층, 중산층, 하류층
연령별	신세대(10대, 20대, 30대), 미들세대(40대), 구세대(50대, 60대), 실버세대(70세 이상)
성 별	남성, 여성
단 체	시민단체, 동문회, 종친회, 친목회, 각종단체
종교별	불교, 기독교, 천주교, 천도교, 유교, 원불교, 이슬람교, 기타
동문별	초등, 중학, 고교, 대학, 대학원
업종별	1차산업, 2차산업, 3차산업
언론계	방송, 신문, 잡지
전문직	정계, 법조계, 의료계, 교육계, 금융계, 연구원, 광고계, 예술·문화계, 건설계
직종별	공무원, 관리직, 생산직, 영업직, 서비스직, 대학생

그러나 우리의 선거문화는 과학적인 방법보다는 지역감정에 의한 정서와 여론과 동원된 운동원들의 바람몰이 전략을 구사하는 아주 원시적이고 비과학적인 방법을 사용하는데 이를 시급히 탈피해야 한다. 이러한 선거의 비과학성은 시간과 자금 등 노력의 낭비를 초래하여 기대하는 효과를 거둘 수 없다.

밑빠진 독에 물붓기를 한다는 사실을 알면서도 어느 조직이 버티느냐 하는 허탈과 배신을 스스로 감수해내는 악순환이 계속되고 있다는 점에서 유연성과 효율성을 중시한 조직과 그에 따른 커뮤니케이션에 의한 효율화를 꾀할 수 있는 연구노력이 필요하다. 이때 조직의 목표를 효율적으로 달성하기 위해 구성원들이 자발적으로 협조하도록 영향력을 행사해 타인을 자기가 바라는 대로 행하도록 유도하는 지도성이 중요한 역할을 하게 된다.

특성이론, 상황이론, 행동이론을 이용하는 기술이 있어야 목표를 달성할 수 있는데 목표중심, 인간중심이 있어 동시에 관심과 역량을 발휘해야 한다.

〈그림 3-9〉 　　　　　　커뮤니케이션 네트워크의 형태

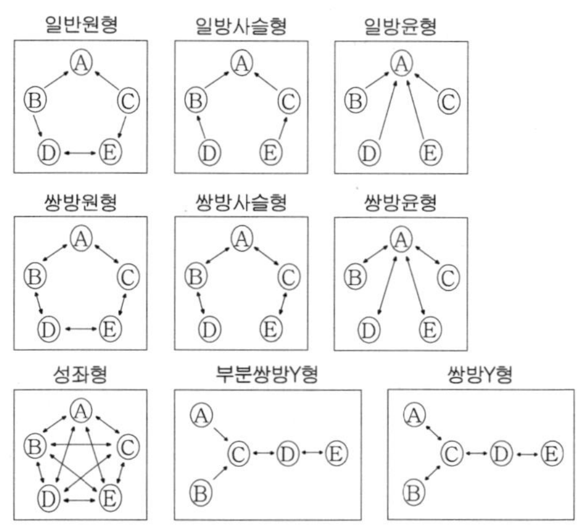

자료: 이종화, 《커뮤니케이션과 조직관리론(전예원, 1990)》

〈표 3-37〉 　　　　　조직홍보 커뮤니케이션 네트워크의 구조적 특성

구분	속 도	정확성	적응력	사 기	침 투	리더안정	조 직	융통성
원 형	늦다	열등	높다	높다	낮다	없다	불안정	높다
사슬형	빠름	좋음	보통	낮음	보통	현저	안정	낮다
윤 형	고속	좋음	최소	고도	높다	뚜렷	안정	낮다
성좌형	변화	변화	고도	고도	늦다	없음	불안	높다

자료 : 이종화. 전서. p.111

〈표 3-38〉 　　　　　　　　조직강화 지도성 유형

구 분	내　용
과업. 인간관계	비효율형, 목표과업형, 인화형, 중간형, 이상효율형
효과적 지도성	민주적 경영자형, 자선적 독재형, 창의적 개발형, 동기부여 관료형
비효과 지도성	독선형, 선교사형, 방임형, 타협자형

<表 3-39>　　　　　　　　조직강화 지도성 효과 공식

| E=f(L, F, S) | E(효과성), L(지도자), F(추종자), S(상황) |
| P=f(M, A, E) | P(성과), M(동기부여), A(능력), E(환경) |

- 신지식×신기술=능력
- 능력×동기부여=인간 성과
- 환경×태도=동기 부여
- 인간성과×물적요소=조직 성과

© Chae Soo Myung 61

<표 3-40>　　　　　조직강화 전제형과 민주형 리더십의 특성 비교

구 분	전 제 형	민 주 형
직무	감독자, 관리자, 명령하달식	경영자(기획, 조직, 지휘, 조정, 통제)
지도	나를 따르라(개인 업적 중시) 지시적 / 감독평가자 권위(수직)적 / 독재적	우리 함께 일하자(공동체 목표) 적극 협조적 / 후원 육성자 평등(수평)적 / 상호협력, 동기부여
책임	공(리더), 문제점(책임회피, 부하)	공(팀원), 문제점(리더), 공유
정보	극소수 리더자만 소유	극비만 제외 팀원 공유 적극 활용
결과	일시적 목표달성, 갈등	목표달성 상승곡선, 신바람
과제	민주 참여, 동기부여 시급	공통분모(에너지) 극대화

© Chae Soo Myung 62

<그림 3-10>　　　　　　　　조직구조의 특성

구분	피라미드형	아파트형	다이아몬드형	수레바퀴형	오케스트라형
그림	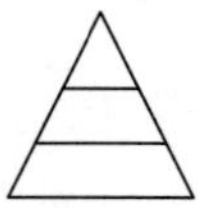	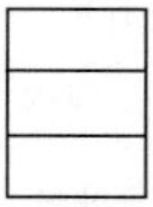	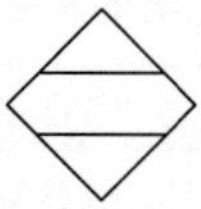	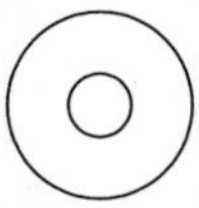	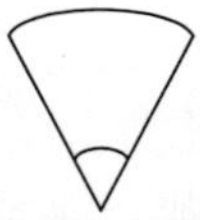
특성	관리통제구조 계층구조확실	관리구조 준동격	중간층강화	동반자구조 동격	프로구조 전문가

©Chae Soo Myung 63

(2) 유권자 행동과 필승과업 해결책

선거에서의 한 표를 얻는 것은 천금을 얻는 것과 같다. 개표 완료시까지 정확한 결과를 알 수 없고 한 표에 의해서 당락의 희비가 교차한다. 따라서 선호, 지지, 무관심, 거부, 반대 등의 반응을 어떻게 절대적인 선호자와 지지자 등 충성심이 강하게 만들 것이며 우군에 대한 반대자들을 어떻게 희석시켜 상대방에게 타격을 입히느냐가 선거의 가장 큰 과제이다.

〈표 3-41〉　　　　　　　　필승선거마케팅 과업전략 유형

구 분	과업 내용
전환전략	부정적인 유권자를 지지할 수 있도록 극적인 전환
자극전략	전혀 관심이 없는 유권자를 관심 또는 지지세력으로 창조
개발전략	잠재적인 유권자를 개발
재 전략	과거보다 지지가 줄어드는 상황에서 지지를 부활
동시전략	불규칙적인 상황에서 지지자의 평균화 노력
유지전략	지지자의 이탈 방지와 현상유지
디 전략	지지자 억제와 감소
반 전략	불건전한(악영향을 주는 선거브로커) 지지자 소멸

© Chae Soo Myung 64

〈표 3-42〉　　　　　　　　유권자 행동과 필승 과업과제

구 분		내 용
지지자	충성자	변함없는 충성 위해 동기 부여
	지지자	이탈방지와 충성자 양성 위해 신뢰성 구축
유동자	호감자	지지자, 충성자로 유도 위해 신뢰성 홍보 및 밀접한 관계개선 노력
반대자	무관심자	지지자로의 유도 위해 신뢰성 홍보
	극렬반대자	개인적 감정 격화 억제
	보통반대자	인간관계 유지

© Chae Soo Myung 65

적절하게 전략과 전술을 짜는 고도의 테크닉은 지역 정서와 경쟁자의 동향 분석에 따른 타입과 밀어 붙이기 전략이 과업의 해결을 가능케 한다.

5) 과학적인 필승 홍보전략

(1) 선거필승 홍보전략

정치는 정권창출이 목적이므로 기업에서 주로 활용하는 전문 차별화된 효과적인 홍보기법을 활용하면 효과적이다. 선전과 홍보의 목적은 짧은 시간 안에 홍보를 통한 인지도와 지명도를 높이고 호감을 사게 하여 지지의 확신성을 구축하는 한편 주변에 권고하는 등 당선을 위한 전략기법 일체의 행위이다.

〈표 3-43〉　　　　　　　　선전·홍보 계획시 고려사항

구　분		내　　　용
누구에게(Who)	유권자 시장	지역정서, 연령, 계층
무엇을(What)	메시지	이슈의 간단명료화, 디자인감각, 친근, 진실성
왜(Why)	욕구동기	전문차별화에 의한 신뢰성 구축, 상대평가, 지지도
언제(When)	장　소	지역정서, 계층, 계절, 요일, 날씨, 시간
어디서(Where)	매　체	방송, 인쇄, 누가(인물)
얼마나(How)	양	부수, 시간

〈표 3-44〉　　　　　　　　선전·홍보의 소구점

구　분	내　　　용
소구점	특성적, 고지적(화제성, 입증성), 유도적, 계몽적, 환정적
메시지	표준형, 카피형, 인물사진형, 만화형, 혼성형
헤드라인	문제제시, 조건설명, 고지, 뉴스, 해결, 선언문, 약속, 감탄, 대화/ 논리적, 감정적, 관능 소구적, 대화적, 증언적

<표 3-45> 선전·홍보매체의 유형

구 분	내 용
인쇄물	신문, 잡지, 포스터, 카탈로그, 명함, 기타
방송물	TV, 라디오, 유선방송, 인터넷
이벤트행사	거리유세, 군중집회

<표 3-46> 지지도 주기에 따른 홍보전략관리

구 분	내 용
알 림 기	대권후보 적극 알림, 당위성, 정책, 이슈, 조직, 기존지지율
성 장 기	홍보강화, 지지 자극유도, 상대방 비난, 기존 지지율 변화
성숙·난타기	경쟁격화, 난타 치열, 감정격화, 금품살포, 후보자간 구조조정, 지지율 급변화
최후격돌기	마지막 총체적 전적기, 비열, 지지율 혼탁

<표 3-47> 선전·홍보 이념의 변화

구 분	과거(비효율)	미래(과학적 효율)
이 념	고압적, 주입적, 입체적	지지도 및 유세지원
유 권 자	독선 일방적	유권자의 주권 인정
진 실 성	허위, 기만, 과대	진실, 사실
이 유	주입적 지지유도	친근, 기억, 건전
평 가	전무, 불필요	바로, 주기적, 절대필요
중 요	인쇄물, 디자인	매체, 마케팅

(2) 필승 이미지 메이킹 전략

현대는 이미지 경쟁시대이므로 강력하면서도 우호적인 이미지(Image)는 이미지 메이킹(Image Making)이고 파워(Power)이다.

　　따라서 선거 이미지(연상)는 정당, 후보자, 홍보력을 의미하고 메이킹은 연상을 나타내며 파워(힘)는 세력화, 조직화, 자금력 등을 말한다고 할 수 있다.

〈표 3-48〉　　　　　　　이미지(Image)의 개념과 본질

I M A G E	Interest	흥미, 관심, 관여, 세력	호감도, 인지도
	Man	사람, 팀원	후보자
	Action	행동, 작용, 전투	사상, 정책, 행동 – 행위
	Good	좋은, 유능한, 충분한	총체적인 조건 – 만족
	Early	일찍	선수공격, 우위확보

© Chae Soo Myung 71

〈표 3-49〉　　　　　　　　후보 이미지요소

구　분	내　　　용
인물(이미지)	자질, 지도력, 포용력, 지지세력(계층, 지역, 종교, 직업)
이슈(호소력)	정책, 시대상황 욕구, 현실성, 지역개발
정당(지지기반)	조직, 자금, 색채

© Chae Soo Myung 72

〈표 3-50〉　　　　　　　　대권필승 핵심요소

언론플레이(력)	인물력	정책(력)
홍보력	경쟁력	조직력
지역정서(력)	정당력	자금(력)

© Chae Soo Myung 73

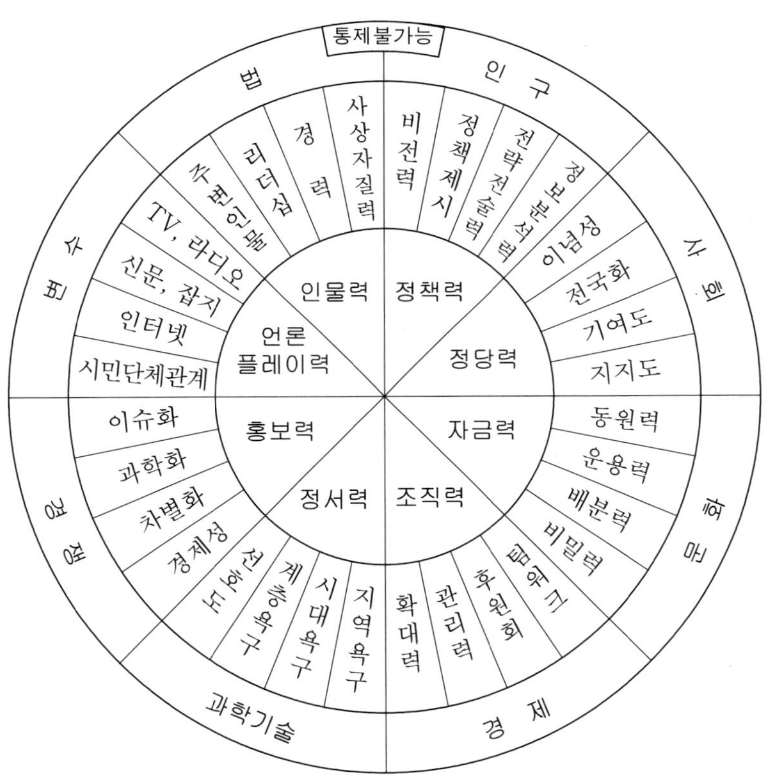

〈표 3-51〉   이미지의 유형

구 분	내 용
우 호 적	호감, 서민적, 신뢰, 겸손, 자질, 능력, 옆집 아저씨, 비전, 믿음, 미소, 도약, 성장, 봉사정신, 주변인물 신뢰
비우호적	거부, 냉랭, 귀족적, 의구심, 과시, 비능력, 먼나라 사람, 파멸, 거짓, 험악, 정체, 침체, 사리사욕, 주변인물 불신

1	지역정서(고) 전략홍보(고)	이상형, 현상유지 확대, 주변지역으로 확대
2	지역정서(고) 전략홍보(중)	전략홍보 확대로 현재지역 정서유지
3	지역정서(고) 전략홍보(저)	자만하지 말고 전략홍보로 지역정서 향상
4	지역정서(중) 전략홍보(저)	전략홍보문제로 수정하여 지역정서 향상
5	지역정서(중) 전략홍보(중)	전략홍보와 지역정서 모두가 문제로 전략홍보 혁신하여 지역정서 전환, 향상
6	지역정서(중) 전략홍보(고)	전략홍보가 근본적으로 문제이므로 혁신하여 지역정서 전환 향상
7	지역정서(저) 전략홍보(저)	전략홍보의 근본적인 혁신으로 지역정서 전환 향상
8	지역정서(저) 전략홍보(중)	전략홍보의 문제로 혁신하여 지역정서 전환 향상
9	지역정서(저) 전략홍보(고)	전략홍보의 근본적인 문제로 로스가 많아 근본적인 혁신으로 지역정서 전환 향상

IV

대권주자 분석
필승 시나리오

1. 정당의 특성과 정책

1) 정당의 특성

(1) 정당론

정당(政黨:Party)이란 라틴어의 Partire에서 기원된 '나누다', '분리하다'라는 뜻으로 어떤 집단에서 떨어져 나온 분파이다. 즉 정치적인 이상의 실현을 위해 정치권력에의 참여를 목적으로 정견이 같은 사람끼리 뭉친 정치적인 결사이며, 합치된 노력으로 국가적 이익을 증진시키기 위해 뭉친 사람들의 집합체이다.

이들은 전문, 강령, 기본정책을 바탕으로 국민들에게 올바르게 호소하고 집권을 통해 그 뜻을 이루려는 목적을 갖고 있기 때문에 정권을 잡는 데 모든 에너지를 집중시킨다. 원래 민주주의는 시민 다수에 의한 시민의 권력이어야만 한다는 점에서 정당은 이를 운영함에도 그렇게 인식되고 있지 않다는 데 문제점이 있다.

국민들을 위한 정당으로 거듭 태어나 끊임없는 연구와 정책제시를 통해 신뢰를 받을 때 국민들의 지지를 받게 되고 정권을 유지·인수받게 되는 것이 정당정치의 법칙이자 순리이다. 자연발생적으로 형성되는 경우도 있지만 탁월하고 카리스마적인 지도자 아래 핵심적인 지지세력을 형성해 자금과 지방조직책을 이루어 당원을 확대함으로써 국회, 지자체장, 지방의회와 연계하다 보니 자연스럽게 지역색을 띠게 되는 경우가 일반적이다.

따라서 지역연고를 바탕으로 하는 전통적이고 온정적인 성격이 강해 안정적인 면도 있으나, 오히려 지역감정을 부추겨 활용하거나 안일한 정치로 정치발전의 저해요소로 작용되기 마련이다. 특히 1인독재의 보스체제는 민주주의를 역행할 수 있어 상황에 따라서는 구성원들의 이해관계에 의해 국가 전체가 좌우되기도 한다.

　이런 점에서 우리의 정당사는 합당과 통합 그리고 분열의 연속이었으며, 방법론이 없는 온갖 불법적인 수단을 통해 정권을 쟁취하다 보니 군사 쿠데타가 난무하여 역사적 소명과 국민들에게 정통성 시비에 휘말려 결국은 비참한 말로를 겪어야만 했다.

　또한 민주화투쟁으로 정권을 잡았다고 해도 수권정당으로서의 능력이 부족했고 정권을 사유화하려는 한풀이용으로 이용되기도 해, 이 역시 국민들에게 실망을 안겨 주었기 때문에 결국 정치불신을 초래하게 된 한 원인을 제공하고 말았다.

〈표 4-1〉　　　　　　　　　　정당의 컬러 특징

구 분		내　　용
진보 세력	특징	환경변화 부응, 민주화 세력, 신지식층, 진취적 이상론, 미래지향적
	유형	급진진보세력, 합리적 진보세력, 신진보성향세력, 진보향세력
	컬러	빨강, 다홍, 주황, 빨자주
	지지	신세대층, 서민층, 진보지식층 / 도시중산층, 정권쟁취 야욕 지역
중도 세력	특징	중도세력, 진보와 보수의 혼합세력(갈등, 혼란)
	유형	전통적 중도세력, 상황적 중도세력, 신중도세력
	컬러	혼합파스테르색, 혼합(빨강, 주황, 남색, 파랑, 녹색)
	지지	정치무관심층, 정치환멸층, 정치안정 기대층
보수 세력	특징	절대안정을 중시, 보수기득권층, 과거지향적
	유형	절대보수세력, 온건보수세력, 진보보수세력
	컬러	파랑, 녹색, 청록색, 회색
	지지	보수층, 구세대, 재벌가 / 농어촌

© Chae Soo Myung 76

(2) 정당의 합당, 흡수와 분열

　정당은 정권쟁취라는 목적을 달성하기 위해 자연적이고 인위적으로 합당과 흡수를 하게 된다.

〈그림 4-1〉　　정당의 통합과정

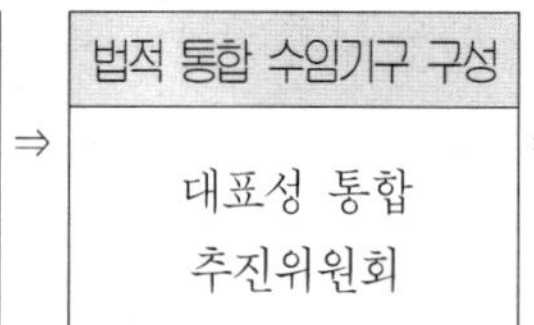
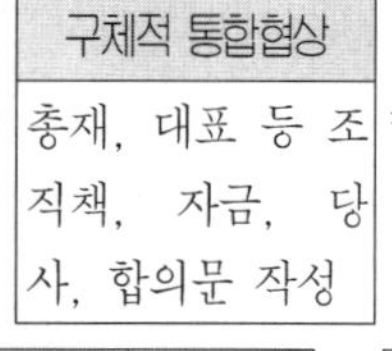
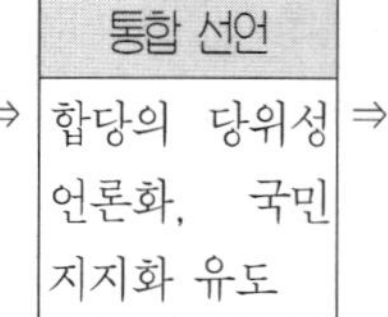
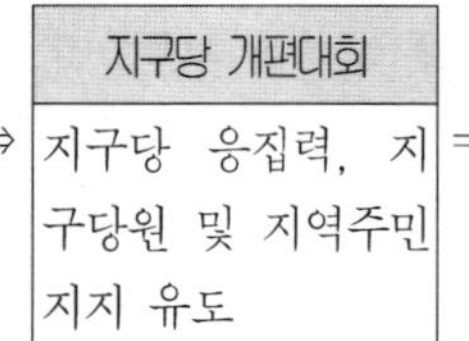
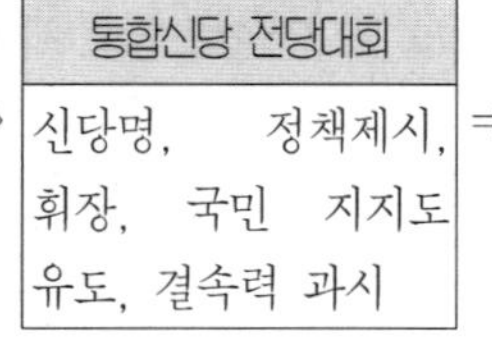

© Chae Soo Myung 77

〈표 4-2〉　　합당의 유형

구 분	내　용
신설합당	당 대 당이 동등한 입장, 과거 불문화 미래지향적, 자원배분의 비율
흡수합당	흡수합병, 거대당 중심, 당권 분리
의사합당	민주합리적, 지능적 밀실야합

© Chae Soo Myung 78

〈표 4-3〉　　합당의 명칭유형

구 분	내　용
신 명 칭	새로운 분위기 쇄신, 대부분
기존명칭	우호적인 기존의 거대당의 명칭 고수 · 자유민주연합(김종필)＋신민당(김동길, 박찬종) → 자유민주연합 · 민주당＋새한국당 → 민주당 중소정당 명칭 양보 · 신민주연합당(김대중)＋민주당(이기택) → 민주당
혼합명칭	합당 전 양당 이미지 고수 및 수용

© Chae Soo Myung 79

통합의 주된 원인은 무엇보다도 상황변화로 인한 위기가 생겼을 때 이를 적극적으로 방어하기 위한 대비책이자 시너지 효과의 기대감에 의한 결정이다. 이로 인해 당원들과 지역의 주민 나아가 국민들로부터 지지를 받아 정치발전에 기여한다면 역사적으로 아주 호의적인 평가를 받게 된다.

〈표 4-4〉   한국 현대사 정당통합운동의 시기별·유형별 분포요약

공화국	이조정기			제1공화국											제2공화국		제3공화국										
연도	1945	46	47	48	49	50	51	52	53	54	55	56	57	58	59	60	61	62	63	64	65	66	67	68	69	70	71	72
선거				국① 대①		국②		대②		국③		대③		국④		국⑤ 대④			국⑥ 대⑤				국⑦ 대⑥				국⑧ 대⑦	대⑧
신설																					•							•
흡수	••••••	•••	••		•••											•				••						••		
의사																			•									
실패	••	••									•	•			•	•			•••	••		••		•				

공화국	제4공화국								제5공화국								제6공화국											
연도	73	74	75	76	77	78	79	80	81	82	83	84	85	86	87	88	89	90	91	92	93	94	95	96	97	98	99	2000
선거	국⑨					국⑩ 대⑨	대⑩	대⑪	국⑪ 대⑫				국⑫		대⑬	국⑬				국⑭ 대⑭				국⑮	대⑮			국⑯
신설										•								•	•			•	••		•			
흡수														•						•								
의사								•					•					•	•	••		••						
실패		•						•					•		•			•		••		•						

주1) 국은 국회의원선거, 대는 대통령선거, 국①은 제헌의원선거, 대①은 초대 대통령 선거
주2) 합당유형분류는 정당법이 제정된 제3공화국 이후부터 가능하며, 일부지류 통합은 표시되지 않은 것도 있음. 미군정기(12), ①(7), ②(3), ③(11), ④(1), ⑤(8), ⑥(20) 총62건

자료 : 김현우, 《한국통합운동사 (을유문화사, 2000)》

그러나 환상적인 기대만을 갖고 통합하는 경우에는 오히려 내부갈등과 국민

들의 외면, 비난 등으로 얼마 가지 못해 다시 분열해서 막대한 피해를 보는 경우도 의외로 많다.

<표 4-5> 정당등록 사례

정당명	대표자 (등록시)	등록년월일	통합신당명	대표자	소멸년월일
민정당	윤보선 (김병로)	63. 6. 28 63. 8. 18	민중당	윤보선, 박순천	65. 5. 11
민주당	박순천, 윤보선	65. 5. 11 66. 5. 30			
민중당	박순천	81. 1. 23	신민당	유진오	67. 2. 11
신민당	윤보선	81. 1. 31			
민주사회당	고정훈	81. 1. 17	신정사회당	고정훈	82. 3. 29
신정당	김갑수	87. 5. 6			
민주정의당	노태우 (전두환)	87. 11. 11 87. 11. 13	민주자유당	노태우, 김영삼, 김종필	90. 2. 15
통일민주당	김영삼	90. 6. 18			
신민주공화당	김종필	92. 2. 10			
신민주연합당	김대중	92. 3. 4	민주당	김대중	91. 9. 16
민주당	이기택	94. 7. 8			
통일민주당	김동길	95. 4. 3	신민당	김동길, 박찬종	94. 7. 8
신정치개혁당	박찬종	96. 2. 6			
신민당	김동길, 박찬종	90. 6. 18	자유민주연합	김동길	95. 5. 31
자유민주연합	김종필				
신한국당	이회창 (김영삼)		한나라당	이회창	97. 7. 21
민주당	조순 (이기택)				

자료 : 김현우, 《한국통합운동사 (을유문화사, 2000)》

　그 가장 큰 원인은 양당 당원들의 의사와는 관계없이 갑자기 총재의 밀실야합에 의해 선통합이 이루어져, 극심한 세력싸움으로 인해 내부갈등이 심각함에도 이를 수습할 수 있는 능력이 부족했기 때문이다. 또한 명분이 약해 국민들로부터 비난을 받거나 세력경쟁을 고려한 타당의 공격적인 반응이나 환경적응능력의 부족 등 체계적인 준비가 부족해서 일어난다.

〈표 4-6〉　　　　　　　　제6공화국 정당통합운동 결과표

통합(운동)시기	참 여 정 당	통합성사여부	통 합 신 당 명	합 당 유 형
1988. 3	통일민주당, 평화민주당	×	–	–
9	한겨레민주당, 민중의당	○	진보련	의사
1990. 2	민주정의당, 통일민주당, 신민주공화당	○	민주자유당	신당창당
7	평화민주당, 민주당	×	–	–
1991. 2	민주당, 민주연합	○	–	의사
2	민중당, 한국노동당	○	민중당	의사
2	통일한국당, 신민당, 새한당	○	통일국민당	의사
3	평화민주당, 신민주연합당	○	신민주연합당	의사
9	신민주연합당, 민국당	○	민국당	신설
12	통일국민당, 새한국당	○	통일국민당	의사
1994. 4	민주당, 통일국민당, 새한국당	×	–	–
7	통일국민당, 신정치개혁당	○	신민당	신설
8	민주당, 신민당, 새한국당	×	–	–
1995. 2	민주당, 새한국당, 통일시대국민회의	○	민주당	흡수
4	민주당, 신민당	○	–	–
5	자유민주연합, 신민당	○	자유민주연합	신설
12	개혁신당, 민주당	○	통일민주당	신설
1997.11	신한국당, 민주당	○	한나라당	신설
1998. 8	새정치국민회의, 국민신당	○	새정치국민회의	–
11	새정치국민회의, 자유민주연합	×	–	–

자료 : 김현우, 《한국통합운동사 (을유문화사, 2000)》 P.624

<표 4-7>　　　　　　　　　한국 현대사 정당 흡수통합

정당명	대표자(등록시)	등록년월일	통합신당명	소멸년월일
자유민주당	김도현(김준연)	63. 9. 9	민정당	64. 11. 27
국민의당	김병로	63. 9. 13	민주당	64. 10. 5
자유당	이재학(장택상)	63. 10. 9	신민당	70. 1. 6
한국독립당	이태구(김홍일)	63. 10. 30		70. 2. 3
신정사회당	권대복(고정훈)	82. 3. 29	사회민주당	86. 5. 28
새한국당	이종찬	92. 11. 19	민주당	95. 3. 7

자료 : 김현우, 《한국통합운동사 (을유문화사, 2000)》 P.771

한마디로 말해서 순간적인 이해논리만을 너무 앞세운 결과 비전에 대한 보다 구체적인 방법의 전무는 물론 무임승차하려는 태도가 각종 세력싸움으로 번져 갈등이 갈등을 낳은 결과이다. 따라서 국민과 당원들로부터 충분한 명분 아래 노선일치와 구체적인 방법론을 갖고 합리적인 합당을 이루어야 기대 이상의 효과와 정치발전을 이룰 수 있다.

2) 정당 정책과 신당 창당설

(1) 새천년민주당

새천년민주당은 '민주주의, 시장경제, 생산적 복지'를 3대 이념으로 삼아 국민주권 강화, 지식기반경제 구축, 건전하고 행복한 나라 건설이라는 3대목표에 찬동하는 국민적 개혁세력의 집결체이다.

'우리 당은 이념대립을 극복한 중도개혁주의, 지역분열을 넘어서는 국민통합주의, 독선적 민족주의를 넘어 인류의 보편가치를 추구하는 세계주의, 분단국가의 한계를 뛰어넘는 통일민족주의, 세대 간의 조화와 균형에 바탕을 둔 노장청통합사회, 대화와 타협의 화합정치를 지향한다.(중략)'

새천년민주당은 바로 이런 시대적 요구에 부응하여 새천년 새역사를 창조할 것이다.

- 정치 : 의회민주주의 정착과 참여민주주의 확대
- 정부 : 국민에게 봉사하는 효율적인 행정 체계의 구축
- 경제 : 시장경제의 확립과 지식기반경제의 건설
- 복지 : 생산적 복지의 실현과 기초생활의 보장
- 교육 : OECD 상위국가 수준으로 교육향상
- 과학기술 : 첨단기술의 개발과 정보강국의 건설
- 문화 : 세계 속의 한국문화 창달과 문화적 세계주의의 지향
- 사회 : 더불어 사는 정의로운 공동체 건설
- 가족 : 가족가치의 존중과 행복한 민주가정의 실현
- 여성 : 여성의 사회참여 확대와 양성 공동사회의 건설
- 청년 : 젊은이의 꿈과 이상이 실현되는 사회
- 노인 : 노인의 경제사회활동을 지원하는 생산적 노인복지의 확립
- 장애인 : 장애인의 사회참여 보장과 평등 실현
- 환경 : 국제수준의 환경보호와 지속 가능한 발전의 추구
- 국방안보 : 안보역량 강화와 확고한 통일기반의 구축
- 통일 : 한반도 냉전구조의 해체와 통일기반의 구축
- 외교 : 국제협력의 강화와 보편적 세계주의의 추구

새천년 새희망, 한국의 힘, 국민의 희망은 곧 새천년민주당이다.

(2) 한나라당

국가발전과 국정운영을 주도해 온 신한국당과 정통 야당의 맥을 이어온 민주당이 통합한 한나라당은 민족사의 정통성을 확립함과 동시에 깨끗한 정치와 튼튼한 경제를 이룩하고자 하는 시대적 요청에 부응하여 분열과 부패의 구정치 구도와 형태를 청산하는 정치혁신으로 국민대통합의 선진민주정치를 구현하고 자유민주주의와 시장경제 체제를 바탕으로 안정 속의 개혁을 통해 국민

의 삶의 질을 더욱 높여 나가며 조국의 평화적 통일을 이루어 인류의 공동번영에 이바지하는 21세기 위대한 한국을 창조할 것을 다짐하면서 우리의 강령과 기본정책을 밝힌다.

· 깨끗하고 생산적인 21세기의 새로운 정치구현 : 선진정치문화 창출, 정보의 경쟁력 제고

· 활력있고 공정한 선진경제의 건설 : 경제의 안정균형, 국토의 효율적인 이용과 균형발전

· 과학기술 선진국으로 도약 : 과학기술인력양성, 정보화사회구축

· 삶의 질을 높이는 선진복지사회의 실현 : 사회보장제도 확충, 최저생활수준 보장

· 자율적이며 창의적인 인간교육과 새로운 민족문화창달 : 학교교육 정상화, 사회공동체의식

· 건강하고 쾌적한 환경조성 : 환경보전과 경제발전의 조화 추구, 맑고 안전한 물 공급

· 여성참여 기회의 확대와 실질적 남녀평등사회의 실현 : 여성의 가사노동을 공적인 영역으로 정착, 여성 근로자의 권익과 평등을 보장

· 확고한 국가안보 역량의 강화 : 자주국방 체제의 확립, 군의 합리적인 제도발전

· 통일실현과 세계평화에 기여 : 민족공동체를 이루어 조국통일 실현, 세계평화, 인류복지증진

결국 비전21로써 사람답게 살 수 있는 나라를 이룩하겠다는 것이다.

(3) 자유민주연합

우리는 근대화로 이룩된 광복 50년의 국가 저력을 바탕으로 하여 의회민주정치를 확립하고 민족 재도약의 웅대한 역정을 펼쳐야 할 신세기 앞에 다가서 있다. 여기, 우리 자유민주연합은 이 시대의 소명을 수행할 가장 책임 있는 정치세력으로서 의회민주주의와 자유시장경제의 이념을 토대로 모두가 훈훈하고

보람있게 사는 선진문화복지국가를 건설하고 민족대통합의 위업을 이루어 낼 것을 다짐한다.

우리 당은 국민과 함께 영속하는 정당으로 자유, 민주, 복지, 평화를 이념으로 하는 새정치세력의 구심이 되고 참된 책임정치의 구현을 위하여 내각책임제를 촉진하며 모두가 보람있게 사는 복지국가를 건설하고 조국의 민주적 통일을 주도하고자 한다.

·책임정치의 실현 : 의회민주정치의 구현, 효율정책, 법질서 정착, 지방 분권화

·경제정의의 실현 : 국민경제의 안정, 산업평화 이룩, 국제경쟁력 강화

·중소기업육성 : 중기업 전문화, 중경기업과 지방중소기업 육성, 소기업 경영 안정

·국제화, 개방화를 대비한 농림수산업의 진흥 : 농림수산업을 경쟁력 있는 산업으로 발전, 농지 이용 효율화, 농어민 재해예방제도 확립

·교육개혁과 문화창달 : 평생교육, 청소년의 진취적 기상 제고, 선진문화국가 건설

(4) 여·야 대선주자와 3김의 역학관계

한국 근·현대 정치의 반세기는 3김정치였다고 해도 과언은 아니다. 따라서 독자적인 노선을 위해 3김과 차별화시켜야 한다는 목표가 있으면서도 그들의 영향력 때문에 국민들의 여론을 보면서 적절하고 적당히 타협하게 된다.

〈표 4-8〉　　　　　　　3김 영향력 이미지관련 영향분석

성 명	경 력	지역 연고	영향력	내 심
김영삼	14대 대통령	부산, 영남	중고	후계자 필승
김대중	15대 대통령	호남	고	후계자 필승
김종필	국무총리, 국회의장	충청	중고	의원내각제

<table>
<tr><td><표 4-9></td><td colspan="3" align="center">대권주자와 3김관계</td></tr>
<tr><td align="center">성 명</td><td align="center">관 계</td><td align="center">비 고</td></tr>
<tr><td>이인제</td><td>3김계승, YS(정치적 모), DJ(정치적 부), JP(정치적 스승)</td><td>DJ와 YS 협력관계 요망</td></tr>
<tr><td>노무현</td><td>2김(YS, DJ)세력 통합, JP거리</td><td>민주화세력 결집후 정계개편 고려 예상</td></tr>
<tr><td>이회창</td><td>YS에 은근히 구애, JP와는 아직 냉랭(그러나 협력 배제하지 않음)</td><td>DJ 선거중립적 관계유지</td></tr>
</table>

<그림 4-2> 정치권 개헌론 및 연대 논의 역학구도

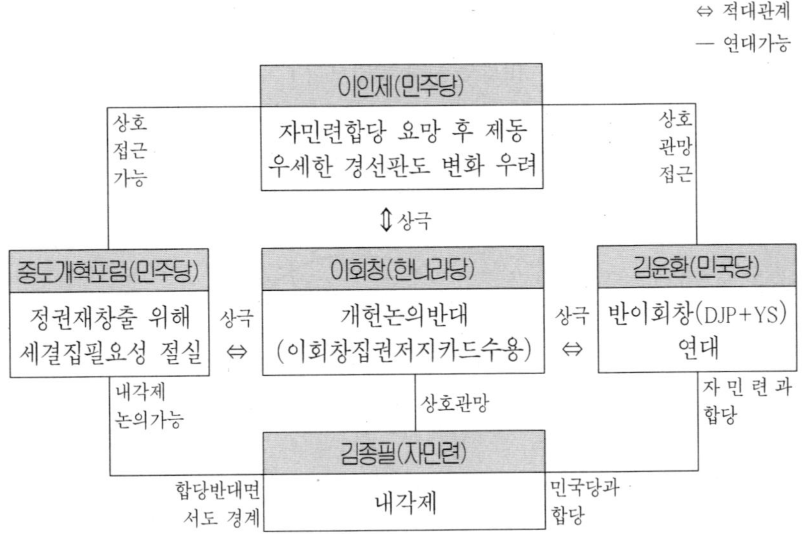

자료 : 동아일보, 2002. 1. 25, 4면 보완

(5) 제3세력, 신당 창당설

우리 정치사에서 신당 창당은 갈등 상황에서 돌파구의 모색이 필요할 때마다 발생했다. 앞으로도 야권은 물론 현재로서는 불리함을 느끼고 있는 여권에서 다양한 신당 창당설이 추진될 경우 정계 개편의 지각변동이 예상된다.

우선 정치9단으로 대통령 만들기의 마술사인 JP의 행보가 주목된다. 그는 박정희, YS, DJ 등 대통령 만들기에 앞장서는 등 한국현대정치의 산증인으로 상당한 영향력을 발휘했지만 정작 자신은 대권을 잡지 못한 불운을 겪었다. 한 때 DJP 합당의 신당 창당 움직임이 있었으나 거부했고 공조체제마저도 붕괴되고 말았다. JP는 이회창과의 연대를 모색했지만 미지근한 반응으로 추진이 실현되지 않자 김영삼 전 대통령과 함께 기존 정당과 차별화되는 반DJ와 비이회창의 성격을 가진 보수대연합을 모색했지만 이도 뜻을 이루지 못했다.

김대중 대통령의 국가관과 이회창 총재의 지도력 모두 심각한 문제가 있으며, 기존 정당의 이념이 보수와 진보가 혼재해 혼란을 초래하고 있다는 것이 공통된 의견으로 정통보수세력의 등장이 불가피하다는 것이었다.

〈그림 4-3〉　　　　　　　미시적 신당 창당설(Ⅰ)

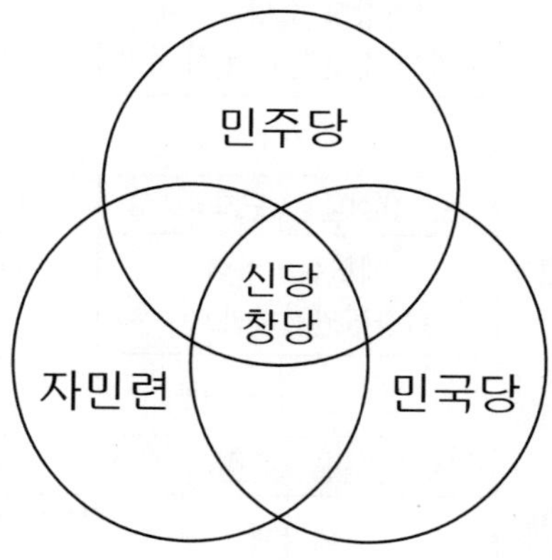

그러나 국민들로부터 3김의 낡은 이미지가 역풍을 불러일으킬 수도 있어 조심스러우나 2002년 지방선거에서 부산, 경남권과 충청권에서 교두보를 확보해야 한다는 과제를 해결해야 한다.

관건은 한나라당에서 부산, 경남권의 친YS세력들이 얼마나 동조하고 탈당해서 동참하느냐인데, 지방선거에서 뜻을 이루면 어쩔 수 없이 생존을 위해서 동조할 수밖에 없는 상황이기도 하다. 이 경우 5공의 핵심인물인 장세동까지 포함한 세력이 합세하여 핵심역량을 발휘한다면 어쩔 수 없이 DJ까지도 합류하는 3김연합이 가능할 수도 있는데, 그 결정권은 오직 국민들의 정서에 달려 있다. 어떻든 간에 한나라당 이회창 총재로서는 대선가도에 적잖은 타격을 입게 되는 반면에 민주당 후보는 의외의 소득을 얻게 될 공산이 크기 때문에 이회창과 김종필과의 빅딜 가능성도 배제하지 않을 수 없다.

다른 한편으로는 DJ의 묵시적인 지원 아래 새천년민주당과 전두환·노태우 전 대통령의 지원으로 5공세력 간에 과거와 현재의 정치적 화해 또는 대구경북·호남충청 주민들과의 대화합 차원에서 신당이 창당될 수도 있다. 이렇게 되면 호남과 대구경북 간의 세력이 결집되고 수도권과 강원에서 지지를 얻어 정권을 재창출한다는 계산이 나오게 된다. 그러나 새천년민주당 내의 대권주자들의 반발과 탈당으로 제3세력을 위한 신당 창당과 YS와 JP가 창당한 신당으로 합류할 수도 있어 앞으로 혼미의 상황이 예상되나 예측불허이다.

〈그림 4-4〉　　　　　거시적(범 반이회창 세력) 신당 창당설(Ⅱ)

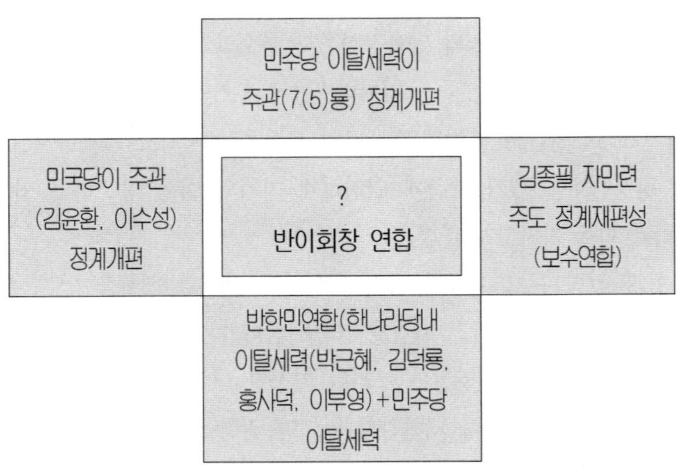

2. 대권과 성향 분석

1) 대권 야망과 대권층 분석

(1) 대권 야망의 원천

권력, 통치, 대통령은 모두 본질적으로는 다르면서도 남을 복종시키고 지배하려는 강제성이 있다는 공통점을 갖는다.

권력이란 어떤 뜻을 관철시키고 목적을 달성하는 힘으로, 누가 행사하든지 그 자체가 악하고 만족을 모르는 욕구이기 때문에 결국은 불행하게 만든다. 최고권력자는 복종을 강요하는 국가사회적인 실력과 지배자이고 통치자는 원수가 주권을 행사하여 국토와 국민을 지배하는 역할 수행을 말한다. 따라서 이 모두 봉사와 통치, 권력을 향한 대권 야망에서 출발한다는 공통분모를 갖고 있고 입신양명하여 고위의 자리에 앉아 남을 지배하고 세상에 군림하며 사방에 명성을 떨치게 된다.

이를 위해서 인간은 홉스의 약육강식론과 루소의 사회계약설을 근거로 하여 비교하고 분석해 보는 것이 좋을 것이다. 먼저 홉스의 양육강식론은 끝없는 적자생존의 원리로 인간은 본능적으로 자기의 삶을 유지하고 욕구를 충족시키고자 하는 경쟁관계에 있기 때문에 안전하게 자기의 삶을 유지하고 남보다 더 많은 권력과 힘을 가지고자 한다.

원래 힘과 권력은 그 자체가 목적이 아니라 안전과 행복을 얻는 수단이지만, 어느 정도의 권력을 가진 사람일지라도 남이 자기보다 더 많은 권력을 가지게 되면 자기의 것을 빼앗길까 두려워 자꾸만 더 많이 가지려고 하는 것이다. 그래서 인간은 누군가가 제한하지 않으면 권력을 무한히 독차지하려고 하기 때문에 모든 사람이 서로를 경쟁자나 적으로 보게 되어 끝없는 권력투쟁을 하게 된다.

홉스는 인간의 자연상태란 마치 늑대와 같은 야수의 상태에서 서로 물어 뜯으며 싸워서 결국 힘센 자만 살아남게 된다고 보았다. 이런 자연상태에서는 누구도 안전하게 항구적으로 살아갈 수 없다고 생각하기 때문에 가장 힘있는 한 사람에게 자기들의 권력과 힘을 모두 맡긴 채 복종하게 된다. 큰 권력을 가진 사람은 충성을 맹세하며 도와준 모든 사람들에게 안전과 욕구충족을 보장해 주는 책임을 지게 된 것에서부터 국가권력이 기원되었다.

홉스는 《리바이어던(Leviathan)》이란 책에서 '국가는 모든 개인의 자유와 권리를 초월해 존재하는 절대적인 힘이다.'라고 주장했다. 인간의 자연적인 본능은 이기적이고 공격적이므로 국가권력과 같은 절대자가 통제하지 않으면 사회는 야수적인 약육강식이 지배하게 되며 권력에서 밀려나면 지배체제에 속하게 된다.

이에 반하여 루소는 국가권력은 시민들의 계약에 근거해서 생긴 것이기 때문에 시민 전체의 공동의지를 대변해야 한다는 것이다.

이와 같이 권력은 생즉생 즉, 산다는 것은 싸우는 것이므로 정당은 여러 세력이 힘을 겨루는 각축장이고 선거는 생존경쟁의 무대인 것이다.

(2) 권력의 형태와 활용

생명이 외부의 저항을 극복하면서 부단히 커지고 강해지려고 하는 생의 권력의지(Will for power)가 발생하나 이는 독재, 부패, 오만해지기 쉽다는 점에서 언제나 지혜의 소리에 귀를 기울이고 정의의 명령에 따라야 한다.

영국의 역사학자 악턴은 '권력은 곧 부패하는 법이기에 절대적인 권력은 절대적으로 부패한다.'라고 주장했다. 비윤리적인 권력은 이를 남용해서 국민을 탄압하고 평화를 짓밟으며 심지어는 전쟁을 일으키는 등 방약무인(傍若無人), 오만불손, 포악무도, 국가추락 등으로 빠지게 한다. 따라서 사랑 없는 권력은 무분별하고 권력이 수반되지 않은 사랑은 감상적이며 비참하므로 인간사랑과 권력윤리를 바탕으로 좋은 목적에 쓰여져야 한다.

아무리 능력 있고 훌륭한 사람을 선출해도 처음에는 공평하게 권력행사를 하다가 마음이 변하면 순식간에 타락하는 것이 인간의 속성이므로 권력이 끝까지 옳게 쓰인다는 보장은 없다. 때문에 국가권력을 전체의 뜻과 의사에 맞도록 쓰는 질서규정의 법과 제도적인 장치를 마련하는 것이 중요하다. 법이 통치하지 않고 지배자가 법 위에 군림하여 통치하면 필연적으로 부패하기 마련이기 때문이다.

즉 권력에는 훌륭한 긍정적인 측면보다 추하고 부정적인 측면이 수반되며 역사는 전진하고 인류는 성장한다는 점으로 보아, 권력의 여신은 약화되고 정의의 여신은 강화되어야 한다. 이런 점에서 어떻게 국가가 되고 바른 정치를 펼 수 있는가의 문제는 국가 권력의 정당성과 정의로운 행사에 달려 있다.

〈표 4-10〉　　　　　　　　권력과 지배의 합리화 근거

구　분	내　용
전통적인 지배양식	군주정치, 교부정치
카리스마적 지배능력	영웅과 선구자와 같은 비범과 권위나 신비한 능력, 정치선동가, 개선장군, 대중적 정치지도자
합법적인 지배	어느 정도의 공명선거

© Chae Soo Myung 84

〈표 4-11〉　　　　　　　　국가권력의 형태

구　분	내　용
한 사람 소유(통치자)	국주국가 / 폭군정치 - 군사 쿠데타, 민중항거
여러 사람 소유(지배배분)	귀족국가 / 과두정치 - 갈등, 권력투쟁
국민 전체 소유(공유)	민주국가 / 중우정치 - 리더십 부족 현상

© Chae Soo Myung 85

권력과 정치는 사회와 국가에 있어서 불가결한 요소이지만 무엇이 정당하고 무엇이 정당한 권력이며 바른 정치인가 하는 의문은 쉽게 풀리지 않는 어려운 문제이기도 하다. 따라서 대권주자, 최고통치자라는 지배적인 용어를 사용하지

말고 대통령, 진정한 국가전문경영자이고 국가의 리더가 되도록 변신하고 준비되어야 하는 것이 바람직하다.

(3) 대권주자층 성향, 지지도 분석

대권층은 두 갈래로 나눌 수 있다. 이회창 대 반이회창의 대결로 갈 것이 당연시되고 있다는 점에서 문제는 얼마나 결집될 것인가 하는 것이다. 우선 선점그룹과 차기그룹, 또는 실전대권그룹과 차차기그룹으로 이번 기회에 차기를 노려 지명도를 높이고 캐스팅 보트로 지분을 확보하려는 것이다.

〈표 4-12〉　　　　　　　　　　대권주자 그룹

정　당	대권주자	차차기(캐스팅 보트) 주자그룹	원외 인사
새천년 민주당	김중권, 이인제, 정동영, 노무현	한화갑, 정대철, 한광옥, 김상현, 김근태	고 건
한나라당	이회창	최병렬, 손학규, 강재섭, 이부영	
자민련	김종필		
기 타	박근혜, 정몽준, 이한동	정몽준	이수성, 김윤환, 조순

© Chae Soo Myung 86

〈표 4-13〉　　　　　　　　　　대권주자 연령

구 분	내　　　용
70대	김종필, 조순, 김윤환
60대	이한동, 이회창, 고건, 최병렬, 김중권, 이수성, 한화갑, 김덕룡, 한광옥, 이부영, 홍사덕
50대	정대철, 노무현, 김근태, 손학규, 이인제, 강재섭, 정몽준, 박근혜, 강삼재, 정동영
40대	없음

기존자료의 도표화

<表 4-14>　　　　　　　　　　대권그룹 성향 분석

구 분	대권주자 성향	차세대주자 성향
개혁세력	이인제(완만, 급진), 노무현(급진), 정동영(급진), 이회창(개혁)	이부영(급진),김근태(급진), 강삼재(급진), 강재섭(개혁), 손학규(개혁)
중도세력	이한동, 정몽준, 박근혜	한화갑, 한광옥, 정대철
보수세력	김중권, 김종필, 고건	최병렬, 이수성, 김윤환, 조순

<표 4-15>　　　　　　　　　　대권그룹 경력 분석

구 분	내 용
정치계출신	김종필(군·관·정), 김윤환(언론·관·정), 정대철(학, 정)
관료계출신	고건(관, 학)
법조계출신	이회창(법·관·정), 이인제(법·관·정), 노무현(법·정), 김중권(정·관·학), 이한동(법·관·정), 강재섭(법·정)
언론계출신	최병렬(언·관·정), 강삼재(언·정), 이부영(언·재야·정), 정동영(언·정)
민주화출신	한화갑(당·정), 김덕룡(당·정), 김근태(재야·정), 한광옥(당·정)
학계 출신	조순(학·관·정), 이수성(학·관·정), 손학규(학·관·정)
기타 출신	박근혜(정), 정몽준(재계·정)

<표 4-16>　　　　　　　　　　대권그룹 가정환경 이미지

구 분	내 용
상 류 층	박근혜, 이회창, 정몽준, 고건, 정대철, 김윤환, 김중권
중 산 층	정동영, 한화갑, 김종필, 이한동, 한광옥, 조순, 이수성
서 민 층	이인제, 홍사덕, 김근태, 노무현

<표 4-17>　　　　　　대권(차기/차차기, 캐스팅 보트)그룹 연고지 분석

구 분	내　　용
서 울	정몽준, 박근혜, 고건, 정대철(중구), 이부영(강동), 김근태
경기도	이한동(포천), 손학규(시흥)
강원도	조순(강릉)
충청도	김종필(부여), 이인제(논산)
호 남	한화갑(전남 신안), 정동영(전북 순창/전주) ,한광옥(전북 전주)
영 남	김중권(경북 울진), 노무현(경남 김해), 김윤환(경북 구미), 최병렬(경남 산천), 강재섭(대구), 강삼재(경남 마산), 홍사덕(경북 영주)
이 북	이회창(함남 황해), 이수성(함남 함흥, 경북 칠곡)

<표 4-18>　　　　　　　　　대권그룹 학력(전공)

구 분	내　　용
서 울 대	법학(이한동, 이회창, 이인제 ,이수성, 최병렬, 정대철, 강재섭) 정치외교학(한화갑), 정치학(고건, 이부영, 손학규) 외교학(홍사덕), 경제학(김근태, 조순, 정몽준), 역사학(정동영) 영문학(한광옥), 사회학(김덕룡)
고 려 대	법학(김중권)
서 강 대	전자공학(박근혜)
경 희 대	신문방송학(강삼재)
경 북 대	영문학(김윤환)
육　　사	서울대 사대(김종필)
고　　교	부산상고(노무현)

〈표 4-19〉   대권주자 강·약점

구 분	강 점	약 점	이미지
이회창	돌풍, 소신, 강직, 대권출마 경력, 인지지명도	냉랭, 하이클래스, 포용력 부족, 호남권 취약, 독선적	대쪽
김중권	국정경험, 당 대표, 무게감	냉랭, 지지세력 취약	참모
한화갑	합리적, 온화, 동교동계	경험 부족, 영남권 취약	리틀 DJ
이인제	국정운영, 대권출마 경력	경솔, 세력미흡, 경선불복종	리틀 박
김종필	풍부한 경험, 영원한 2인자	지나친 구세대, 지지도 취약	5·16주체
정동영	앵커, 젊은 패기	정치세력 취약	
노무현	청문회스타, 진보적, 똑똑함	급진 개혁, 정치세력 취약	청문회 스타
박근혜	신선함, 부모 사회활동, 차분	지지기반 리더십 취약	고 육영수
정몽준	신선함, 부, 월드컵, 축구	지지기반 리더십 취약	월드컵

© Chae Soo Myung 92

〈표 4-20〉   대권주자의 종교

구 분	대권주자	구 분	대권주자
기독교	김종필, 김중권, 손학규	유 교	–
천주교	이회창, 한화갑, 정동영	기 타	–
불 교	–	없 음	이인제, 노무현, 정동영

© Chae Soo Myung 93

〈표 4-21〉   대권주자 지지기반

구 분	성 별	연령별	직업별	학력별	소득별	거주별
이회창	여 성	중년층	공무원	대졸	중산층	영남, 경기
김중권	남 성	보 수				경북동북부
한화갑	남 성	중 년	자영업	고졸		호 남
이인제	남 성	신세대	셀러리맨	대졸	중산층	서울경기
김종필	남 성	보 수				충 청
이한동	남 성	보 수			중산층	경기북부
노무현	여 성	중년층	노동계	저학력	서민층	부 산

자료 : 채수명, 대권후보군 이미지조사분석(2001. 6. 7)

<표 4-22>　　　　　　　　　　　　지역별 지지도

구 분	서울	경기	인천	강원	대전	충남북	호남	부산경남	대구경북	제주
이회창	고	고	고	고	중	중	저	고	고	고
김중권	중	중	중	중	저	저	저	중	고	저
한화갑	중	중	중	중	저	저	고	저	저	저
이인제	고	고	고	고	고	고	저	중	중	중
김종필	저	저	저	중	고	고	저	저	중	저
이한동	고	고	고	고	중	중	저	저	저	저
노무현	중	중	중	저	저	저	저	고	중	중

자료: 채수명, 대권후보군 이미지조사분석(2001. 7)

　　실전 대권그룹으로는 현재 선두주자로 독주를 하고 있는 한나라당의 이회창과 새천년민주당에서는 김중권, 이인제, 정동영, 노무현의 경선이 이루어지고 있다. 또한 자민련에서는 김종필의 마지막 승부수와 함께 이한동의 틈새공략도 무시 못할 일이다.

　　이번에도 어쩔 수 없이 지역감정을 이용하는 지역구조가 결정적인 승패의 핵심이 될 것이므로 지역발전과 같이 피부에 와닿는 공약으로 연령은 물론 시민단체와 노동계 및 대학생층을 끌어들이느냐가 관건이 될 것이다.

　　정치권에 대한 환멸과 불신으로 유권자수에 비해 참여율이 저조할 것이므로 상호 막상막하의 득표가 예상된다. 따라서 직업별, 학력별, 거주별, 소득별, 기타 세력과의 공조는 물론 여론 형성도 표를 합산하는 데 큰 힘이 되어 당락의 결정적인 요인으로 작용되리라 예상된다.

<표 4-23>　　　　　　　　　　　　여야 대권 지지도

후보자	서울	경기	인천	강원	대전	충남북	호남	제주	부산경남	대구경북
이회창	중	중	중	고	중	고	저	중	중	고
반이회창	중	중	중	중	중	중	고	중	중	중

자료 : 채수명, 대권후보군 이미지조사분석(2001. 7)

〈표 4-24〉　　　　　　대권주자의 지지도와 캐스팅 보트

대권주자	절대적 지지자	소극적 지지자
이 회 창	하순봉 등 주요 당직자, 이명박	김덕룡, 이부영, 강삼재
반이회창	김중권, 한화갑, 이인제, 노무현, 정동영, 박근혜, 김근태, 이수성, 김윤환, 고건	
제3세력	김종필, 이한동, 고건	
캐스팅 보트		

© Chae Soo Myung 94

이런 점에서 지난 제15대 대선 때의 이회창은 영남에서 확실하게 기세를 잡고 지지를 얻음으로써 근소한 차이로 패한 경우가 그대로 유지되리라는 보장은 없다. 운이 좋게도 지지기반이 확실하지 않았던 대전, 충청표와 근소했던 서울과 수도권에서 표를 더 획득할 수도 있지만 오히려 정반대의 상황도 발생할 수 있는 표의 향방을 어떻게 잡아내느냐가 관건인 것이다.

반면에 반이회창 후보세력은 전국 각 지역의 맹주들과 규합했기에 전국에서 골고루 그리고 아주 확실하게 고득표를 할 수 있다는 긍정적인 면도 있다. 그러나 반대로 정치에 환멸을 느끼고 상호간 이해관계로 얽힌 대선밀약을 뒤집어 버리는 바람이 불면 허겁지겁 당황하여 참패를 당할 수도 있음에 주의해야 한다.

2) 각 당의 정권창출 시나리오

(1) 새천년민주당의 정권재창출 시나리오

새천년민주당은 집권당이라는 프리미엄을 최대한 업고 재창출을 실현한다는 목표를 갖고 있다. 김영삼 정권의 최대실수인 IMF를 극복했으며 우리 민족의 숙원사업이던 남북통일의 물꼬를 튼 김대중 대통령의 위대한 업적과 최초로

노벨평화상을 수상하는 등의 업적은 새천년민주당만이 할 수 있는 능력이라고 한다.

자민련 김종필 총재와 결별했지만 그 원인을 자민련에게 돌리며 의원내각제 공약은 여소야대의 구조였기에 본의 아니게 지키지 못해 안타깝게 생각하며 그 약속은 아직도 살아있다고 강조하고 있다. 호남당이 아니라 영남, 충청, 수도권, 강원, 제주 등 전국정당으로써 지지를 골고루 받고 있어 다시 한번 제2의 도약을 위한 집권당을 밀어달라고 호소하게 된다. 특히 영남 달래기에 적극 나서 한나라당 이회창의 표를 희석시킨 뒤 호남표의 싹쓸이를 통해 북으로 바람을 돌려 충청과 강원표를 어느 정도 확보하여 서울은 물론 수도권표를 확보하면 정권재창출이 확실하다는 계산이다.

그러나 넘어야 할 산이 내·외부적으로 겹겹이 쌓여 있고 장애물이 너무 많아 헤쳐나가야 할 길이 험하고 멀다. 우선 내부적으로 독주세력이 없어 후보자들의 교통정리를 순조롭게 해야 하는 것이 가장 큰 과제이며 외부적으로는 다시 한번 자민련과의 공조체제 복원과 노동계와의 관계를 어떻게 풀 것인가가 숙제로 남아 있다.

더구나 김대중 대통령의 반세기 만의 공식적인 정치활동이 막을 내리니 마지막 DJ의 후광에서 벗어나 독자적인 영역구축의 기회를 포착하려는 각 계파 보스 간의 갈등과 조율이 실패하면 엄청난 충격을 받게 될 것이다.

DJ와 같은 카리스마적인 리더십과는 판이하게 다른 분위기 속에서 단독후보 지명도 만만치 않고 차기 대권을 노리는 후보가 경선과정에서 불만을 품고 탈당하여 독자출마하면 치명적인 피해를 입을 것이다. 보수와 개혁, 계파 간의 이해관계로 세력 간의 심각한 갈등은 반 세기 만에 잡은 정권재창출의 호기회를 놓칠 수 있는 위험한 살얼음판을 걷고 있다. 더구나 최대의 정적인 이회창은 무엇보다도 당과 국민적인 지지도와 지명도가 높고 이미 지난 대선의 실패 후부터 차기 대권주자로서 활동한 반면에 새천년민주당은 정권누수를 고려해 DJ의 눈치를 보면서 귀한 시간을 보내고 말았다.

그런 결과로 대권후보의 홍보부족과 국민적인 인지도와 지지도가 미약해 잠재적인 물밑작업을 했던 기간이 길어 이회창에게 득을 안겨줄 수도 있다. 경북의 김중권, 강한 집념의 소유자인 재수생 이인제에다, 돌풍을 일으키고 있는 부산의 노무현은 대권에 강한 집념을 갖고 있는 상황이며 자·타천으로 서울과 호남의 고건이 저울질을 하고 있다.

앞으로 독주해 나가는 후보가 없어 비슷한 조건에서 치르는 내부의 1차적인 대권후보전쟁은 치열할 수밖에 없다. 우선 누구를 앞세우기보다는 언론과 여론의 동향을 들어 한 명씩 대권후보에서 탈락시키는 밀어내기 작전을 구사할 것이다. 이미 김근태와 한화갑은 물론 뇌물사건 문제로 인해 유종근은 대권후보에서 탈락하였다. 그러나 이 방법을 구사할 것이라는 것을 잘 알고 있는 후보자들은 이에 대비한 성벽을 재구축할 것이며 한편으로는 갖가지 이유를 들어 선수로 치고 나가는 선공격 작전을 구사할 것으로 보인다. 여러 모로 악조건에서도 후보 간의 이해관계적인 조율만 잘 되고 경선 불복종의 배신행위를 극소화시키며 이회창에게서 반기를 든 적장을 끌어안는 어부지리 전략도 예상된다.

또한 암담해진 자민련이 이회창과 공조전략을 펼치기는 어렵고 그렇다고 해서 단독후보를 내는 무모한 행동을 하지 않을 것이기에 국방과 외교는 새천년민주당에서 맡고 기타 분야는 자민련에게 모두 양보하는 밀약을 다시 한 번 해볼 수도 있다. 자민련과의 공조체제를 유지·복원하려면 많은 양보를 해야 가능하기 때문에 과연 효과적인 손익계산서를 어떻게 전략화시킬지가 미지수이다.

영남, 호남, 충청, 서울, 수도권의 지분으로 대주주들과 공조하고 서민들의 주택안정을 위한 임대주택의 보급, 피부로 느낄 수 있는 경제활성화와 고용안정 그리고 김정일의 서울방문으로 인한 남북 이산가족의 왕래, 경제협력 등과 같은 파격적인 카드로 유동층을 확보할 것이라 예상된다. 그러나 언론에 대한 역포용이 중요한 변수로 등장할 것이며 시민단체, 노동단체, 구조조정에 의한 실직자는 물론이거니와 대졸 실업자, 전국대학연합과의 밀실정략을 어떻게 실현하느냐가 관건이다.

대권주자로 이인제 후보는 권노갑 전 최고위원과 과거 국민신당의 지지, 지난 대권 경선에서의 프리미엄 등으로 약간 앞선 상황하에서 동교동 신파의 좌장격인 한화갑과 부산경남의 희망인 노무현, 전북의 정동영 및 신진세력들과 수도권의 김근태도 만만치 않다.

이렇게 되면 반세기 동안 오직 DJ 대통령 만들기를 위해 의기투합했던 동교동계는 그 임무수행을 다함으로써 어쩔수 없이 역사의 한 페이지를 장식하며 사라질 수도 있다.

강력한 DJ의 낙점을 기대하며 화려하게 대표로 등장했던 김중권은 국민의 지지도가 두드러지게 향상되지 않는 상황에서 보궐선거문제 등으로 내부갈등과 과거 청와대 참모들의 모략적인 비판으로 결국 업무거부라는 사태로 이어져 DJ의 섭섭함을 사 결국 검증에서 실패해 대권에서 멀어져가는 듯했다.

노무현 또한 지지세력이 많지 않을 뿐만 아니라 지나치게 튀는 발언으로 진정한 대통령 후보감이 아니라는 이야기가 흘러나왔으나 의외로 돌풍을 일으키고 있다. DJP 공조에서 얻은 가장 큰 수확은 이한동을 얻었다는 이야기가 나올 정도로 믿음과 충성심 그리고 모나지 않은 성격 및 경륜을 들어 그를 낙점할 수도 있었으나 공조가 깨지면서 멀어져가고 있다.

이밖의 인물로는 MBC 앵커 출신의 정동영, 재야 출신의 대부 김근태는 출사표를 던졌으나 선거자금 문제로 인해 낙마했고, 고건 서울시장을 고려할 수도 있겠지만 행정경험에 의한 마인드는 있으나 소신과 추진력이 부족해 6월 지자체 선거 이후 결과를 두고봐야 할 것이다.

인물은 많으나 이회창과 싸워 물리칠 수 있는 지·인·용을 겸비한 후계자가 두드러지게 나타나지 않는 점은 큰 고민거리임에 틀림없다.

(2) 한나라당 정권탈환 시나리오

정치신인 이회창은 행운과 불운을 거의 동시에 맞아 천당과 지옥을 오락가락했다. 이인제의 탈당으로 대권경쟁에서 다잡은 대어를 놓치며 낙선이라는 불운을 겪었지만 한평생 정치만을 위해 살아온 DJ에겐 가슴이 오싹하게 하는 충격을 선물했다. 아쉬움을 남기기는 했지만 일단은 성공했다고 볼 수 있는 것이다. 때문에 이번만은 그 경험을 충분히 살려 적을 알고 나를 알아 압승하겠다는 필승의 신념으로 충만되어 있다.

한나라당은 특별한 이상이 없는 한 라이벌 후보 없이 이회창의 압도적인 지지 아래 후보경선이라는 형식적인 절차가 있긴 하지만 실제적으로는 단독적인 출마가 확실하다. 무엇보다도 내부적으로는 이미 어느 정도 대권을 고려해 친정체제를 견고히 해놓았고 외부적으로는 인지도와 지명도 및 지난 번 대선과 그 이후 야당총재로서 국민들에게 보여준 인상이 강렬하였으며 지난번의 지지 세력들이 남아 있다는 것이 최대의 강점이다.

김대중 정권의 업적에 대한 과대포장과 인사정책의 실패, 경제회복 노력의 실패 등 무엇하나 속시원하게 해결한 것이 없다는 한계성을 집요하게 꼬집는다는 다양한 복안을 다각적으로 갖추고 있다. 김종필과의 반타작 대통령 임무 수행을 위한 음모계획은 그 자체가 민주주의의 역행정권이며 국민들을 배신, 우롱한 처사로 약속불이행 정권으로 치부하고 처음부터 지키지도 않을 표를 확보하기 위한 수단은 결국 충청도 양반들을 우롱한 작태라며 은근히 지역감정을 조장해 손짓을 하는 방안도 갖고 있을 것이다.

지난 번에 '법대로'라는 슬로건의 이미지가 강렬하여, 김대중 정권의 고위공직자들의 비리와 행정, 검찰 등의 원칙주의보다는 정권에 의해 움직이는 행위가 국민들의 반발을 사고 있는 점을 이용해, 법의 원칙을 통해 공직과 사회의 기강을 바로잡는다는 생각이다. 김대중 대통령이 공식적으로 은퇴한 후에는 뒤에서 간접적으로 조언한다고 해도 그 힘이 예전 같지 못하며 후계자 양성이 전무한 점 등 갖가지 누수현상을 최대한 활용하면 승산이 확실하다.

그러나 이회창의 지나친 독선에 불만을 품고 지지자들을 모아 차기대권을 노리는 후보들의 돌출행동을 어떻게 무마시키느냐 하는 것이 최대의 과제이다. 이뿐만 아니라 지난 총선때 이회창의 심복이었음에도 밖으로 쫓겨난 인사들이 집요하게 그의 낙선을 위해 흔들 것이라는 점도 각오해야만 한다. 그들이 국회의원 선거에서 낙선해 힘이 미력하다고 결코 얕잡아 보아서는 안 된다. 이들은 모두가 산전수전 다 겪은 고단수들이므로 다시 선별적으로 끌어모을 필요가 있다는 점도 고려해야 한다.

지난 대권도전의 실패를 제외하면 평생 동안 고생 한 번 하지 않고 성장한 하이 클래스라는 점도 생각해야 한다. 서민들의 마음을 알 리가 없고 지나치게 냉랭하고 독선적인 이미지를 어떻게 부드럽고 친근한, 동네를 위해 봉사하는 아저씨로 탈바꿈하느냐가 관건이다.

이밖에 한나라당의 대권후보자들 중에서 이인제, 이한동, 이수성 등 라이벌 후보군의 거물급이 대부분 자타에 의해 탈당하여 여당 입당 등 현정권과 직·간접적으로 협력하거나 그 움직임이 있다는 점이다. 통치자로서의 리더십과 포용력이라는 가장 어려운 과제를 어떻게 풀어 국민의 지지를 받느냐도 중요한 요소이다. 또 한번 아들의 병역비리 시비에 시달리게 될 것이며 부친이 일제시대에 법원에서 근무한 것까지도 집중공격할 것이므로 이 문제를 어떻게 뛰어넘느냐가 승패를 좌우하는 요소가 될 것이다.

이러한 점들을 보완하고 영남표의 이탈을 막는 한편 충청표를 지난 대선때보다 더 많이 확보하며 서울과 인천 및 수도권에서 여성과 신세대 및 구세대 중 개혁 성향이 있는 세력들을 결집시키면 그 파워는 핵폭탄이 될 것이다.

한편 좋으나 싫으나 김대중 정권에 반 세기 동안 힘을 실어주었던 호남에서도 의식이 있는 엘리트층과 붕괴된 중산층 및 망가진 농·어민층 곳곳에서 조그만 반란이라도 일어나면 표에 도움이 된다는 것을 은근히 기대하고 있다.

언론과 노동단체, 시민단체, 대학생, 여성단체, 농어민단체 등과의 원활한 밀착관계의 해법을 구상하고 있는 상황에서 지난번의 이회창 돌풍이 유익한 태풍으로 성장하여 전국을 강타시킨다는 전략을 구사하려 한다.

(3) 자민련의 정권창출 시나리오

정치 9단 김종필은 마지막 승부수를 두기 위해 장고하고 있다. 3김 중 두 김은 차례로 대권을 거머쥐었으니 이번에는 내 차례라는 희망을 버리지 않고 DJ 대망론을 실현하기 위해 묘책을 강구하고 있는 것이다.

지나친 개혁세력들이 정권을 장악하니 갈등과 문제점이 도출되어 21세기 뉴밀레니엄을 향한 도약을 위해서는 정치, 행정, 경제 등 다방면에 걸쳐 경륜이 많은 보수세력이 집권해야 한다는 주장이다. 이는 보수가 아닌 합리적인 신개혁을 위한 마지막 기초 다지기를 잘 하여 다음 세대의 개혁세력에게 바톤을 넘겨주는 허리역할을 하는 정당은 자민련 뿐이라며, 김대중 대통령이 빚을 진 것을 이번 기회에 밀어줌으로써 일시불로 갚는 것은 이 방법 뿐이라는 계산도 있을 것이다.

그러나 김종필과 자민련에 대한 이미지는 구세대로 구분되고 충청도에서도 이미 잠식당하고 있으며 경북에서도 호응을 잃어가고 있고 호남과 경남에서는 전멸이며 서울과 수도권에서도 역시 설 자리를 잃어 어떤 방법으로 30년 전의 명성을 되찾느냐가 풀어야 할 과제이다. 다시 한번 특정한 후보와 밀약해서 당선되면 지분을 확보하고 역할을 할 수밖에 없는 절박한 현실로 보아 해법은 이미 나와 있지만 변수를 찾기 위한 신중론은 마지막 던지는 주사위이다.

이한동은 완전한 내 사람이 아니라 지난 총선에서의 득표를 위해 어쩔 수 없이 안방을 내준 셋방살이 뜨내기라는 점에서 언제든 몸만 나가면 된다는 불안감 때문에 저울질을 했지만 결국 혹시나가 역시나가 되고 말았다. 하지만 정치생리상 다시 이전의 관계로 회복될 수도 있다.

우리의 정치정당사는 예측불허의 사건들의 연속이었고 오늘의 친구가 내일은 적이 되고 오늘의 적이 내일의 친구가 되는 등 우정과 배반의 연속과 혼란이었다. 지금의 자민련은 이회창과 DJ의 협력으로 원내 교섭단체를 만들어 살아 남느냐, 아니면 교섭외 단체로 존재할 것이냐, 양당의 의원빼내기 작전으로 분열되느냐 하는 중요한 귀로에 서 있으나 그렇다고 해서 절망할 일은 아니다.

양당이 팽팽하게 맞설 경우 오히려 소수세력이 캐스팅 보트를 함으로써 어부지리식으로 득을 볼 수 있는 경우가 많으므로 그 묘책을 강구해야 한다. 이를 위해서는 그 동안 소원했던 YS와 육사의 까마득한 후배 전두환·노태우 전직 대통령이 빚을 갚는 차원에서 5공세력의 진원으로 대보수연합전선을 구축해 JP 대통령 만들기에 기여해 줄 수 있는 방안까지도 강구하는 것이 바람직하다.

점점 지지세력이 약해 근본적인 대책 아래 보수안정희구층에서 지지를 받으면서 40대 전문가층을 영입하는 한편 재야, 노동계, 대학생, 여성계, 시민단체계 등으로 세력을 확대할 수 있는 플랜과 실천이 시급하다.

3) 대권 필승 시나리오

(1) 대권 시나리오의 전모

이번 대권 선거는 이변이 없는 한 이회창 대 반이회창으로 갈 것은 뻔하다. 한나라당은 이회창 후보가 박근혜의 탈당과 김덕룡 등 비주류 세력과의 갈등 속에서도 당원들의 절대적인 지지를 받아 후보로 결정될 것이다. 현재 구도로는 특별히 이변이 없는 한 이회창이 여당을 누르고 당선될 것이라는 국민적인 여론은 여론에 불과해 안심할 단계가 아니다. 이에 여당이 바짝 긴장하고 있으면서도 민주당 내 조율이 안 되며 범국민적인 후보자가 나오지 않아 7룡들의 갈등만 증폭되고 있다.

유사 이래 처음으로 정권을 잡은 호남은 뒤를 잇기 위한 노력이 중요한 것이 아니고 그렇다고 해서 김대중 대통령이 간섭을 하지 않는다고 해도 간접적으로 지원받아 당선될 것인가가 중요한 것이다.

누가 이회창과 대결하여 승리하고 정권을 재창출하는 한편 그의 콧대를 완전히 눌러 놓아 정계에서 은퇴시킬 것이냐가 중요한 숙제일 것이다. 따라서 반이회창 및 범이회창의 결집을 위해 정치판을 새로 짜기 위한 방안을 모색할 것은 뻔하다.

DJ는 정권재창출과 퇴임 후의 안정 및 간접적인 정치활동으로 고문역할을 하기 위해 어떻게 해서라도 이회창과 겨루어 당선이 확실시되면서도 자신에게 충성할 수 있는 후계자를 간접적으로 지원하고 싶을 것이다.

영·호남 화합과 범여권 세력을 결집시키는, 그야말로 한반도 초유의 대통합 시나리오도 나올 수 있으나 쉬운 일은 아니다. 전두환, 노태우 세력과도 결집해서 동서화합이라는 명분을 얻고 당선시키는 실리를 얻는 등 꿩도 먹고 알도 먹을 수 있는 방법까지도 고려해 볼 수 있다. 또한 과거 동교동계와 김영삼과의 결합, 또는 상관없이 상도동계의 모든 민주세력을 다시 결집시키는 과제를 시원하게 해결한다면 한나라당은 치명적인 타격을 받게 된다.

이밖에 지난 총선 때 한나라당 공천에서 탈락한 세력과의 결집은 물론 재야와의 화합 차원에서 5공세력은 물론 각계각층의 단체와 지역의 각계 지도자와의 밀약도 예상된다. 예를 들어 부산경남은 노무현, 경북은 김중권, 대구는 이수성, 호남은 한화갑, 경기도는 이한동, 서울은 고건, 충청도는 이인제, 강원은 조순, 인천은 최기선, 민주인사는 김덕룡, 5공세력은 장세동·박철언·김윤환, 여성은 박근혜가 역할분담을 한다는 가정을 하면 완승할 수도 있다.

한편 DJP의 공조파기는 일시적이었다가 이해관계가 맞아떨어지면 다시 연합할 수도 있겠고 아니면 앙숙으로 남을 수도 있는 등 예측불허이다. DJP 공조파기로 인해 김대중 대통령(호남)과 김종필(충청) 모두에게 상황이 불리하게 돌아가고 있기 때문에 어쩔 수 없이 다시 한번 협력이 필요하다.

DJ는 나름대로 IMF 해방과 평양의 김정일 방문에 의한 화해분위기 조성의 위업으로 노벨평화상을 받아 한때 인기가 치솟았지만 인사정책 등의 실패로 국민들의 지지도는 매우 미약하고 이회창과 싸워 승리할 수 있는 인물이 없는 상황에서 시간 또한 없어 매우 초조할 것이다. 더구나 이회창의 반격도 만만치 않기 때문에 시나리오 중에서 어쩔 수 없이 승리를 위한 고도의 지역감정과 연합전선 등 종합적이고 과학적인 전략·전술을 펴야 한다.

반면에 이회창 역시 이번의 대통령 선거가 최대의 힘든 싸움이 되면서도 어떻게 보면 절호의 기회를 잡을 수 있는 호기회가 될 수도 있다. 김대중 대통령의 인사정책과 집권능력의 한계성, 호남인사 편중, 북한에 끌려다닌 남북화해무드 및 통일문제, 경제침체에 의한 사회혼란을 집요하게 꼬집고 정략적인 DJP 연합에 대한 부도덕성과 공조파기의 호기 등을 집중공략하여 호응을 얻는다면 충분히 승산이 있다.

〈표 4-25〉　　　　　　　　　　대권 시나리오

범야권 (이회창) vs 범여권 (?)	백제연합론 (DJP공조)	충청＋전라 : 김종필 / 이인제 / 한화갑, 정동영
	영남후보론	영남정권 창출 : 김중권(대구, 경북), 노무현(부산, 경남), 박근혜(대구, 경북) / 개인 당내 지지기반 취약
	3김연합론	김대중(호남), 김영삼(부산, 경남), 김종필(충청) → 김종필(3김의 마지막 기회)
	민주연합론	민추협 : 김대중(새천년민주당), 김영삼(한나라당 민주계) → 이인제, 권노갑, 한화갑, 김상현, 노무현
	중부권 역할론	경기, 서울, 인천/충청, 호남 적극지원 → 이한동(김대중＋김종필 : 대권불가론) 합의
	범여·야권 후보론	극적인 3김연합 / 민국당(김윤환, 이수성, 조순, 박찬종), 캐스팅 보트, 최범연합(5·6공 전두환, 노태우, 장세동, 박철언) 묵시 지원 → 이인제, 노무현, 한화갑, 박근혜, 고건, 김종필, 이수성

© Chae Soo Myung 95

　물론 여기에는 부산경남 달래기로 김영삼 전 대통령과의 혁신적인 관계를 개선하고, 대구경북에서의 이탈을 막는다는 전제조건이 적중되면서 재야·시민단체·대학생 등의 지원을 받고 서울, 경기, 강원에서 지지를 얻는다면 확실한 승리의 여신을 잡을 수 있다. 이와 같이 여·야 모두 다양한 시나리오 속에서 여론을 잘 이용하고 총체적인 전략, 전술, 음모를 펼쳐 돌풍을 적시·적소·적량으로 이용하기에 따라 그 승패가 달려 있다. 현재로서는 최악의 저질비방, 금품살포, 폭력, 비리 등 안개선거가 될 것으로 예상된다.

(2) 대권 필승 시나리오의 예

　대선 필승을 위해서는 야비하지만 대권후보자와 차차기 대권후보와의 이해관계에 의한 지분(차기대권, 당권, 지자체와 국회의원 공천 등)에 의한 밀약이 나올 수 있다. 이는 흡족하진 않지만 상호간의 필요에 의한 차선책으로, 이해 관계가 맞아 극비리에 구두·문서화하고 약속을 지키는 일이다.

〈표 4-26〉　　　　여야 대권필승 시나리오(이회창 : 반이회창)

구 분		내　용
시나리오 1	이회창	각계각층의 지지모색, 반이인제 세력 규합, 이인제 이탈자 영입, 영남세력 포옹
	이인제	반이회창세력 결집, 과거 민주세력 결집, 3김연합, 5공세력 지원병, 영남세력 강화
시나리오 2	이회창	각계각층의 지지모색, 노무현 이탈자 영입, 영남세력 강화
	노무현	반이회창세력, 영남세력 규합, 3김연합, 영남과 호남세력 강화
시나리오 3	이회창	각계각층의 지지모색, 한화갑 이탈자 연계, 영남세력 강화
	한화갑	민주세력 응집, 영남세력 포옹, 3김 5공세력 연합 → 낙마
시나리오 4	이회창	각계각층의 전폭적인 지지모색, 제3세력 주의(신당창당)
	김종필	3김의 지원(신보수세대간의 갈등 극복), 영남세력 강화
시나리오 5	이회창	당내 민정·민주계 이탈 방지, 제3세력 주의, 대구경북세력 강화
	김중권	대구경북 규합, 3김연합, 5공세력지원, 영남세력 강화
시나리오 6	이회창	각계각층의 지지모색, 제3세력 주의
	제3인물	박근혜, 정몽준, 고건 ｜ 민주당 지자체 참패 / 반이회창 범연합, 지지도와 인지도 취약, 무색무취 극복
시나리오 7	이회창	여권의 이회창 죽이기, 후보 혼선으로 오히려 매우 유리
	제4인물	이한동 / 이수성 / 제4의 인물 ｜ 극적인 DJP연합, 5공협조, 신보수민주연합, 경기, 경북, 대구 강화

그러나 약속은 한 장의 종이로 이루어진 것에 불과할 뿐이다. 이탈자나 소극적인 비협조자가 나오기 마련인데 이를 극소화하고 그 대비책을 세워 어떤 상황에서도 적극적이고 과학적으로 대처해서 승리할 수 있는 시나리오 전략이

승패를 가름할 것이다. 힘의 논리는 언제나 힘이 있는 쪽으로 기울게 되는 권력의 대이동이라는 게 자연의 법칙이다.

정치논리는 더욱 비정한 것이어서 고달픈 야당생활보다는 편한 여당을 선호하게 되므로 처음부터 당선 가능한 정당과 후보를 지지하게 될 수밖에 없는 것이 정치의 생리이다. 언제나 그랬듯이 차차기 대권주자는 과거보다도 더 심하게 이해관계를 저울질하다가 적당한 시기를 택해 상호밀약에 의해 국가발전, 지역여론이라는 구구한 변명을 늘어놓으며 탈당은 불가피하게 이루어진다. 이런 요인들은 예측불허의 혼란을 만드는 요인으로 구체적인 국가운영정책 등의 제시는 무의미하여 지역개발이라는 공약이 당락의 결정요인으로 작용되기 마련이다.

당선을 위해 별의별 생각을 다 하다 보면 오히려 역효과를 초래할 수도 있다는 점을 깊이 인식했으면 한다. 여권에서는 강력한 후보자를 육성하지 않은 관계로 DJ와 JP와의 눈치작전 아래 물밑에서 한 명 한 명 추락시키는 방법으로 경쟁이 아주 치열해질 경우 오히려 낭비를 초래하게 된다.

여권의 후보들은 서로가 양보할 수 없는 상황이기 때문에 DJ의 낙점을 은근히 바라고 있으나 이회창과의 싸움에서 승리할 수 있는 후보를 내세워야 한다는 부담감이 강박관념으로 자리하고 있다. 특정후보의 당선이라는, 인물보다는 정권재창출을 위한 연합전선 또는 합당으로 탈당하지 않도록 다각적인 조치와 함께 지역의 정서를 활용한 역할을 해야 필승을 거둘 수 있다는 큰 과제를 해결해야 한다.

반면에 이회창은 DJ가 사실상 정계은퇴로 지금까지는 다른 분위기가 조성될 것이라는 예상을 통해 묘수를 찾을 것이다. DJP공조파기로 생긴 빈틈을 이용한 YS의 재기 시도 제스처 등 정치상황이 복잡해지면서 선택의 폭이 넓으면서도 매우 좁아 행복한 고민을 하고 있다.

현재로서는 전략적 제휴(DJ), 냉담한 관망(JP), 의도된 무관심(YS) 정도이나 선거전에 돌입하면 JP와 힘을 합치고 YS의 도움을 받아 DJ와 대결하는 구도를 모색한다면 승리할 수 있다.

<표 4-27> 　　　　　　　　범여권 특정인물 필승전략 시나리오

구분	내　　　용
필 승 김중권	호남정권 창출 한계론, 여권협력(역할부여, 권력분산 밀약), 호남권과 충청권 적극지지, 대구·경북에서 압승, 부산과 경남 분위기를 고려해 최후에는 노무현 출마유도(부산·경남표 : 이회창 희석, 서울표 : 이회창과 노무현 등 각각 1/3 분산), 경기북부와 강원에서 우위확보, 일부 탈당 방어와 영향 최소화 → 지명도의 한계성과 세력화 희박
필 승 한화갑	호남정권 창출론, 남부연합론(부산과 경남의 노무현과 밀약연계), 영·호남 연합론(대구경북의 김중권과 부산경남의 노무현과 연합 밀약, 이회창 영남권에서 희석), 대연합론(영남, 호남, 정대철의 서울과 대연합한 밀약), 총체적 연합론(대연합론과 충청권의 JP밀약 연합), 일부 탈당 영향 최소화 → 호남과 지명도의 한계성 → 낙마(당내 한계점, 호남 한계론)
필 승 이인제	호남정권 창출 불가론, JP정권창출 미흡론, 3김연합 지원론(YS지원론, DJ지원론, JP지원 → 반이회창연합론), 김덕룡(안내자), 권노갑(정치지원자), 총체적 연합론(역할분담의 밀약, 노무현, 한화갑, 김종필, 이한동, 김윤환, 이수성, 조순), 이회창 세력 희석 분열 유도, 민주당 경선불복세력 탈당 차단방지
필 승 김종필 / 이한동	JP부활론, 후백제단결론(전라의 김대중, 충청)과 확대론(경기의 이한동, 경북의 김중권과 김윤환과 연합, 박정희 업적, 대구의 자민련세력), 정대철 출마유도(이회창 서울표 희석), 신진세력 이탈을 고려하여 역이용하고 영향 최소화, 국민적 지지도 확산의 성공유무가 관건 / 이한동 고려부활론(경기), 최후 DJP 연합 희망(호남, 충청), 필요시 노무현 출마유도(부산경남에서 이회창 희석), 반이회창 연합지원 및 대구경북지원(김윤환, 이수성)
필 승 박근혜 / 정몽준	민주당 한계론, 기존정당 환멸 신세력 창당 요망, 지방자치선거 참패 제3의 인물론 대두, 박근혜(과거 3공화국 보수세력(지도자, 구세대 재결집,여성표 집결), 정몽준(월드컵 성공마무리, FIPA회장 당선의 스포츠 영웅, 신세대 결집)
필 승 노무현	이인제 필패론의 한계점 대두, 과거 민주세력의 기둥 YS와 DJ간에 화해하여 민주동지 민추협 재진지 구축, 긴밀하게 협력하는 극적인 남부연합론과 신세대 돌풍으로 노무현을 대권주자로 낙점, 이에 충청 JP, 경기 HD(이한동) 및 반이회창계가 가세, 영남권 응집력 강화, 신세대 응집력 , 이인제 포용강화
필 승 전 제 조 건	민주당내 이탈세력 철저한 방지, 반이회창(한나라당 비주류, 소외 및 탈당) 세력 규합 및 영입, 대권주자 지역분담역할론(후보자), 신진세력 대거영입(신세대, 경제계, 학계, 여성계, 시민단체, 노동계, 군, 예술·문화계 등), 신DJP연합론(DJ+JP+HD)구축

<표 4-28> 　　　　　　범야권 이회창 필승전략 시나리오

구　분		내　　용
시나리오	1	여권분열(대권경선 과정에서 승복하지 않고 당선보다는 차차기를 노린 후보가 차기를 노려 자신의 지명도를 높이기 위해 탈당하여 여권표의 분산으로 이회창을 이롭게 하는 어부지리 획득), 단 내부탈당의 방지책 강화는 필수, 현재의 갈등을 넘어 선거 막판에 HCJP와 연합세력구축, YS와의 화해로 영남권 달래기 구축, 신진전문가 세력 대거입단 및 연합, 대통령 권한축소(국방, 외교, 통일만 전담), 지난번 대선의 이회창 바람 유지와 여권 대선후보 과정에서 온갖 혼탁으로 국민들의 실망이 이회창으로 돌아섬. 부드럽게 친근한 이웃집 아저씨 같은 이미지로 전환, 언론사찰 등 언론 길들이기 등으로 대체로 언론 이반
	2	김대중정권의 한계성 비판(인사정책 실패, 구조조정의 후유증과 효과적인 대응 미흡, 의약분업 등 정책적인 시행착오, 경기침체, DJP공조체제의 한계성, 여권후보의 난립, 대북관계의 문제점 등 김대중정권의 국정운영의 한계성과 문제점 등을 집요하게 폭로, 간접적인 DJ 후계자 동시 비판), 3김청산(구시대적 지역갈등의 주범 청산, 21세기 통일한국의 민족번영시대 구축), 법대로 이회창식 국정운영정책 제시
필승전제조건	1	박근혜 탈당으로 오히려 영남권(부산, 경남, 울산, 대구, 경북) 수호강화의 호기회로 전환, 수도권(서울, 경기, 인천) 집중공략 강화, 충청권(대전, 충남북) 각개전투식 우회적 침투, 기타권(강원, 제주) 강화
	2	지역분담역할론 : 서울(이명박, 홍준표), 경기(손학규), 인천, 강원, 대전(강창회), 충청(김용환), 호남, 제주, 부산(박관용), 경남(강삼재), 울산, 대구(강재섭), 경북 계층분담론 : 보수층(최병렬), 신세대층, 종교계, 군계, 예술문화시민단체계, 노동계, 종친회, 동문회 등 기타 각종 단체계

© Chae Soo Myung 98

<표 4-29>　여야 영입대상과 지지세력 확보(상호이해관계 밀약)

구 분		내　용
제1호	정치권(비중치)	경쟁당 이탈세력, 전직대통령 묵시적인 지지확보, 국회의원, 제3세력당, 지자체장 및 의원, 여·야권 핵심 장·차관급 인사, 재계(자금줄), 선거전문가
제2호	덕망인사(원로, 명성)	경제계, 학계, 여성계
	신진세력(개혁성향)	386신세대, 재야세력, 시민단체, 노동계
	전문가(전문정책)	학계, 군, 경제, 행정, 언론, 정보벤처, 문화예술
제3호	제3세력 (지지세력 밀접관계)	지연(지역), 혈연(종친회), 학연(동문회), 종연(종교), 군연(군대), 직연(직장), 이연(이념), 실연(실직자), 단연(각종단체), 기연(폭력조직 : 치안, 신변보호 명목), 기타(대학생, 실직자, 주부여성, 노인층)

　YS, JP 보수신당설은 이회창 대세론이 굳어지기 전에 두 김씨가 자신들의 영향력을 극대화하기 위해 움직이는 것일 뿐 제3후보를 내는 데까지 가기는 힘들 것으로 전망하고 있을 것이다. 필승하기 위해서는 반드시 YS와 JP가 가까이 해야 하나 JP와 손잡아 보수표를 모을 것이냐, 이로 인해 수도권의 젊은 개혁표를 놓칠 바에야 차라리 거리를 둘 것이냐와 당 내의 잠재적 적대세력의 동향파악과 YS, JP 신공조 체제에 대비해 고민할 수밖에 없다.

　하여튼 여권 후보에 대한 치열한 경쟁을 벌이는 동안 정책제안을 하면서 묵묵히 대권을 향해 치고 나가는 독주를 하는 것이 효과적이다. 문제는 여권의 단일후보 완성이냐, 아니면 단일후보 실패에 따른 탈당까지 연계될 것이냐에 대한 이해득실을 지역, 계층, 시기 등의 분석과 응집시킬 수 있는 노하우가 필요하다. 더구나 여·야 할 것 없이 거물급, 지지세력 등의 영입을 위한 밀실 야합은 고도로 치열할 것이라는 점에서 확실하고 점조직으로 형성된 거대조직의 확충이 절실하다.

3. 대권주자 심층 분석

1) 정치9단의 고수 - 김종필(金鍾泌)

(1) 인물배경

정치 9단 김종필은 1926년 1월 7일 충남 부여에서 출생했다. 공주고 (1944)를 나와 서울사범대 3학년 때 사병으로 군에 갔다가(1947) 우연히 육사생의 모집광고를 보고 지원, 합격한 것이 그의 인생을 바꾸어 놓았다.

1949년 육사 8기 졸업 이후 1958년 육본 정보참모부 기획과장을 지내면서 정권의 무능과 부패를 보고 평상시 존경하던 박정희 소장과 5·16쿠데타를 일으켰다. 처세의 달인이라는 별명은 40년 간의 우리 현대정치사의 한 축을 형성하였다고 하여도 과언은 아니다. 프로를 능가하는 그림실력과 바둑, 검도는 물론 서예가 취미이며 부인 박영옥 여사(고 박정희 대통령의 조카)와의 사이에 1남 1녀를 두고 있다.

(2) 주요경력

5·16혁명을 면밀히 주도한 핵심실세이다. 1961년 중앙정보부를 창설해 초대부장을 거쳐 1963년 준장으로 예편했으며, 공화당 창당준비위원장, 한일 국교정상화회담의 쟁점에서 6·3사태를 겪었다. 제6대 국회의원으로 공화당 의장에 복귀한 뒤 제7대 이후 1968년 농민복지회사건으로 5·16 주체세력의 심한 견제가 있어 결국 의원직에서 물러나는 시련도 있었다.

공화당 초대 수석상임고문(1970), 부총재(1971~1973), 1971년 제8대 국회의원(전국구)으로 42세의 젊은 나이에 국무총리(1971~1973)로 발탁되었고, 1973년 제9대 국회의원(유정회), 1974년 5·16민족상 이사장, 일요화가회 명예회장, 한일의원연맹 회장(1976)을 거쳤다. 1979년 10대 국회의원

(부여·서천·보령,공화)으로 10·26사태가 일어나자 공화당 총재인 그는 신군부에 의해 권력형 부정축재자로 몰려 모든 공직사퇴라는 곤욕을 치렀다.

이후 민정당 노태우 후보를 당선시키기 위해 정략적으로 사면·해금되어 1987년 10월 30일 신민주공화당을 창당한 후 제13대 대선에 출마했지만 4위로 그쳐 큰 고배를 마셨다. 1990년 1월 3일 3당합당을 통해 최고위원이 되었으며, 1992년 대선에서 김영삼 후보를 지원하고 당선시켜 여권 2인자의 자리를 지키다가 1994년부터 민주계를 중심으로 하는 여권 핵심부의 노골적인 퇴진 요구를 받았다.

하는 수 없이 1995년 2월 동조세력을 이끌고 탈당, 충청도를 기반으로 3월 30일 자유민주연합을 창당해 총재로서 1996년 제15대 총선에는 부여에서 직접 출마하여 충청도 바람을 일으키면서 57명이라는 의석을 확보해 다시 한 번 재기했다. 1997년 대선때에 김대중 후보와 임기 내 내각제 개헌을 전제조건으로 적극지원 유세를 벌여 당선시킴으로써 공동정부를 이루어 국무총리를 지내는 등 김김 동거정부를 통한 정책연합 등 만년 2인자의 자리를 지켰다.

그러나 내부적인 갈등으로 인해 사이가 벌어지는 상황이 생겼고 제16대 총선에서는 의외로 의석을 너무 잃어 원내교섭단체조차도 내지 못했다. 이로 인해 새천년민주당에서는 3명의 의원을 빌려주는 사태까지 이르렀지만 김김 또는 양당 간의 갈등 속에서도 보이지 않는 연합을 펴는 듯했다. 결국 그 동안의 내각제 추진이 미진한 것에 대한 소원함과 8·15 시민·재야단체들의 평양방문에서 보여준 돌출행동으로 인한 갈등으로 결국 불안했던 공조가 파기되었다.

명예법학박사(1963년 미 훼어리디킨슨대, 1964년 미 롱아일랜드대, 1966년 중앙대, 1998년 명지대), 명예문학박사(1967년 미 웨스트민스턴대), 철학박사(1974년 홍익대), 명예정치학박사(1992년 미 유타주립대), 명예과학박사(1995년 미 오레곤과학기술원), 명예경제학박사(1998년 동의대)를 받았다. 미국 동성훈장, 1등보국훈장 통일장, 중국 대수보정훈장, 청조근정훈장, 수교훈장 광화대장, 적십자대장 태극장, 프랑스 공로훈장 대십자장을 수훈하였다. 저서로는 《JP칼럼》, 《JP화첩1, 2》, 《새역사의 고동》이 있다.

(3) 정책이슈

보수안정 수구세력의 상징으로 정권의 경영능력을 충분히 갖고 있다. 그는 조국근대화와 새마을 운동에 의한 밀어붙이기식의 도사이다. 1인 권력에 의한 문제점을 겪었기 때문에 혁신적인 개혁보다는 의원들이 소신과 책임을 갖고 정치적인 혼란을 방지하는 유일한 길을 위해 의원내각제를 일관성 있게 주장하고 있다.

이는 계속된 정권투쟁을 방지하면서 통일을 내다보고 의원내각제를 실시해야 하며 국가의 안정적인 틀을 갖출 수 있어 번영을 위한 제2의 조국근대화를 달성할 수 있다는 것이 핵심이다. 지나친 개혁은 오히려 갈등을 낳아 위험하므로 보수세력의 결집과 국정경험에 의한 안정 속에서 시대상황을 살피며 합리적으로 국정을 펼쳐나가려는 데 초점을 맞추고 있다.

(4) 해결과제

30대 중반에 정권을 잡아 지금까지 40여 년의 시간이 흘렀지만 최고의 권좌에는 오르지 못하고 언제나 2인자의 자리에 머물러야만 했다. 능력은 있으면서도 대권과는 인연이 없는 불운의 연속이었다는 점에서 그의 인생은 결국 한국 현대정치사의 축소판을 나타낸 듯하다.

5·16의 주역이었지만 박정희의 그늘에 가려 소신을 펼치지 못한 채 경계를 받았고 후배 군인들에 의해 무참히 짓밟혔다. 또 양김에 헌신해 당선시키는 1등공신이 되었지만 결과는 적당한 예우와 토사구팽뿐이었다.

이번 기회야말로 몇십 년 전부터 꿈꿔온 국정운영의 마지막 기회라고 여기고, 과거를 돌아보고 현재를 살피며 미래를 준비하는 깜짝 놀랄 만한 돌파구 마련을 위한 구상을 하고 있을 것이다.

하지만 구세대 인물이라는 단점을 가지고 있고, 충청도를 중심으로 하는 지지기반을 갖고 있을 뿐 지난 총선에서 제2의 지지기반으로 손색이 없었던 대구·경북마저도 모두 잃어버렸다. 경기도와 260만 인구 중 과반수에 가까운 110만 충청인이 군집해 있는 서울의 관문 인천에서마저 한 의석도 건지지 못하면서 전국정당의 총수로서의 면모를 잃어버렸다.

이런 상황에서 충남 보령에서는 수십 년 동안 핵심참모였던 김용환이, 논산에서는 자천타천 김영삼의 후계자로 불리는 이인제가 침범해 들어왔다. 대전은 충청, 호남, 영남, 기타라는 1/3의 역학구도에 놓여 있고 충북은 영토가 점점 좁아지고 있어 더욱더 힘든 상황이다.

국민과 정치권에서는 그가 이미 대권에서 멀어졌다고 하지만 그를 잘 아는 일부에서는 여전히 말없는 고단수의 마지막 승부수를 기대하고 있다.

의석수가 줄어들긴 했지만 DJ와 HC간의 세력이 팽팽해서 캐스팅 보트라는 빅 카드를 손에 쥐고 있는 한 그야말로 작은 핵폭탄이라고 해도 과언은 아닐 것이다. 여권 단일후보의 쟁취, 여권 연합후보의 적극적인 지지 또는 야당후보 지지라는 최악의 선택을 하는 경우에도 16대 대선이라는 바둑판에서 승부수를 두기 위해 JP식 손자병법에 의한 묘책을 짜고 있을 것이다.

그 첫째는 연대와 연합을 통해 직접 대권에 도전하는 것이다. YS와 DJ가 당선을 위해 JP의 지원을 받았지만 보답하지 못한 짐을 덜고 경륜과 능력을 인정하여 국가를 위해 일할 수 있는 기회를 부여하는 동시에 3김연대를 펼친다면 상호간 권력유지가 가능할 수 있다. 이를 위해서는 먼저 YS와 공감대를 형성하고 이를 토대로 김대중 대통령과의 논의를 통해 여권단일화를 이루는 3김연대론을 실현하려는 목표였지만 DJ와의 공조파기로 불투명해졌다. 하지만 다시 공조할 가능성은 얼마든지 있다.

또 김윤환 민국당 대표, 한화갑, 김중권, 이수성, 조순 등을 끌어들여 차기 대권, 당권, 국회의장, 국무총리 등을 얻기 위한 밀약으로 힘을 얻는다면 다시 대구·경북의 자민련이 부활할 수도 있다. 이쯤되면 충청과 호남권의 기본표를 집결하고 경남에서 YS, 경북에서 김중권과 김윤환, 대구에서 구 자민련표 그리고 경기, 인천, 강원에서 어느 정도 표를 모으면 승산이 있다.

40년 경륜과 믿음의 보수정치를 펼쳐 국민들의 위기의식을 안정시키며 집권세력의 정치보복을 염려하지 않아도 된다는 강점이 있으나, 시대감각에 너무 동떨어진 이미지를 어떻게 쇄신하느냐가 가장 큰 과제이다. 더 나아가 한나라당 내 민주계의 대부 김덕룡 부총재와 박정희 정권의 향수를 상징하는 박근혜 부총재까지도 영입하는 큰 그림을 그리게 되면 자연히 탈당세력이 생겨나 이회창 세력은 붕괴될 위기에 놓일 수도 있다.

이런 큰 그림을 그리기 위해서는 중진들과 소장파들의 거센 반대와 탈당을 감수해야 하기 때문에 이를 어떻게 극소수화 시키느냐가 관건이다. 또한 국민 정서가 3김의 부활에 어떤 반응을 보일지도 의문이다.

둘째, 다시 DJP 공조를 복원, 킹 메이커로서의 JP다운 선택을 하는 것이다. 호남·충청권의 표를 결집하고 여권 후보의 이탈을 최소화시킬 수 있는 이점을 살려 충성이 강하면서도 당선이 가능한 후보를 적극 지원함으로써 일정한 지분을 받아내고 차기 총선에서 승리하여 기필코 내각제를 완성하자는 계산인 것이다.

그러나 야권 후보를 지지할 때보다는 성공 확률이 낮고 수없이 겪었던 전세방 신세를 반복하게 된다는 점에서 차선의 선택일 뿐이다.

셋째, 최후의 선택으로 여당과 완전히 결별하는 것이다. 한나라당의 이회창과 손을 잡는 한자동맹을 통해 대선 전에 주가를 높여 일정 지분을 약속받고 대선에서 승리한 후에 의원내각제를 실현하기 위한 서약을 받을 수도 있다. 이쯤되면 충청, 영남, 그리고 서울, 경기, 인천, 강원에서 표를 모아 승산이 확실시 되지만 YS와 JP가 나이와 경륜이 아래인 이회창을 섬긴다는 것은 쉽지 않은 일이다.

한나라당에서는 내부 갈등을 겪으면서도 결국 환영하겠지만 내각제를 완전히 보장해 줄 수는 없을 것이다. 이리저리 끌려다니는 JP의 행보에 충청인들의 자존심을 세우기 위한 반발도 예상된다. 어쨌든 이번을 마지막 기회로 삼고 범여권 단일후보론을 성사시키기 위해 김대중 대통령과 민주당을 압박하는 카드를 사용하게 될 확률도 높다.

지나치게 고령화된 조직은 정책의 보수성으로 국제화시대 등 시대상황 변화를 따라가지 못해 이미 유권자들과의 거리가 멀어져 가고 있어 그 동안의 색깔을 가진 보수만을 고집할 수도 없는 실정임을 고려해야 한다. 또한 유신본당의 조국근대화 운동은 양김정치의 실수로 반사이득을 볼 수는 있으나 지나칠 정도로 보수를 강조하다 보니 지지세력이 한계에 다다르고 있다.

따라서 386세대와 40대 장년층 등 전문가들의 젊은 피를 과감히 영입하여 노련한 경험과 창의적 개혁세력 간의 조화를 이루어 지지기반을 확고히 하려는 혁신이 필요하다. 40년 개인 정치사 나아가 한국 현대정치사의 인물이면서도 막상 대권과는 인연이 없는 이미지를 이번에는 어떻게 풀어낼지 고단수의 시나리오가 주목된다.

2) 영남 정권 재창출의 선두주자 - 김중권(金重權)

(1) 인물배경

1939년 11월 25일 경북 울진 평해면 월송리에서 4남 3녀 중 다섯째로 태어났다. 강원도의 후포고(1959)를 나와 고려대 법학과를 졸업(1963)했으며, 공군 법무관(1969~1972) 시절 서울대 사법대학원을 수료(1969)했다. 감리교 신학대 대학원을 수료(1980)했으며, 단국대 법학박사(1988)와 영남대 명예정치학박사(2000)를 받았다.

독실한 기독교신자로 감리교신학대에서 신학석사, 서울대 법학석사, 단국대 법학박사로 학구열이 매우 높고 이미 영·호남 화합을 실천한 부인 홍기명 여사 사이에 1남 3녀가 있다. 언행이 매우 신중하고 냉랭한 이미지를 풍겨 군 출신이 아니냐는 의구심을 자아낼 정도이지만 성품이 원만한 원칙주의자이다.

(2) 주요경력

1967년에 일찍 사법고시에 합격해 청주, 수원, 서울지법 영등포지원 판사(1972~1979)를 거쳤다. 모친의 병간호를 위해 한직인 대구지법 영덕지원장(1979)을 자처한 후, 대구지법·서울고법 판사(1980)를 거쳐 변호사를 개업하였다.

민정당 창당시 모친에 대한 효심에 놀란 전두환의 끈질긴 권유로 제11대 국회(영덕, 청송, 울진)에 들어와 정책위원회 부의장(1985), 제12대와 제13대 국회의원(울진, 민정, 민자)을 지냈다. 민정당 사무차장 겸 중앙집행위원(1988), 국회 법제사법위원장(1990)으로서 능력을 인정받아 당시 노태우 대통령으로부터 신임을 얻었다. 1992년 대선 전 정무수석 비서관으로 중립내각의 여·야 간 막후 대화창구 역할을 했고, 단국대 교수(1993~1997)를 거쳐 일본 도쿄대 법학부 객원교수(1993)를 지내면서 후학들을 지도하였다.

김대중 야당 총재에게 노태우 대통령의 위로금 20억 원을 전달한 장본인으로 대선 전 신한국당이 20억+α설을 제기하자 'α는 없다'라고 하여 김대중을 지원한 것이 인연이 되어 동서화합 차원에서 입당 권유를 받고 고민 끝에 새정치국민회의 행을 결정했다. 이를 계기로 불과 몇 달만에 핵심실세로 부각되어 선대위 대선전략자문회의 의장으로 1급참모진의 마포회의를 주도하는 등 경북 지역의 득표전략에 기여하면서 당선자 비서실장을 지냈다(1997).

그는 꼼꼼한 업무 스타일과 조직장악력으로 초기 비서실장(1998~1999)을 지내면서 '비서는 비서일 뿐'이라며 비서진은 대통령을 보좌할 뿐 개인의 의견을 말해서는 안 된다는 원칙을 준수하여 보좌를 잘 했다는 평이다. 1999년 새천년민주당 창당준비위원회 부위원장 역할을 했다.

영남권 주자로서 총선에 출마했지만 16표라는 아주 근소한 차이로 낙선되면서 최초로 쓰라린 경험을 했다. 최고위원 경선에서 3위에 올랐음에도 영남권 달래기를 위해 DJ로부터 새천년민주당의 대표최고위원(2001)으로 낙점되는 행운을 얻었다.

이를 통해 대권주자로서 시험무대에 오르는 행운을 얻었지만 그 세력이 약해 견제 또한 많았다. 원내 입성을 위해 구로 보궐선거에 출마하려고 했지만 과거 청와대 비서진까지도 반대하자 이에 분개해 당무거부파동을 일으켰다.

결국 주요보직인 대표, 청와대 비서실장, 국무총리를 교체할 것을 DJ에게 건의했지만 이한동은 그대로 존재하고 한광옥 비서실장이 전격 대표로 진격함으로써 자신만 비참한 꼴이 되고 말았다. 하지만 최고위원으로서 아직 희망은 남아 있다. 청조근정훈장을 수훈했고, 저서로는 《아침의 메아리》, 《헌법과 정당》, 《꿈꾸는 자가 창조한다》가 있다.

(3) 정책이슈

한때는 김대중 대통령의 충실한 참모역할을 수행해 높은 평가를 받았지만, 대권에 대한 의지가 겉으로 드러난 지 얼마 되지 않은 관계로 국민들에겐 아직 이렇다 할 특색과 정책이 보이지 않는다. 다만 '꿈꾸는 자가 창조한다'는 캐치 플레이즈와 함께 어쩔 수 없는 구조조정에 의한 경제발전, 동서화합(예산, 인사)으로 국민통일, 대북화해로 민족화합 통일의 길을 강조하고 있다.

구체적인 'JK's seven dream'으로는 든든한 정치로 안심하는 국민, 지역감정이 없고 차별이 없는 사회, 일한 만큼 벌고 더불어 사는 사회, 살아 있고 살찌는 문화를 강조한다. 또한 사이언스 뱅크와 사이버 패러다이스, 튼튼한 나라 하나되는 남북, 원칙이 바로 서는 사회로 편안한 나라를 이루겠다는 정책이다.

(4) 해결과제

법조계 출신으로 관, 정을 두루 거쳤지만 아직도 군 출신이라는 이미지에서 벗어나지 못하고 있다. 또한 5공인사이자 과거 민정당 출신으로 핵심요직을 거쳤다는 점에서 새천년민주당과는 근본적으로 색깔이 맞지 않는다는 것이 최대 취약점이면서 동시에 소외된 경북의 희망으로 작용하기도 한다.

과거나 지금이나 충심이 깃들여 있는 훌륭한 참모 스타일이라는 이미지를 강하게 갖고 있어 국가의 최고통치자로서 수행을 잘 할 수 있을지에 대한 의구심을 어떻게 풀어야 할지 스스로 해결해야만 한다.

정치경험이 많으면서도 고도의 테크닉이 부족하고 보수성향이 너무 강해, 개혁성향이 강한 대권 도전자들 간의 심각한 당 내 갈등이 예상된다. 따라서 이에 대한 철저한 대비가 필요하다.

또한 영남에서 노무현의 도전도 만만치 않고 당 내에서도 지지 기반이 너무 취약해 단일후보가 되기 위해서는 어떻게 조정하고 규합할 것인가가 앞으로 풀어야 할 과중한 문제이다. 어쨌든 지난 보궐선거에서 당선되고 국회에 입성해 입지를 확보했더라면 새로운 카드로 깜짝쇼를 연출할 수도 있었을 텐데, 좋은 기회를 놓쳐 아쉽다.

그러나 영·호남이라는 지역감정의 파괴, 5공과 현정권과의 협력 등을 이룰 수 있는 연합과 밀약으로 대망의 한민족 발전이라는 거창한 구호를 만들어 국민정서를 유도하는 유일한 주자이기도 하다는 점이 강점이 될 수 있다. 이는 김대중 대통령에게도 노벨평화상에 걸맞는 일이며 전·노 두전직 대통령에게도 과거를 사죄하며 자기 세력을 형성하는 한편 국가발전을 위한 일이라는 점에서도 반대하지는 않을 것이다.

물론 반대하는 대권주자들도 있겠으나 이수성, 김윤환, 조순 등의 중도 우파들이 정략적으로 협력하여 국민들의 지지를 받아 권력의 힘이 이동하고 이회창 진영의 반세력을 빼내 지분을 준다면 대권승리는 가능하겠지만 그들의 지지를 끌어낸다는 것이 쉬운 일은 아니다.

이와 같이 얽히고 설킨 아주 복잡하면서도 한치 앞을 내다보기 어려운 우리의 정치풍토 속에서, 상황을 복잡하게 생각하지 말고 처음부터 다시 생각하고 시나리오 전략을 짜면서 영남과 호남, 과거와 현재의 정권을 진정 화합하고 연합하는 고도의 기술이 요구된다.

3) 청문회 스타, 서민층의 희망 - 노무현(盧武玄)

(1) 인물배경

1946년 8월 6일 경남 김해에서 태어났다. 1966년 부산상고를 졸업한 후에 육군 만기제대(1971) 후 불굴의 의지로 1975년 사법고시에 당당히 합격해 잠시 대전 지방법원 판사를 지냈다. 변호사 시절 자신은 대학을 나오지 않았으면서도 시국관련사범(부림사건, 1981) 대학생들에게 무료변론을 해주는 등 인권변호사로 맹활약했다. 이로 인해 따뜻한 인간애와 포용력을 갖추었다는 소문이 퍼져 젊은 대학생들의 우상으로 떠올랐다.

고려대 노동대학원을 수료(1998)하고 동 행정대학원 최고위과정을 수료(1999)했으며 소박하면서도 이웃집 아저씨 같은 친근함과 구수한 경상도 사투리가 장점이나 돌출언행은 언제나 언론으로부터 관심의 대상이고 당과 거리가 있는 발언은 해명을 해야만 했다.

(2) 주요경력

1977년 대전지법 판사를 거쳐 다음 해 변호사 사무실을 개업한 후 부산 민주시민협의회 상임위원장(1985), 민주헌법쟁취국민운동 부산본부 상임집행위원장(1987)을 거쳐 1988년 제13대 의원(부산 동, 민주)이 되어 노사문제특별위원회 위원장, 노동정책연구소 소장을 거쳐 1988년 제5공화국 비리조사특별위원회 위원으로 활동하면서 5공 청문회 당시 일약 스타가 되었다

1990년 3당 합당때 이를 거부하고 민주당을 창당해 대변인(1991)을 거쳤다. 제14대 총선(1992)에서 고향인 부산에서 출마했지만 지역정서상 YS의 돌풍을 잠재우지 못하고 1992년 낙선의 고배를 마셨다. 1993년에는 부산시 지부장과 최연소 최고위원, 당무위원이 된 이후 부총재(1997), 1998년에는 종로지구당 위원장과 국민통합추진회의 상임집행위원을 거쳐 당의 특성을 고려해 영남의 상징인물로 새정치국민회의 부총재(1997~2000)로 급부상했다.

1998년 제15대에 종로에서 보궐선거로 당선된 후 다음해에는 국민회의 경남도 지부장, 새천년민주당 지도위원으로 제16대에 대권도전을 내세워 부산에서 출사표를 던졌으나 야권의 이회창 바람으로 또다시 실패하는 쓰라림을 맛보아야 했다.

그러나 그의 능력을 인정한 김대중 대통령은 해양수산부장관(2000~2001)으로 기용했고 이후 상임고문이 되었다. 저서로는 《여보, 나좀 도와줘(1993)》가 있다.

(3) 정책이슈

'노무현과 함께 되는 우리들'이라는 깃발을 걸고 부산, 경남의 대표주자라고 자칭하는 그는 개혁성향이 강하고 입신양명한 능력의 소유자이다. 자신이야말로 동서화합을 할 수 있는 유일한 사람이라고 평하고 있으며 나름대로의 정책을 갖고 이슈화하기 위해 합리적인 정책을 개발하고 있다. 특히 신념과 원칙이 탁월하다. 이인제 대세론에 대항해 민주당의 정통성을 계승할 자격과 조건을 갖춘 사람이 후보가 되어야 한다고 주장하면서 이인제 후보는 정체성이 맞지 않으며 후보자가 될 수 없다고 직격탄을 날렸다.

젊은 층의 지지세력으로 이루어진 노사모(노무현을 사랑하는 모임)의 수가 만만치 않으며 사이버보좌관제를 운영하면서 다양한 정책들을 제시하고 있어 지지도가 계속 상승하고 있다.

(4) 해결과제

톡톡 튀는 성격이 어떤 때에는 강점으로 부각되기도 하지만, 어떤 때에는 사회적인 이슈로 변해 오히려 치명적인 약점으로 돌변하기도 한다. 신선한 아이디어와 논리력을 갖췄으며, 겸손하면서도 보이지 않는 어떤 힘을 지녔기에 대중적인 지지도가 높아 대권에 대한 집착이 아주 강하다.

YS 이후 부산을 대변할 적임자임을 자청하는 그는 종로 보궐선거에서 당선되는 등 지지도는 높았으나 DJ당에 소속된 관계로 부산에서는 낙선되는 불운을 겪어야만 했다. 지역정서상 그를 신임하던 YS를 따르지 않고 라이벌인 DJ를 선택했다는 단 하나의 이유로 아무리 영·호남 화합과 부산 정권 재창출을 외쳐도 들어주는 이가 없다는 것은 그가 반드시 풀어야만 하는 숙제이다.

몇 년 전만 해도 당에서 영남의 대표를 주장해도 반박하는 사람이 없었지만 경북의 김중권이 대표최고위원으로 등극함으로써 상황이 달라졌다. 때문에 차라리 부산, 경남의 지주로서 적극적인 선거운동으로 공헌한 뒤 일정한 역할을 하다가 차차기를 바라볼 것인가? 아니면 선수를 치고 돌파하여 대중적인 지지를 얻고 밀약으로 연합세력을 구축함으로써 대권 후보를 쟁취할 것인가? 그것이 고민일 것이다.

논리력과 추진력 및 대중적인 인기도는 매우 좋으나 돌출발언으로 항시 경계의 대상이 된다는 점은 자기세력이 많지 않은 한 약점이 될 수 있으므로 생각하고 생각해서 발언하는 한편 실질적인 지지층을 끌어들이는 노하우가 필요하다. 당 내에서는 부산과 경남의 대표로 자타가 공인하지만, 실속이 있으려면 장기적이면서도 치밀한 준비가 필요하다.

아직도 청문회 스타라는 이미지가 강하고, YS만 따라갔다면 부산시장은 따 놓은 당상이며 대권주자로서도 손색이 없었을 텐데 스스로 험난한 길을 택해 고생하는 안타까운 인물이라고 여기는 사람이 의외로 많다.

4) 떠오르는 샛별 - 박근혜(朴槿惠)

(1) 인물배경

1952년 2월 2일 서울에서 박정희 장군의 딸로 태어나 순탄하게 성장했다.

성심고(1970)와 서강대 전자공학과(1974)를 졸업한 뒤에 자유중국 문화대학에서 명예박사를 수여받았다(1987). 어머니인 육영수 여사가 서거하자 충격에서 벗어날 시간도 없이 20대에 퍼스트 레이디로서 걸스카우트연맹 명예총재(1974)의 역할을 잘 해냈다. 그의 부모에 대한 그리움은 저서 '고난을 벗삼아 진실을 등대삼아'와 '나의 어머니 육영수'에 잘 표현되어 있다.

(2) 주요경력

부모가 모두 총탄에 운명을 달리하는 비운의 아픔을 딛고 경로복지원 이사장(1979)을 지내면서 많이 나아졌다.

육영재단 이사장(1982), 영남대와 영남전문대 이사장(1983), 한국문화재단 이사장(1993), 정수장학회 이사장(1994) 등의 직책을 차분하면서도 세밀하게 수행하였다.

1997년 대선때 이회창의 권고로 한나라당 고문으로 정당에 들어온 이후 1998년 대구 달성 보선에서 당선되어 제15대 국회의원이 되었다. 제16대에도 당선된 2선의원으로 무게중심이 대단하다.

모습과 성격이 어머니인 육영수 여사를 꼭 빼닮아 향수에 젖은 구세대들에게 인기가 매우 높으며 아직 미혼이라는 점이 더욱더 유권자들로부터 호감을 갖게 만든다. 국회의원이 된 이후 성실한 의정활동으로 자타에 의해 여성대권, 나아가 영남대권 후보군으로 부상했다.

(3) 정책이슈

아버지가 못다한 제2의 조국근대화를 실현하는 것이 목표이다.

이 목표를 달성하기 위해서는 21세기는 창의력 및 깨끗한 환경과 지식정보화, 다양한 문화가 빛나는 경쟁력이 있는 선진국으로 도약하기 위해 조국의 역사와 미래를 생각하고 국민들에게 용기와 희망을 주는 새정치 새역사를 열어가야 한다는 것이다.

아직 구체적인 대안의 제시는 없지만 한마디로 창조적인 리더십을 강조하고 있다. 과거 부모의 향수 속에 21세기에 합당한 온고지신(溫故知新)을 통한 나름대로 복안을 준비하고 있다.

(4) 해결과제

부모의 후광을 업고 정치에 입문했으나 나름대로 향수와 신선함 때문에 대권주자로서 손색이 없다는 평이 지배적이다.

경북의 상징이자 여성의 대표주자로서 여·야 모두가 연합전선을 펼치고 싶어하는 비중이 있는 최고의 영입대상자임에 틀림없다. 그만큼 부가가치가 크다는 것을 입증하고도 남는다는 것을 알고 있어 점점 자타에 의해서 무게중심은 눈덩이처럼 커가고 있으나 넘어야 할 산이 많고 험하다.

우선 우리 정서상 여성이라는 한계점과 실제적인 지지세력이라기보다는 감성적인 지지세력이며 선거전략상 이용가치가 있는 허공에 뜬 무더위를 잠시 식혀 주는 구름이라는 점이다.

또한 국내 현대정치사 중에서 대구·경북이 차지했던 비중이 희석되면서부터 소원해진 이곳에서 영남후보론이 대두되었고 최근 대통령들의 실패는 결국 박정희 대통령과 육영수 여사에 대한 향수를 불러일으켜 그에 대한 열망은 더욱 커지고 있다.

이밖에 반DJ, 비이회창에 대한 지역의 정서는 TK 제몫찾기에서 영남후보 대망론으로 김윤환 민국당 대표와 지역인사들 사이에 더욱 부각되고 있다. 일부에서는 그의 인기는 일시적인 것에 불과한 것으로 대권 지지도와는 다르다고 하지만 그렇다고 해서 전혀 불가능한 일만은 아니다.

지금 지구촌 곳곳에서는 대통령 2세들의 돌풍과 함께 여성들이 대통령에 당선되고 있다. 부시처럼 역대 대통령 후손들이 부모에 대한 향수와 후광을 업고 당선되는 경우가 많고 능력만 된다면 얼마든지 환영하고 있는 추세라는 것을 무시할 수 없다.

호감을 주는 여성으로 독신이고 부모님에 대한 향수까지 덤으로 안고 있으며, 의정활동에서 보여준 성실함이 40대 이후를 사로잡을 만하다.

그러나 이같은 이슈만으로는 관료사상에 젖어 있는 우리의 정치관례상 여성으로서의 인기도와 선거는 매우 다르다는 점을 중시해 더 큰 카드를 만들어야만 한다. 즉 국민들이 애타게 찾고 있는 것이 무엇이며 대권으로 가는 첩경이 무엇인지를 자문하면서 뜻을 같이 하는 세력들과 연합전선을 펼치는 것이다.

이로써 이회창 총재의 독선 등 비민주적인 리더십의 부재를 문제삼는 과정에서 밀실연합세력을 형성해 각본대로 국민적인 명분을 만든 후 김덕룡 비주류 민주계와 세력을 결집하는 일이 최대 과제이다.

의원내각제의 깃발을 들고 자민련 김종필 총재와 뜻을 같이 하는 민주당 내 세력과 민국당 김윤환 대표 및 시민단체들과 연합전선을 펼쳐 경선 형식의 절차를 밟아 선출된 후에 돌풍을 일으키면 당선은 가능하다.

이를 위해서는 민주당 대권후보자가 결정된 후 불만을 품은 후보자들이 대

거 탈당하는 시기를 잡고 6월 지자체선거가 끝나 민주당과 한나라당의 참패이
후인 6월 말에서 8월 사이로 보면 좋을 것이다.

국민정서가 이쪽으로 기울면 한나라당 내에서도 동요가 일어날 것이기에 탈
당하거나 내분을 부추겨 치명타를 입힌 후 청와대에 입성하는 필승시나리오는
상황변수에 의한 주변의 지지세력들의 전략전술에 달려 있다.

5) 신세대 중산층의 돌풍 - 이인제(李仁濟)

(1) 인물배경

1948년 12월 11일 충남 논산에서 소작농의 아들로 태어났다. 경복고
(1968)와 서울대 법대(1972)를 졸업하였으며 대권주자로서는 드물게 육군병
장으로 만기제대했다. 적당한 체구에 자신만만한 성격의 소유자로 공부를 잘
하고 언변이 좋았던 관계로 중학교 시절 학생회장으로 명성을 날려 이미 그때
부터 정치에의 꿈을 꾸었다.

46세에 당선된 미국의 빌 클린턴이나 43세에 영국의 수상이 된 토니 블레
어 등과 같이 세계는 이미 젊은 지도자를 원하고 있다면서 세대교체론과 반이
회창론으로 비전을 위한 강력한 지도자가 나와야 한다고 주장하고 있다. 조국
의 장래에 대한 시대적인 소명과 대권도전에 대한 끝없는 야망으로 정치혁명
을 기대한다는 것이다.

(2) 주요경력

사법고시 합격(1979) 후에 대전지법 판사(1981)를 거쳐 변호사 활동을
(1983)했다. 어릴 적부터 꿈꿔온 정치에 입문하기 위해 고교 선배인 김덕룡을
찾아간 것이 인생의 전환점이 되었다.

민족문제연구소 이사(1986), 민주당 중앙상임위원(1987)을 거쳐 1988년

제13대 국회에 들어와(안양 갑, 민주, 민자), 통일민주당 원내부총무(1988), 국회 광주민주화운동 진상조사특위 청문회위원(1988), 대변인(1989) 등으로 이름을 날렸다.

제14대 국회의원으로 김영삼 정권시에는 노동부장관(1993), 초대 민선 경기도지사(1995~1997, 민자 신한국)로 대권을 향한 준비를 다졌다. 김영삼 대통령이 '깜짝 놀랄 만한 대권후보를 내겠다'라고 한 것은 그를 두고 한 말이라는 소문과 함께 그가 YS를 정치아버지로 모셨다는 점에서 더욱더 급부상했다.

대권도전에 대한 집념과 직·간접적인 주변의 권유로 도중에 도지사직을 그만두고 신한국당에서 대권에 도전했으나 실패하고 말았다.

김대중의 20억＋α설에 이회창의 아들 병역비리 및 부친의 일제때 법원근무 등이 불거지자 당선가능성을 확신하고 경선승복의 약속을 어기고 탈당했다. 이틀만에 급조된 국민신당의 간판을 내걸고 대통령 후보로서 세대교체론을 부르짖으며 선전하였으나 실패했다.

스스로의 한계성을 인정하고 DJ가 이끄는 새정치국민회의와 합당(1998. 9), 당무위원(2000)을 거쳐 새천년민주당 중앙선거대책위원장을 거쳐 제16대에는 충청도를 거점화하기 위해 논산, 금산에서 출마하여 당선된 이후 최고위원 경선 2인자이자 상임고문으로서 대권을 거머쥐기 위한 계산 속에서 다양한 묘수를 짜고 있다.

(3) 정책이슈

'강한 나라, 젊은 한국 – 행동하는 일꾼 대통령'이라는 슬로건을 높이 들었다. 가난한 소작농의 아들로 당신의 아픔처럼 아픔의 시대, 고난의 삶을 살아왔다. 때문에 서민의 고충을 누구보다도 잘 알고 있어 도시와 농촌, 근로자와 고용인, 대기업과 중소기업 사이에서 실질적이고 균형잡힌 정책을 펼치겠다는 것이다. 젊은 패기로 세일즈 외교를 펼치겠다는 각오이다. 이미 검증된 국정수행 경륜을 바탕으로 국가혼란 극복, 지역패권주의 극복으로 국민 대통합, 세계의 변화주도, 정치부패척결, 통일한국 준비, 민주개혁을 강조한다.

지도자의 생각이 젊고 깨끗할 때 정치가 달라지고 지도자가 직접 챙길 때 경제가 달라지며 지도자가 당당하고 솔선수범할 때 나라가 달라진다는 확신은 그의 신념이기도 하다. 21세기 한강의 기적, 제2의 경제도약은 젊은 일꾼 이 인제만이 가능한 일로써 국민 스스로 강해지기 위해서는 국민혁명만이 이를 가능케 한다며 기대하고 있다.

(4) 해결과제

무엇보다도 지난 대선 전에 한나라당의 경선과정에서 패배하면 '승복하겠다.' 라는 약속을 파기한 것이 꼬리에 꼬리를 물며 따라다닌다. 김대중과 이회창 후 보의 한계점과 문제점 때문에 어쩔 수 없었다며 그 나름대로의 이유와 항변을 토하였지만 지도자로서의 도덕성을 의문시하는 층이 적지 않다. 그러나 김대중 대통령도 정치은퇴 발표를 번복하고 다시 복귀해 비난받았음에도 당선되었으 니 어떻게 하느냐에 따라 문제의 강약은 다르게 나타날 것이다.

자금과 시간 및 조직 부족이라는 취약점에도 불구하고 박정희 전 대통령과 외모와 이미지에서의 유사함과 애국심이라고 쓴 머리띠를 두른 채 특유한 목 소리로 많은 표를 얻어내 차기 대권주자로서 검증을 받았다.

결국 그 한계성을 느끼고 여권인 새천년민주당에 합류하여 조직과 자금력 등 프리미엄을 얻기 위해 정면돌파를 향한 모종의 준비를 하고 있으나, 지나치 게 독선적이고 김영삼 대통령을 지지하는 세력들이 던져준 표였다는 점에서 그때와는 상황이 다를 것이라고 보는 분위기도 없지 않다.

세력이 미약한 상황에서도 권노갑의 지원으로 당의 최고위원 경선에서 1위 를 목표로 했으나 한화갑에게 밀려 한 발 멈추게 되었지만 야망은 꺾이지 않 았다. 7룡들의 전쟁이라는 치열한 대통령 후보 경선 과정에서 험난한 산을 어 떻게 넘어야 할지가 첫번째 과제이다.

만약에 심한 견제를 받아 밀리면 과연 승복하여 차차기를 노리며 후보자를 적극적으로 지원할지 아니면 지난 번과 같이 탈당하여 재야세력과 한나라당에서 탈당한 대권주자와의 사이에서 역할분담으로 재도전할지는 앞으로의 상황과 지지세력의 힘에 달려 있다.

김대중 대통령과 정치동료이자 라이벌인 YS와의 화해와 동반공존을 위해 손을 잡고 JP와도 극적으로 손을 잡는 그야말로 뉴플랜 3김연합이 이루어진다면 승산이 있다. 이는 상호간 밀약에 의한 것으로 상왕으로 3김이 존재하는 형태이다.

하지만 지난 총선때 JP를 가리켜 '서산에 지는 해'로 비유한 저돌적 언행에 대한 감정이 아직 남아 있다. 회복의 움직임이 있긴 하지만 JP가 3김 중에서 자신만 희생당하는 이 방법을 수락할지 의문이다. 물론 의원내각제라는 카드로 협상 테이블에 도장을 찍을 수도 있겠지만, 이 또한 한 번 속은 일에 다시 속지는 않을 것이다.

JP에게 진정한 사죄와 충성을 약속하고 상왕으로 모시기 위한 상황판단은 JP 스스로가 한계점을 인정했을 때 가능할 수도 있겠으나 JP세력이 분열되지 않는 한 어려운 일이다.

권노갑과 같은 동교동계의 지원과 부산·경남 지역의 의원들의 지원을 받고 심지어는 지분을 주는 조건으로 5공세력을 영입하는 방안도 있다.

이렇게 되면 이회창과 원한관계를 가진 중진들이 적극 협력하고 지원하면 승산이 있겠으나 우리 나라 정치 생리상 선배가 후배를 지원하는 경우는 한 번도 없었다. 누구보다도 이를 싫어하는 국민들이 급격히 확산되면 오히려 자연스럽게 이회창에게만 득을 주기 때문에 이러한 전략을 구사하는 것은 매우 힘든 선택이다.

국민들의 관심사는 과연 여권연합 대권후보로 당당히 나와 당선되어 이회창과 한판승부를 붙어 당선될 것인가? 아니면 낙선될 것인가? 그리고 용들의 전쟁에서 심한 경계를 받아 마지막 여권후보 경선에서 탈락하면 과연 승복한 후에 후보자를 적극 지원할 것인가 아니면 지난 번처럼 탈당해서 대권에 도전할 것인가에 초점을 맞추고 있다.

만약에 다시 탈당해 대권에 도전함으로써 다른 후보에게 득과 손실을 입히고 자신에게도 별 이득이 없는 행동을 하게 된다면 국민들로부터 비난만 받게 되어 결국 정치생명이 끝날 것이라는 것을 그도 잘 알고 있을 것이다.

YS의 후광과 경기도지사의 지명도라는 인기도를 업고 돌풍을 일으켰을 때 와는 양상이 아주 판이하게 달라졌고 그 동안 경솔한 언행으로 투표성향이 높은 구세대들에게 인기가 없다는 사실까지도 고려해야 한다.

잘못하다가는 박찬종과 같이 혜성처럼 나타났다가 사라지는 꼴이 되지 않을까 우려하는 여론도 있으므로 이를 슬기롭게 돌파하기 위해서는 인내력과 돌파력이 필요하다.

젊고 패기가 있다는 장점이 있으나 관습적으로 지나치게 젊으면 거부하는 것이 우리의 정서인 데다가 그를 지지하는 젊은 층이 얼마나 투표에 참가하느냐가 관건이라고 할 수 있다. 명분을 갖는 것과 연합세력을 강화하는 일 그리고 조직을 확산하는 일이 필승의 최대과제이다.

6) 중부권 왕건의 후예 - 이한동(李漢東)

(1) 인물배경

1934년 12월 5일 경기도 포천에서 태어나 경복고(1954)와 서울대 법대를 졸업(1958)했다. 사법시험 결과를 받지 않은 상태에서 군에 입대, 이등병의 몸으로 2차에 응시해 합격(1958), 바로 중위인 법무관(1959~1963)으로 특진하는 행운을 안았다.

사법·입법·행정을 두루 거친 능력과 경륜, 스캔들과 비리 등에 휘말리지 않은 도덕성과 사상이 탁월하다고 자임하는 그는 독서, 등산, 골프를 즐기고 부인 조남숙 여사와의 사이에 1남 2녀를 두고 있다. 모나지 않은 소탈한 성격과 거구의 체격은 사람들을 흡입시키는 탁월한 능력을 소유하고 있으나 이에 비하여 결단력과 추진력이 부족하다는 평이다.

(2) 주요경력과 노선

서울 민사·형사지법 판사를 거쳐 법무부 법무실 검사 겸 서울지검 검사 (1963~1974), 법무연수원 부원장 겸 고검검사(1974), 대전, 부산, 서울지 검 영등포지청, 서울지검 부장검사(1975~1980)를 거쳐 1980년 변호사 개 업을 했다.

전두환 정권때인 1981년 제11대 국회의원(포천·연천·가평, 민자)으로 정 계에 입문, 바로 원내부총무, 총재 비서실장(1982), 경기도 지부위원장 (1983), 사무총장, 선거대책본부장(1984), 제12대 국회의원으로 한·일 의 원연맹 부회장(1985), 원내총무(1986)를 지냈다.

민정당 정책위의장, 남북국회회담 실무대표(1988), 원내총무(1989), 내무 부 장관 시절(1990) 치안의 총수로서 시위 강경진압으로 강성 이미지를 심어 주긴 했지만 언제나 대화와 타협을 존중하며 원칙을 지키는 노력이 돋보였다. 제14대에는 5, 6공 시절 원내총무를 역임했던 경력과 능력을 발판으로 승승장 구해 중부권자로 급부상했다.

1992년 민자당 대권후보 경선에서 민정계의 라이벌 주자였던 김윤환이 김 영삼을 후보로 밀자 박태준, 이종찬과 함께 민정계 단일후보를 주장했으나 실 패했다. 이후에도 탈당하지 않고 남아 1995년 국회부의장을 지냈다.

1997년 신한국당 대권 경선에서 3위에 그치자 대표최고위원으로서 이회창 을 도왔지만 대선 패배 이후에 그가 다시 총재로 복귀하자 어쩔 수 없이 부총 재(1998)와 당 고문(1999)으로 있다가 이회창과의 갈등으로 결국 탈당하고 말았다.

JP와의 정략으로 2000년 자민련에 입당, 수석부총재 겸 총재 권한대행 이 후 총재로서 제16대 총선을 지휘했다. 하지만 원내 교섭단체도 못 만드는 어 려운 상황 하에서 국무총리 박태준이 도덕성 시비에 휘말리자 그 후임으로 임 무를 수행하게 되는 행운을 잡았다.

DJ와 JP와의 갈등으로 자민련에 복귀하여 재정비하라는 요청이 있었지만 정치안정을 위한다는 명분을 내세워 DJ쪽으로 완전히 기울었다. JP와 자민련에서는 분노를 자아내 총리 퇴진 움직임도 있었다. 근정포장, 청조근정훈장을 수훈하였으며, 저서로는 《이한동의 나라살리기》가 있다.

(3) 정책이슈

'깨끗한 정치, 활기찬 경제, 튼튼한 안보, 신나는 사회를 위한 비전 2002'를 강조한다. 즉 정치(국민편안 제일주의), 경제(1인당 국민소득 향상), 안보(안보와 평화통일), 사회(범죄없는 평화로운 사회), 교육(과외, 도시락, 촌지없는 교육), 농어촌(젊음과 활력)을 중시하고 있다.

복지(가족, 사회, 국가가 함께 책임), 여성(여성능력사회), 환경(물, 공기, 쓰레기, 자연환경), 문화(세계와 함께 우리 문화), 정보(편리이용 정보사회), 교통(쾌적한 대중교통) 등 12대 정책을 과제로 삼고 있다.

민주, 범보수 세력이 손을 잡고 정권창출과 지역갈등 해소, 국민 대통합의 기수로서 21세기 위대한 한민족 시대를 열어 가는 새로운 리더십에 의한 정도 정치를 펼치겠다는 의지를 갖고 있다.

(4) 해결과제

한나라당에서 홀로 탈당, 자민련에 입당함으로써 총재와 국무총리를 동시에 거머쥐는 행운을 얻었다. 그러나 기대했던 계파들이 동반탈당하여 입당하지 않은 관계로 자기 지분이 없는 힘없는 총재로서 세력이 매우 취약할 수밖에 없었을 것이다.

외형적으로는 김종필 명예총재의 자문을 받았으나 내심 김대중 대통령으로부터 신임을 받고 있다는 점에 주의를 기울여 볼 필요가 있다. 드라마 태조 왕건 신드롬의 바람을 타고, 왕건이 삼국통일의 과업을 완성할 수 있었던 것과 같이 포천이라는 중부권을 연고지로 하여 참고 인내하면서 주변 중진들의 지지를 얻으려는 속내가 있을 것으로 추정된다.

자민련에서 퇴출되었지만 여전히 관계개선의 소지는 남아 있어 김종필 명예총재의 한계론이 대두될 경우 최후로 자신이 마지막 카드로서 김대중 대통령과 결합하여 다시 한 번 대통령 만들기에 공헌해야 한다는 것이 그가 앞으로 풀어야 할 과제이다.

성격상 관망하고 있으면서도 JP와 DJ가 밀어주기를 은근히 바라는 마음에서 당선된다면 양김을 상왕으로 모시면서 자신은 외교와 국방만 담당하고 당권, 국회의장, 총리 등의 권한은 현재 대권주자들에게 전권을 부여하는 것도 고려할 수 있다.

그러나 인상과 체격 및 경력에 비하여 대권주자로서는 드물게 무색무취하며 이렇다 할 정책도 부족하고 추진력, 자금동원력과 조직도 부족하다는 이미지를 풍기지만 이같은 일은 가속력이 붙으면 갑자기 밀려오기 마련이므로 큰 문제가 될 것은 없다.

가장 중요한 일은 대권도전에 대한 의사표명과 그에 따른 어설픈 행동보다는 현재의 임무수행에 최선을 다하면서 상황을 보아가며 DJP공조체제를 재현하여 JP와 DJ에게 신임을 받는 일이 그의 계산일 것이다. 그는 이회창으로부터 대우를 받지 못하자 한나라당을 탈당, 야권에서 국빈대우를 받는 유일한 대권주자가 된 것은 분명하다.

그 당시 JP가 총재로 복귀되면 운신의 폭이 좁을 뿐만 아니라 이회창과 손을 잡을 경우 자기영역이 좁아져 무기력해질 것이라는 계산 때문에 오히려 운신의 폭이 넓고 대우를 받을 수 있는 DJ를 선택했을 것이라고 추정된다.

여권 내 대권주자들의 무분별한 갈등과 한 치 앞을 내다 볼 수 없는 안개정국은 마치 태조왕건 드라마에서 나타난 후삼국시대와 같음을 주시해 볼 필요도 있다.

물론 궁예에 도전하는 쿠데타가 아닌 신후삼국 시대라는 점에서 확연히 다른 시나리오가 전개되지만 대체적으로 그 때의 분위기와 비슷할 수도 있다는 점이다. 왕건이 책사에서 국정현장으로 돌아가 추종세력들로부터 지지를 얻었듯이 총리직에서 당으로 돌아가 빈약한 백제의 자민련을 응집력 있게 재정비하면 신라를 치는 것은 시간문제일 수 있다.

한국판 춘추전국시대에 영웅들의 혼란한 틈바구니에서 대권주자로서 다른

주자들의 견제를 어떻게 극복하면서 치고 나갈지는 아직 미지수이나 기다림이라는 변수는 있는 것이다.

7) 법대로 태풍의 대명사 - 이회창(李會昌)

(1) 인물배경

1935년 6월 2일 황해도 서흥에서 태어났다. 아버지가 일제시대에 검찰서기로 근무했던 관계로 전남, 충북 등으로 이사를 다녔다. 경기고(1950~1953)를 거쳐 서울대 법대(1953~1957) 시절인 1957년 고등고시 사법과에 합격하여 공군본부 법무관실 법무관으로 근무했고 캘리포니아대학교 버클리교(1969~1970)와 하버드대학(1969~1970)에서 수학했다.

자그마한 키와 체격에 성격이 강직하여 원칙에 어긋나면 타협을 하지 않는 원칙주의자로, 청렴하여 신망이 두텁고 따르는 자들이 많다. 호는 경사(經史)이고 음악감상과 등산을 즐기며 부인 한인옥 여사와 2남 1녀가 있다.

(2) 주요경력과 노선

서울지법 판사(1960~1965)를 거쳐 서울 고법 판사때(1965~1970)부터 대쪽판사로 신망을 받았으며 서울 고법 부장판사(1976~1981), 법원행정처 기획조정실장(1980~1981)을 지냈다. 5공시절 45세로 최연소 대법원 판사(1981~1986)가 되었지만 권력과 타협하지 않아 심한 견제를 받고 재임용에서 탈락하여 1986년 변호사로 활동하였다.

노태우 정권 시절인 1988년에는 민주화합추진위원, 대법관, 중앙선거관리위원장으로 발탁되었으며, 보궐선거(동해, 영등포)가 불법과 탈법으로 얼룩지자 부정선거 경고서한을 주는 등 정치권에 당혹감을 주면서 YS와 껄끄러운 인연을 갖게 되었다.

이것이 강한 인상을 주어 김영삼 대통령에 의해 감사원장(1993)으로 전격 발탁되면서 급부상, 국무총리에 임명(1993~1994)되는 행운의 기회가 왔으나 총리의 권한을 둘러싸고 충돌해서 4개월만에 사표를 던졌다. 이러한 과감성은 소신이라는 찬사를 받아 영웅으로 급회전하는 계기가 되었다.

1995년부터 카톨릭대 발전후원회 회장과 경쟁력 강화를 위한 변화모임의 회장으로도 활동하고 있다. 1996년 제15대 총선을 앞두고 김영삼 대통령으로부터 부름을 받아 신한국당의 선거대책위원회 의장으로 총선에서 승리하여 단번에 전국구 초선의원으로 상임고문이 되었다. 1997년 신한국당 대표위원으로 2차전까지 가는 9룡들과의 혈전 끝에 대권후보로 결정되어 총재가 되었다. 신한국당과 꼬마 민주당과의 합당으로 한나라당의 간판 아래 조순에게 총재를 위임하고 한 치 앞을 내다보기 어려운 전투를 벌여 대권후보로 등장했지만 약속을 어기고 이인제가 탈당하면서 39만 표의 근소한 차이로 DJP연합에 패하고 말았다.

하지만 정치신인이 정치 9단을 오싹하게 만든 우리 정치사에 없었던 대기록은, 대안이 없는 한나라당은 물론 열광의 지지자들에게 차기에 대한 확신성을 심어 주어 재도전의 기회를 만들게 되었다.

명예총재로 휴식을 취하다가 전당대회에서 경선으로 총재에 복귀(1998)하자마자 세풍·총풍사건이 터져 곤욕을 치르기도 했다. 15대 보선(송파 갑)을 거쳐 16대에는 전국구로 들어와 대권을 위한 준비를 하고 있으며 청조근정훈장(1985)·국민훈장 무궁화장(1995)을 수훈하였다. 저서로는 《주석형법각칙》, 《아름다운 원칙》, 《법과 정의》가 있다.

(3) 정책이슈

'이회창과 함께 깨끗한 정치, 튼튼한 경제, 힘 있는 나라를', '원칙과 소신의 (약속을 지키는, 심신이 건강한, 사상이 건전한) 지도자, 이회창 뿐입니다', '부패하고 타락한 대통령을 뽑아 나라를 경영하게 하시겠습니까?'라는 슬로건을 주장하고 있다. 즉 부정부패 척결, 원칙과 소신, 약속의 정직, 지역주의 단절, 풍부한 국정운영경험, 정치혁신 등으로 위기에 빠진 국가의 과제를 과감히 추진해 나갈 수 있는 정열이 넘침을 강조하고 있다.

정상적이고 합리적인 선진 정치로 국정운영 시스템의 정상화와 투명화를 위해 법을 튼튼하게 바로 세우는 것이 중요하며, 권력과 인맥이 부를 생산하고 이익을 만들기보다는 정직하게 일하는 사람들이 꿈과 희망을 키워가는 열린 사회를 만들려고 한다.

권위주의적이고 권력중심적인 국정운영의 틀을 깨고 지도자 스스로 민주주의 법치에 대한 확고한 신념으로 나라의 기본을 튼튼하게 바로잡는 것이 새로운 번영을 위한 시작이라고 주장하고 있다.

정치자금이라는 명목으로 법 위에 군림하는 정치권의 부정부패를 깨끗이 청산하고 모든 정치자금은 물론 특정세력, 특정인물을 위한 정치가 아니라 나라와 국민을 위한 깨끗한 정치의 실현을 중시하고 있는 것이다. 특히 일자리를 늘리고 물가를 안정시킴으로써 생기가 넘치는 경제를 실현하는 한편 취약한 경제체질 강화에 적극 나서 오늘의 경제위기를 극복하고 치열해질 무한경쟁시대에 철저히 대비하겠다는 각오이다.

(4) 해결과제

정치신인으로 지난 15대 대선에서는 비록 낙선했지만 한반도에 거대한 태풍을 일으켰다. 이인제의 탈당으로 다 잡은 대어를 놓쳐 결국 김대중 후보가 승리했지만 내내 긴장을 늦추지 못하게 하면서 무서운 저력을 보여 주었다.

차기 대권의 선점을 위해 그 동안 많은 공을 들여 왔으며 불확실한 선거에서 승리하기 위해 우선 경계가 될 수 있는 주변을 과감하게 정리하면서 심한 반발이 극심한 홍역을 앓았다. 하지만 지난 총선에서 선전, 여소야대를 만들었던 정치혁명은 다시금 대권 당선에 대한 확신성을 심어 주었다.

당을 완전히 친정체제로 굳히는 한편 김대중 정권에 대한 정치투쟁을 지속하면서 강력한 리더십을 발휘하여 그 나름대로의 저항의식과 정치학습을 하고 있다. 하지만 지나친 독선과 반대파에 대한 포용력 부족으로 비주류와의 마찰이 끊이지 않고 있다.

또 지나치게 대권에만 눈이 멀어 정책을 제시하지 못하고 발목잡기와 정치투쟁의 연속이라는 비판도 있다. 3김과는 다른 신선함을 기대했었는데 시간이 흐르면서 결코 다를 게 없다는 국민여론이 형성되고 있다는 것이다. 더구나 지난 번에는 아들의 병역비리 문제로 홍역을 치르더니, 최근 부친이 일제시대때 검찰에서 서기로 근무한 경력으로 친일파가 터져나와 또 곤욕을 치렀다. 본격적인 대권에 돌입하면 지난 총선때 퇴출된 김윤환, 이수성, 조순 등의 거센 항전 등 또 다른 거대한 역풍이 예상되므로 철저히 준비해야 한다.

앞으로 정권재창출을 위해 정치권 새판짜기가 일어날 것은 분명하기 때문에 얼마나 잃을 것이고 얼마나 얻을 것인지에 대한 고도의 전략을 세워, 모략과 음모를 헤쳐 나가야 할 것이다.

무엇보다도 당 내부의 김덕룡, 이부영, 홍사덕, 박근혜 등과 같은 비주류의 차차기 대권주자를 감싸안아 지분과 역할을 위임하는 밀약 등으로 이탈의 움직임을 막아 응집력을 강화했었음에도 불구하고 이를 매끄럽게 해결하지 못했다. 또한 측근 세력인 이부영 부총재의 범민주연합을 통한 신당 창당설에 대한 행보를 아예 차단하고 대선을 앞두고 에너지 누수 현상을 막아 에너지를 극대화시키기 위한 근본적인 처방이 필요하다.

그리고 외부의 거물급과 신진소장파 전문가들을 영입하는 한편 대선에서의 승리를 위해 마음을 비우고, 친정체제를 고집한다는 이미지에서 벗어나야 한다. 영향력 있는 내·외부의 중간 보스들을 끌어안아 역할을 부여하여 적극적으로 포용하는 큰정치인상으로 변신해야 하는 것이다. 무엇보다도 범여권 통합 단일화라는 명분으로 몇몇 지도자들이 국가를 좌지우지하려는 것에 대한 분노와 3김정치의 환멸로 인한 세력화 바람을 활용하는 고도의 전략과 전술이 필요하다.

또한 지난 대선때 영남권이 득표에 큰 도움을 주었으나 이번에는 지난번과 아주 다른 변화가 예상되므로 이탈방지를 위해 텃밭으로 확립시키는 근본적이고 다른 판세를 짜내 이탈표를 막도록 집중공략해야 한다. 또 수도권에서의 대세를 몰아 제2의 고향이라고 할 수 있는 충청권에서 세를 규합하는 한편 호남에서 등을 돌린 표 중에서 일부라도 응집시키면 승산이 매우 크다.

국민들의 마음을 속시원하게 해줄 수 있는 이슈를 개발하고 강성과 부드러움을 동시에 보여주는 한편, 일그러진 국가를 바로잡을 수 있는 유일한 인물이란 것을 보여주는 것이 급선무이다.

한편 적극적인 공격방법으로 여권단일화 실패로 인한 이탈세력을 영입하거나 연합해서 확실하게 지분을 보장해 주며 현 정권에 불만이 많은 각계각층의 불만세력들과 연합하거나 끌어들인다면 그 파워는 무서운 핵폭탄으로 변할 수 있다.

노태우는 '보통사람의 시대', 김영삼은 '군사 정권의 종식', 김대중은 '준비된 대통령'을 내세워 돌풍을 일으켰듯이 신선하고 신뢰성 있는 캐치 플레이즈 개발과 막판 뒤집기 전략 등의 필승 시나리오 전략이 필요하다. 선거 핵심참모를 지나치게 친정체제로만 압축하고 그를 지지하는 선거정책 전문가들을 배척한다면 굴러들어온 떡을 놓칠 수도 있으니 각계각층의 전문가들을 조직하고 조직책 또한 세분화시켜 역할을 부여하는 것이 바람직하다.

이한동 파동으로 DJP 공조파기는 오히려 유리하다고 판단하고 기회는 바로 왔다고 확신하고 있는 상황 하에서 한국정치사에 혜성같이 나타난 그는 과연 혜성의 진가를 발휘할지 사뭇 궁금하다.

8) 차세대 주자 - 정동영(鄭東泳)

(1) 인물배경

1953년 6월 17일 전북 순창에서 태어났으나 이미 6·25 때 형제 넷을 잃었다. 전주고 2학년때는 아버지마저 잃었는데 당시 지역 사람 모두가 매우 슬퍼했을 정도로 인품이 좋았다고 한다.

서울대 국사학과 2학년(1973)때, 문리대 시위주도로 구속되었고 1974년 이철, 이해찬과 민청학련사건으로 투옥되어 강제징집되었는데 보안사에 끌려가 지하취조실에서 죽지 않을 정도로 고문을 당했다. 복학하여 졸업(1979)전 MBC 기자시험 면접시험장에서 "유신체제는 곧 망할 것입니다."라는 말로 낙방할 뻔할 정도로 강한 소신을 가졌다.

앵커활동을 보다 충실하게 하기 위해 영국으로 유학해 웨일즈대 대학원(1987)을 졸업했다. 깔끔한 외모에 매끄럽고 직설적인 언변과 강한 뚝심으로 친화력과 대중적인 지지도가 높아 언론 플레이를 잘 한다는 평이다.

축구와 독서를 즐기고 민혜경 여사와의 사이에 1남 1녀를 두었고, 저서로는 《개나리 아저씨》가 있다.

(2) 주요경력과 노선

1978년 문화방송에 입사하여 1980년 보도국 정치부 기자, 1983년 앵커, LA특파원(1989), 뉴스데스크 앵커(1994) 출신으로 깔끔한 이미지와 매끄러운 언변으로 친화력과 대중성이 높다.

이런 관계로 국민회의 당무위원(1996)을 거쳐 제15대 국회의원 선거때 전주 덕진에서 최다득표로 당선된 이래 제16대 국회의원 선거에서도 최다득표를 얻어 2회 연속 전국 최다득표라는 위업을 달성하면서부터 전북의 대표주자로 두각을 나타내 1996년, 1998~1999년 국민회의 대변인을 거쳤다.

신세대와 30~40대 중산층에 인기가 좋아 이를 최대 공략층으로 삼고 점차 50대로 확산시키기 위한 또다른 이미지 변신을 시도하고 있다. 지난 제15대 대선 당시 안기부의 북풍공작에 순발력 있게 대응하여 김대중 대통령의 총애를 받은 소장파의 선두주자로 꼽히며, 이양호 국방장관 비리사건을 적나라하게 파헤쳐 의정활동에도 성실하다고 인정받았다.

한 번 옳다고 판단되면 불같이 밀고나가는 정의파로 당내 최고위원 선거에서 당당히 자신의 자리를 잡아 차세대 선두주자로서 이미 주목과 경계의 대상이 되고 있다.

(3) 정책이슈

1996년, 1998~1999년 국민회의 대변인을 매끄럽게 잘 수행했으며, 특히 1997년 대선때에는 안기부의 북풍공작에 순발력있게 대응해서 DJ로부터 총애를 받았다. 이양호 국방장관 비리사건을 파헤치는 등 성실한 의정활동으로 국민적인 지지를 받았고 특히 당내개혁을 주장해 민주당 내 청·장년층의 지지가 높다.

2000년 8월 30일 최고위원을 선출하는 전당대회에서 "나를 당선시켜 주면 당을 확 뒤집어 버리겠다."고 정풍운동을 선언하며 당선되어 차세대 주자로 급부상했다. 당의 국민적인 지지도가 떨어지자 당 쇄신을 위한 돌파구로 12월 2일 청와대 최고의원회의에서 동교동계의 좌장격인 권노갑의 2선퇴진론으로 직격탄을 날리는 정동영의 난을 일으켜 당의 내부갈등을 일으키는 분수령이 되었지만 국민적인 지지도로 일약 스타덤에 올랐다.

평소 한화갑 최고위원과 친밀했던 관계로 동교동계의 좌장격을 밀어내 한화갑을 좌장으로 만들었다는 비난을 받아 한화갑 최고위원을 곤혹스럽게 만들기도 했다.

이로써 당내 동교동계에서는 배은망덕, 당의 개혁을 줄기차게 주장했던 청·장년층 의원들로부터는 우리 시대의 영웅이라는 말을 듣고 있다.

(4) 해결과제

'꿈이 없는 사람은 미래가 없다.'며 '정치는 꿈을 파는 기술'이라 강조한다. 전북의 맹주인 한광옥이 DJ와의 관계로 청와대에 입문한 것이 그에겐 부담이 되면서도 오히려 활동에 제약을 받는다는 점에서는 유리함이 될 수도 있다. 최고위원에 당당히 당선된 저력은 과거 성실한 앵커 이미지와 대변인으로서의 능력을 인정받았기에 가능했다고 본다.

차차기를 노려 현 정권에서 일찍부터 장관직을 희망하고 철저히 준비했으나 권노갑 밀어내기로 인해 김대중 대통령으로부터 지금까지 따놓은 점수를 잃어 장관직에는 임명되지 못할 것이라는 추측도 틀린 것은 아닌 듯 싶다.

자천타천 전북의 지주이자 신세대 주자로서 급부상한 것이 사실이나, 앞으로 넘어야 할 산이 너무 많고 크다는 점에서 일단 차기 아니면 차차기 대권주자가 되기 위한 입지를 확보해야 할 것으로 보인다. 또 대권층에 오른 이상 보다 장기적이고 체계적이며 효율적인 자기관리와 협력이 필요하다.

우선 당 내에서의 인간관계와 성실한 연구문화 조성으로 신뢰를 쌓고, 밖으로는 각계각층의 주요 신진세력들과의 관계를 확대·유지하여 세력화시키는 것이 중요하다.

무엇보다도 성실한 의정활동과 전문가들과의 긴밀한 관계 속에 국가정책개발은 물론 기업을 살피고 겸손한 인간관계를 유지하여 현재의 이미지를 다년간 그대로 유지할 수 있는 정신자세와 실천이 필요하다.

장관직을 거쳐 행정경험과 국가운영을 배우는 기회를 만드는 것이 급선무이며, 당 내에서 동교동계와의 관계개선에 힘써야 할 것이다. 또 영남의 신진세력들과는 초당적으로 지역감정을 해소시키기 위한 장기적인 노력을 펼치는 방안도 강구해야만 한다.

이밖에 다양한 포럼과 홍보 등을 통해 신진세력들을 규합하고 자신의 소신을 합리적으로 펴서 대중적인 지지를 얻어내는 노력이 필수적이다. 때를 기다릴 줄 아는 정치인, 장기적으로 준비하는 정치인상을 보여줌으로써 자연스럽게 그 힘을 모아 21세기의 새로운 지도자가 되는 것이 그가 해결할 장기적인 과제이다.

9) 축구외교를 통한 대통령의 꿈 - 정몽준

(1) 인물배경

1951년 서울에서 정주영의 아들로 출생하였다.

박근혜 한나라당 부총재와는 장충초등학교 동창이면서도 서로 몰랐으며 중앙고 시절에도 소탈하였고 서울대 경제학과를 졸업하였으며 ROTC로 군복무를 마쳤다.

아버지를 꼭 빼닮은 외모와 소탈한 말씨에 두루뭉실한 성격으로 대인관계가 폭넓고 원만하며 축구외교를 통해 보이지 않게 은근히 부각되고 있는 상황에서 저서 《일본에 말한다》는 더욱 대권의지를 보이고 있다.

(2) 주요경력

한국의 신화기업 현대를 일군 아버지 고 정주영회장의 밑에서 경영수업을 하여 현대중공업 회장, 울산대 이사장과 축구협회회장(1993~), 미국 존스 홉킨스대 국제정치학 박사학위를 받았다.

고대 경영대 석좌교수, 고려중앙학원 이사, FIFA부회장, 2002년 월드컵조직위원회 위원장으로 활약하고 있는 세계적인 스포츠 지도자이다.

지난 15대 총선때 지역감정으로 인해 65석의 영남에서 유일하게 혼자 무소속으로 울산 현대인들에게 지지를 받아 당선된 3선의원이다.

두루뭉실한 성격으로 친근한 이웃집 형제와 같은 언행과 대한축구협회 회장이자 FIFA부회장으로서 2002년 한·일월드컵을 공동유치하는 등 탁월한 축구외교로 그를 거부하는 사람이 많지 않은 편이다.

더구나 경영, 정치, 교육, 스포츠 등 두루 경력을 쌓아온 그는 외교력과 협상력이 뛰어나며 경험을 바탕으로 《기업경영이념》과 《일본의 정부와 기업관계》 등의 저서가 있다.

(3) 정책이슈

'축구공처럼 둥근 새 리더'라는 애칭이 붙어 있다.

21세기 분열과 반목의 시대를 넘어 화합과 통일의 시대로 새로운 비전을 함께 힘을 모아 뉴밀레니엄을 위한 노력을 강조한다.

국회의원을 시작하면서 '정치를 하기보다는 공직(Public service)을 하는 심정으로 일하겠다'라는 공직론을 펴는 그의 참신성의 경제통이라는 점을 가장 장점으로 꼽는다.

여당과 야당으로부터 끈질기에 입당을 요청 받았으나 무소속을 고집하고 있으며 2. 5당에 의한 문제점보다는 3. 0당의 다당제를 강조하기도 했다.

우리의 정당구조와 운영은 냉전시대의 산물인 동시에 희생물이었다는 평가와 함께 이제 우리 정치도 투톱을 구성한 팀 플레이 체제가 필요한 때로 이를 통해 국민과 함께 해야 한다고 강조한다.

(4) 해결과제

언론과 대중들로부터 대권후보에 오르내리는 분위기에 아버지의 대권실패에 따른 정치보복에 의해 건강악화로 세상을 떠난 뒤 현대그룹의 분열의 한을 풀어 선물하고 싶은 욕망이 시들지 않고 있다.

더구나 스포츠를 통해 대권에 도전하기 위해 IOC 위원장 선거에 나섰지만 실패하자 급부상하게 되었다.

2002년 5월 말 FIFA 회장선거를 통해 당선과 스포츠 문화축제로 성공리에 마치게 되면 엄청난 프리미엄과 함께 국민적인 열풍은 정치권에 영향을 끼쳐 12월 대선에서도 유리한 고지를 점할 것으로 예상되지만, 결국 FIFA 회장후보로서 입후보를 하지 않아 상황은 다르게 나타나고 있다.

전쟁이 끝나면 평화가 오듯 대선이 지역갈등 해소 등 화합의 계기가 될 수 있도록 일하고 싶다는 강한 의지와 월드컵이 끝난 뒤 대선을 앞두고 자전거로 전국을 일주하는 방안을 검토하고 있다.

한나라당과 민주당 내부의 극심한 갈등과 분열로 영입 제1호 대상이 아니라 연합전선에 의한 창당은 국민적인 지지를 얻을 수도 있는 분위기이다.

현재의 세력은 아직 미비하지만 막판 대권후보경쟁에서 파도의 흐름을 타면 무섭게 번지는 우리의 정치문화로 볼 때 이를 가능케 만들 수도 있으나, 아버지의 정치 실패에 따른 여파의 교훈으로 결국은 주가만 올려놓고 출마하지 않을 확률이 높다.

즉 정치에 환멸을 느낀 국민들의 순간적인 내각제 정서로 자민련 김종필 총재와 민국당 김윤환 대표 이외에 민주당 대권후보에서 탈락한 세력과 연합하는 방법을 구할 수도 있고, 한나라당에서도 탈당하는 세력이 많아 이 세력들을 규합한다면 이회창 공격은 쉽게 풀릴 수도 있다.

10) 호남 정권 재창출의 주자 - 한화갑(韓和甲)

(1) 인물배경

1939년 2월 1일 전남에서도 오지인 섬마을 신안에서 출생하여 목포고(1959)와 서울대 외교학과(1963)를 졸업했다. 연세대 행정대학원 고위정책과정을 수료(1994)했으며 국회 교통체신위 활동을 위해 항공대 항공산업대학원 항공교통학과를 졸업(1997)했고 한남대에서 명예정치학박사(1999), 중국 요녕대에서 명예경제학박사(2000), 한국항공대학교 명예이학박사 학위를 수여받았다.

구수한 전라도 사투리와 특유의 제스처, 원고 없는 연설 등이 DJ와 너무 똑같아 '리틀DJ'라는 별칭을 갖고 있다. 충성심은 가히 신적이며, 특유의 친화력과 우직함과 소탈함을 바탕으로 여·야는 물론 각계에 지인을 갖고 있다. DJ의 그늘에서 벗어나기 위한 동교동계 해체론을 긍정적으로 받아들일 정도로 대권도전을 향한 강한 의지를 보이는 등 이번에 대권에 출마해서 최소한 이미지 부각과 몸값을 완전히 올려 놓겠다는 계산이 깔려 있다.

깨끗하고 근면, 성실하며 지조와 민주적인 신념의 소유자로 부인 정순애 여사와의 사이에 2남을 두고 있으며 독실한 천주교 신앙생활을 하고 있다.

(2) 주요경력

행남사에서 근무(1965)하다가 1967년 7대 총선때 목포에서 김대중 후보의 선거운동원으로 인연을 맺게 되면서부터 운명이 바뀌었다. 이로써 권노갑, 김옥두 의원과 함께 동교동계 1세대로 동교동의 살림살이를 맡았고 내외문제연구회 전문위원(1972)을 거쳐 1975년부터 5년 동안 김대중내란음모사건에 연루되어 세 차례나 옥고를 치렀다. 30년 간 산전수전을 겪으면서 정치역정을 거쳤으면서도 불만을 토로하지 않는 일관성 있는 충성심을 보였다.

민추협 운영위원(1985), 1986년에는 김대중 총재 보좌역, 대통령 후보 선거대책본부 상담실장(1987)을 거쳐 1992년 제14대 총선때(목포 신안, 국민회의, 새천년민주) 국회에 입성한 늦깍이로 1996년 제15대 때에는 전라남도 지부장을 거쳤다. 지난 대선때는 김대중 대통령 만들기를 위해 아예 영남에 상주하면서 엄삼탁 등을 영입하는 한편 '새정부 요직에 나서지 않겠다.'고 선언하는 충성심을 보여주었다.

한 차례도 당직에 오른 적이 없는 자칭 '변두리 사람'으로 고생이 많았지만 김대중 정권 출범과 함께 원내총무(1998~1999), 국회 운영위원장(1998)을 거쳐 총재보 단장과 사무총장(1999)을 지낸 후에 최고위원 경선에서 맏형 권노갑과의 갈등 속에서도 1위를 차지, 급부상하면서 현재 상임고문으로 활동하고 있다.

한양대 겸임교수(1998)와 경희대 언론정보대학원 겸임교수(2000)를 지냈으며, 저서로는 《행동하는 양심 김대중》, 《양심을 걸고 운명을 걸고》가 있고 (재)한국기원 5대 총재, 한양대와 경희대 언론홍보대학원의 겸임교수, 중국 북경사회과학원 명예교수로 활동중이다.

(3) 정책이슈

그는 무엇보다도 자신의 이름풀이대로 '한국에서 화합하는 데 으뜸'이라면서 화합과 안정 속의 개혁을 강조한다. 이는 안정의 씨앗이며 개혁의 씨앗인 동시에 화합의 열매를 맺을 수 있다고 확신하기 때문에 깃발을 높이 들고 대권에 대한 강한 야심을 갖고 있다.

언제나 양심의 명령에 따라 정의를 지키려 한 삶과 원칙은 양보하지 않되 결코 무리하지 않는다는 것을 좌우명으로 삼으나 뒤늦게 급성장한 관계로 이렇다 할 정책과 칼라가 분명하지 않아 보다 전문화되고 차별적인 국가정책 방안의 제시가 시급하다.

(4) 해결과제

경력과 나이에 비해 늦은 3선의원으로 호남권에 지지 기반을 갖고 있으며 지나치게 DJ 그늘에서 벗어나지 못하고 있다는 것이 약점이다. 근면하고 우직하며 정직한 성격 때문에 그늘에서 묵묵히 보좌를 하여 동교동계의 좌장격인 권노갑의 그늘에 가려 있었으나 비동교동계 소장파 의원들의 퇴진운동으로 인하여 자연스럽게 도약했다.

대권주자로서는 전국적인 지지도와 대통령으로서의 자질과 능력을 검증받지 않았다는 점에서 의문점을 낳게 한다는 여론을 호의적으로 돌려놓아야 한다. 당 내에서 대권 경쟁자들과의 치열한 권력투쟁은 물론 이해관계의 조율을 통한 전폭적인 지지를 얻는 것이 가장 급선무이다. 또한 호남출신의 냄새가 적고 합리적이고 우직하다는 평도 있으나 때로는 대권주자로서 카리스마적인 면이 있어야 함에도 이런 면이 부족하다는 인식에서 시급히 벗어나야만 한다.

결국 그 한계점이 드러나 스스로 낙마하고 말았지만 연계하여 당권에 도전하는 것이 바람직하다.

여전히 호남의 간판으로는 승리할 수 없다는 여론이 지배적이고 동교동계 내에서도 권노갑과의 갈등은 물론 대권주자로서 이미지와 경력이 부족하다는 점이 작용해 당내 경선에서 기대했던 광주에서 지지가 저조하였고 대전에서의 한계점으로 결국 당권을 잡아 차차기를 고려했던 것이다. 어쩌면 미래를 위해 한발 물러서서 재충전하려는 그의 판단은 현명했다.

경북에서 김중권, 부산에서 노무현을 전략적으로 대권에 출마시켜 영남을 분열시켜 이회창표를 깎아 먹고 여러 대권주자들이 출마한다면 아주 근소한 차이로 당선될 수 있는 방법도 있겠으나 그렇게 하기엔 어려운 점이 많을 수밖에 없었다.

앞으로의 향방을 위해 당·내에서 동교동계의 좌장격인 권노갑과의 조율을 바탕으로 대권주자들과의 권력지분을 통해 1차·진지를 구축해야 한다. 과거 민주화운동을 함께 했던 민추협 등 범민주계 연합과 시민·여성단체와 386세대 중 참신한 신진 전문가 그룹을 포용하기 위한 전략도 필요하다.

4. 대권주자 정책 및 지지도 비교

1) 대권주자의 성향·정책 비교

(1) 대권주자의 성향 비교

〈그림 4-5〉　　　　대권 예비주자 9인과 국민이념 성향 비교

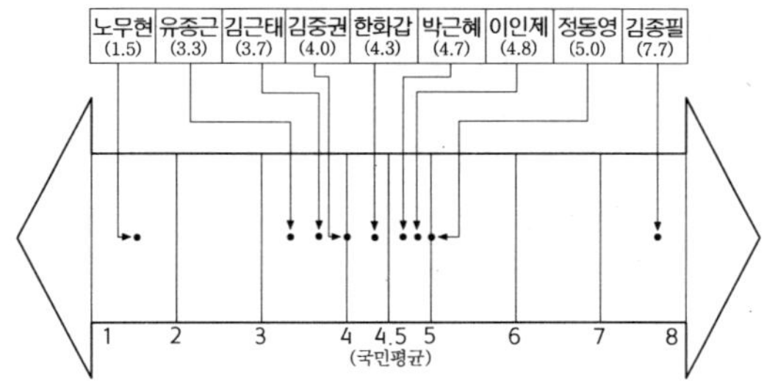

〈표 4-30〉　　　　　예비후보들의 성향분석

양자구도가능성

진보					보수
노무현	색깔에 따라 정계개편 추진, 개혁·통합소신 버린 적 없다.	이회창	굳건한 보수기조 견지, 제3후보 파괴력 크지 않다.	김중권	개혁마인드 갖춘 중도보수 영남출신 출현 힘들 것.
한화갑	3김 퇴진후에도 지역주의 온존, DJ개혁노선 계승 → 낙마	이인제	경쟁력 높이는 데 주력해야, 양당체제 바람직.		
정동영	경제는 보수, 정치는 진보 추구, 젊은 국가, 젊은 정치	김종필	당선되면 내각제 개헌 추진, 보수세력 결집해야.	박근혜	변함없는 보수가 진짜 보수, 인위적인 정계개편 안돼.

다자구도가능성

자료 : 중앙일보, 2002. 1. 1, 42면

<표 4-31>　　　　　　　　　예비후보 11인의 슬로건과 전략

소속정당	후보자	슬로건	필승전략
한나라당	이회창	국민우선정치극대혁신	법과 원칙의 확립(현정권은 권력우선 정치를 답습해 진정한 국가개혁에 실패)
	박근혜	애국애족	육영수 여사의 이미지, 아버지가 못이룬 민주정치의 꽃피우겠다. 장점 승계와 단점 보완
새천년민주당	김중권	강한 한국, 하나된 민족	청와대 비서실장과 당대표 경력으로 국민 대통합과 국가경영능력 입증, 국가경쟁력을 키워 선진경제강국 도약
	노무현	친구같은 대통령	국민통합, 지역구도 타파, 수구세력과 대항하는 민주화세력에 뿌리, 중산층과 서민을 위한 민주당 노선의 정통성 계승
	이인제	젊은 한국, 건강한 사회	젊은 에너지로 창조와 개혁, 도전의 불꽃을 피울 것, 3대원칙(과학, 실용, 행동주의), 비전과 추진력 및 발전 강조
	정동영	새비전, 젊은 한국	희망의 중심, 군림하지 않는 젊은 CEO리더십, 한국의 케네디 이미지 지향, 기성정치의 식상과 변화 요구에 부응
	한화갑	DJ계승/결국 낙마	국민을 편안하게 나라를 부강하게, 화합의 지도자, 계층과 지역, 남북갈등을 풀 적임자
자민련	김종필	경륜과 비전, 포용력	시심(詩心)의 지도자, 제왕적 권력에 지친 국민에게 내각제 개헌 후 대통령직 퇴임(퇴장의 미학)
무소속	정몽준	글로벌 리더, 21세기 대안	팀플레이 정치(월드컵 경기처럼 국민의 성원 속에 치러져야 모두가 정치 승리), 국제감각을 갖춘 적격자

자료 : 중앙일보, 예비후보 11인의 전략과 슬로건, 2002. 2. 1, 41면 도표화 보완

<표 4-32>　　　　　　　여야 대선주자들　'CEO 대통령'　입장

주자	인사청문회	총리·장관 권한위임	권력기관운용	당정청 관계	청와대 공간개선
박근혜	ㅇ빅5로 확대	ㅇ총리권한 실질보장 ㅇ전문가 입각확대 ㅇ장관임기보장	ㅇ중립화 추진	ㅇ당정분리 ㅇ상향식공천 ㅇ재정투명화	ㅇ비서실을 집무실 옆으로
이회창	ㅇ빅5도입찬성 ㅇ주요기관장도 선진국 수준으로 확대	ㅇ총리의 실질적 권한 강화	ㅇ특검제 ㅇ검찰중립화법 제정 ㅇ국세청 국정원 중립화	ㅇ당정분리검토	ㅇ집무실·비서실·내각이 수시로 만나는 공간으로
김중권	ㅇ검찰총장·국정원장 도입 찬성 ㅇ국무위원으로 확대 검토	ㅇ총리에 국내문제 위임 ㅇ위기관리용 인사 자제	ㅇ중립성·독립성보장(청와대 사정기능 폐지, 검사 청와대파견제 폐지)	ㅇ국회의장 당적이탈 ㅇ당정분리 ㅇ공천권 불간섭 ㅇ정무수석 권한축소	ㅇ청와대 본관으로 비서실 이주
노무현	ㅇ확대에 동의	ㅇ권한 대폭위임	ㅇ독립성 보장	ㅇ당정분리	ㅇ집무실 구조개선에 동의
이인제	ㅇ검찰총장·국정원장 도입 찬성	ㅇ총리폐지 부통령제 도입 검토 ㅇ장관임기보장, 성과에 따른 평가	ㅇ검사 청와대 파견 금지 ㅇ국정원 내부감찰기능 확충	ㅇ청와대 집무실 정부종합청사로 이주 ㅇ당정분리	ㅇ집무실을 정부종합청사로 이전 ㅇ청와대 본관, 관광용으로 개방
정동영	ㅇ빅5도입 찬성	ㅇ정부조직의 팀제화(총리가 팀장 분야별 하부팀 운영)	ㅇ검사동일체원칙 재고·검찰총장 퇴임후 일정 기간 법무부 장관 취임금지 ㅇ국정원 해외기능 확충	ㅇ당정분리 ㅇ정책정당화추진 ㅇ정당조직의 테스크포스화	ㅇ비서실을 집무실 옆으로
한화갑	ㅇ확대에 동의	ㅇ총리권한실질보장 ㅇ총리실 조정기능강화 ㅇ장관에 권한부여	ㅇ능력위주인사 ㅇ임기보장	ㅇ당정분리 ㅇ파트너십강화	ㅇ경호고려하되 집무실을 업무위주 공간으로
김종필	ㅇ빅5로 확대에 찬성	ㅇ내각제 개헌으로 총리가 국정최고 책임 담당	ㅇ내각제가 권력기관 중립화를 제도적으로 보장	ㅇ정치인 입각으로 다수당 책임정치 구현	ㅇ현재의 고립형 구조를 개방형으로 전환

※정당은 의석순·주자는 가나다순. 중앙일보, 2002. 1. 11. 42면

〈표 4-33〉　　　　　　　여·야 대선주자들의 대북정책 비교

	예산 1% 대북지원 어떻게 보나	대북개발 어떤 청사진이 필요한가	통일논의 위한 초당적 기구 필요성은	북한의 상응조치 필요한가
김종필	1%는 시기상조. 국내문제도 해결되지 않은 것 많아	시장경제원리·정경분리원칙 적용. 북한경제의 자생력확보에 역점	정부·민간·국회에 산재해 있는 관련기구 통합. 창구는 정부로 일원화	기존 합의사항 먼저 이행하고 집행의 투명 보장돼야
김종권	국민의 동의전제로 찬성. 통일에 대비한 투자비용으로 생각해야	제도적 측면에서 이중과세방지협정·투자보장협정 등 민간자본 투자여건 조성	대통령 직속 한민족통일대책위원회(가칭)구성해 마스터플랜 짠 뒤 최고결정권자에게 건의	일대일식의 산술적 상호주의가 아닌 신뢰적 상호주의 필요
노무현	적극찬성. 정부주도 사업에 언론이 적극 나서 긍정적 효과 기대	사회간접자본개발 지원 위해 국제기구 도움 끌어내야	우선 국회 통일외교통상위 내실있게 운영. 합의 안되면 초당적 기구 필요	북한의 약속이행이 무엇보다 시급
박근혜	반드시 국민적 합의가 필요. 국회에서 먼저 논의해야	기업들이 안심하고 투자할 수 있는 청사진 마련돼야	대한민국 정부 자체가 초당적 기구. 국회 내에 두는 것이 능사는 아님	북한군 전력의 재배치 등 안보상의 조치 선행돼야
이인제	북한의 호응과 국민적 합의 고려해야. 합의없는 규모확대는 적절치 않아	이질성 극복 위해 상호이익이 되는 방향으로 추진해야. 수익성있는 사업 필수	타협과 조정능력이 문제. 별도기구 설치하기보다 국회상임위가 역할 맡도록	포용정책 성과 위해서라도 상응조치 필요
이회창	자구노력과 평화공존을 수용한다는 태도변화가 반드시 전제되어야	한국판 마셜 플랜을 수립하는 방안도 검토해 볼 만해	일정 규모 이상 대북지원은 반드시 국회 사전동의 얻도록	이산가족 상봉, 국군포로·납북자 송환 필수
정동영	적극찬성. 국민 공감대 확대에 좋은 효과 있을 것	사회간접자본 개발 지원. 이를 위해 주변국과 펀드 조성. 북한도 변화 보여야	여야·학계·언론계·시민단체 망라해 국회내 남북문제특위 구성 적극 찬성	이산가족 면회소 설치 등 인도적 문제부터 풀어가야
한화갑	전적으로 동의. 참신한 제안. 북한 경제회생 차원에서 접근해야	북한 자신이 발전모델 세워야. 우리 민간기업과 연구기관도 준비해 둬야	새로운 제도 도입보다 기존 국회 내 남북관계 특위 활성화가 우선	인도적 차원의 지원은 불가피. 국제기구와 지원물품 배분과정 감시

〈표 4-34〉 대선예비주자 9인의 설문 답변내용

구 분	외교 안보	국가 보안법	대북 지원	재벌 규제	집 단 소송제	복지	환경	고 교 평준화	호주제	사형제	스스로 평가한 이념적 정체성
김중권	b	c	d	b	c	b	c	c	c	c	4
노무현	b, c	d	d	c	d	c	c	c	d	d	4~6
이인제	b	c	–	b	c	b	c	–	–	c	5
정동영	b	c	c	b	c	b	b	b	c	c	4
한화갑	b	c	c	b	c	b	c	c	c	c	4
박근혜	b	c	b	b	c	c	c	c	d	a	7
김종필	a	b	b	b	b	b	c	a	a	a	7

※a가 가장 보수, d는 가장 진보/스스로 평가한 이념적 정체성은 0~10(0 : 진보, 10 : 보수) 기준/
유종근(외교안보는 '안정적 한미관계를 토대로 외교안보정책의 다변화를 추구해야 한다')/이인제(대북
지원을 '실정에 따라 유연하게 지원규모를 정해야 한다.' 고교평준화는 '현행제도의 내실화를 기하되 능
력별 수업과 자립형사립고를 신중히 도입해야 한다.', 국가보안법은 '장기적으로 폐지해야 하지만 국민
적 공감대를 만들어야 한다'고 응답)/노무현(외교안보 응답은 평균산출시 제외)/(-)은 무응답

자료 : 중앙일보, 한국정당학회, 대선예비주자 9인 성향비교, 중앙일보, 2002, 2, 1. 4면

〈표 4-35〉 대권후보 내조자

소속정당	대권후보	내조자	내 용
한나라당	이회창	한인옥	저서('자식이 뭐길래'), 비공개 일정, 불교계 공들임
새천년 민주당	김중권	홍기명	사회복지, 장애인행사
	노무현	권양숙	대외활동 전무
	이인제	김은숙	'미래의 대통령, 나의 남편 이인제 대통령 후보의 아내로서 가슴벅찬 심정으로 노래하였다.', 여성단체,
	정동영	민혜경	정동영과 함께하는 행사 참석
	한화갑	정순애	개신교회, 불우이웃돕기, 우리꽃사랑회
자민련	김종필	박영옥	JP의 새이미지, 신문 JP와 자민련기사 체크 조언
무소속	정몽준	김영명	울산 동구 어머니합창단고문, 광주 서구에서 합창단 초청 공연주선

(2) 새천년민주당 내 대통령 후보 경선전략 비교

새천년민주당 경선주자들의 자기 색깔이 담긴 정책대결은 그 어느 때보다도 치열하다. 더구나 전국순회방식의 국민경선제 도입과 TV토론이 정책대결을 더욱 촉진시키고 있으며 앞으로 강화될 전망이라는 점에서 조금이나마 희망을 준다.

〈표 4-36〉　　　　민주 차기주자 4대 주요정책 입장

	인사정책	재정정책	건보대책	재벌정책
김중권	-행정실명제 강화 -정책 과오 세번 반복하면 퇴출(삼진아웃제)	-재정건전화법 제정(복식부기 통한 발생주의 회계로 국가채무 파악, 추경예산 제한편성, 세계잉여금의 국가채무상환의무화, 지자체 재정건전화 노력 기준으로 교부금 차등지급	-의약분업 재검토 -자영자 소득 파악으로 소득비례 납부토록	-불필요한 규제완화 -기업내부거래 지양 및 회계 투명성 유도
노무현	-연고주의 배격 -공공기관 공개채용제 확대	-우리 경제규모로 국가채무 해결 낙관 -경제성장으로 다양한 세원 개발	-의보수가 조정 3~5년 뒤면 재정 회복될 것	-관료규제완화, 조조 등 통한 사회적 규제강화 -재벌지배구조 지속개혁 -출자총액제한제 완화 반대
이인제	-임용시 철저한 검증, 책임평가 -장기간 임용고려 -비서실보다 장관 중용	-경제성장 통한 채무감소로 균형재정 회복 -중장기적 재정건전화 위해 연기금제도 개선	-의보수가 인상률 적정화로 건보재정문제해결(포괄수가제, 의료비저축제도(MSA)도입 검토) -공보험 강화전제, 민간 의료보험제 활성화	-회계투명성·경영정보 성실공시 전제하에 규제완화 필요
정동영	-내각 위주의 국정 운영	-GDP에서 국가채무가 차지하는 비율을 법으로 정해 관리 -연기금운용의 전문성 강화 -공적자금 관련 채권정기채로 차환 발행	-국세청 등 협조 얻어 지역가입자 소득 파악 -급여제도 개선(수가인하 효과 기대)	-주주·소비자·채권단의 감시기능 강화 -지배구조개선 및 회계·공시 투명성 높임
한화갑	-인사청문회 및 언론 통한 공개검증	-경기회복에 우선순위 돼야(경기활성화→세수증가→재정건전화)	-재정통합 필요 -종합적 재정누수대책으로 보완(의보수가 재조정·지역의보료 징수율 제고·부당청구 근절 등	-정부의 재벌정책 재검토 찬성

자료 : 중앙일보. 2000. 1. 14. 4면

<표 4-37>　　　새천년민주당 예비주자들에게 들어본 상대방 강·약점

후 보	강 점	약 점
김중권	대통령비서실장·당대표 두루 경험, 민주당 내 보수성향 영남 출신(심성이 반듯한 관리자)	낮은 지지율과 인지도, 5공참여 등 전력 시비
노무현	동서통합 위한 영남권 출신, 강한 개혁성향과 젊은층 지지(호재분명한 외골수)	급진파(감정통제 어려움)라는 일부의 우려와 견제, 총선에서의 잇단 패배, 적이 많음
이인제	각종여론조사 수위·대선경험, 상대적으로 젊은 나이와 세력(권력의지로 뭉친 민주투사·쟁취형)	신한국당 경선불복탈당, 민주당 아닌 국민신당, YS출신, 신뢰도 의문
정동영	젊은 나이, 세대교체 기수 이미지, 대중연설능력에 호감가는 외모(활화산같은 웅변가)	행정경험이 전무, 능력검증 필요, 동교동구파 등 당내 기득권 세력 비호의적
한화갑	민주화공신, 동교동 신파 등 당내 세력 단단(장점 많은 점잖은 신사)	DJ가신(비서)출신, 상대적으로 낮은 국민적 인지도, DJ 동향(신안)

자료 : 중앙일보, 2002. 1. 8. 4면. 보완

<표 4-38> 새천년민주당 대선예비주자 현정부와의 차별화와 경선자금 입장

구 분	현정부와 차별화	경선자금
김중권	초기보다 인사기준 흐트러짐, 중요 보직자 보직 잘못	선거공영제 대폭실시
노무현	인사정책의 실패, 각론혁신	공정한 자료공개 찬성
이인제	인사정책의 난맥(특정인맥에 치우침), 준비안된 의약분업으로 국민고통	주자들의 깨끗한 경선약속
정동영	개혁정책 총론은 옳았으나 구체적 실천과정의 과오(의약분업 반대)	후원금 상당액 범위내 경선
한화갑	각론이 문제	경선자금도 선관위가 감시 요망

기존자료 도표화

<표 4-39>　　　　　새천년민주당 대권후보 경선레이스 전략

후보	출신	경력/스타일	전 략	홍 보	지지세력(변동가능)
김중권	경북 고대 법학과	판사, 대통령 비서실장, 새천년민주당 대표/참모위임형	국민대통합 후보 강조, 국정경험 강조	출판기념회(경제저서 : 경제회생방안), 전국순회 계획 진행	
노무현	부산 부산상고	판사, 5공청문회스타, 해양수산부장관/혼합형	네티즌 등 젊은층 공략, 타주자와 연대	개혁과 통합을 위한 국민후보 노무현추대위원회 조직, 인터넷생중계, 네티즌 등 젊은층 공략	
이인제	충남 논산 서울대 법학과	판사, 경기지사, 대통령출마/독자결정형	전국투어 선두 굳히기, 국민의 미래에 대안 선택, 새로운 리더십	이인제 대세론(바람, 경선준비위 발족, 전국투어), 경제대통령	권노갑, 안동선, 김옥두, 박상천, 김기재, 홍재형, 이용남, 남궁억, 김한길, 권용학, 박범식
정동영	전북 순창 서울대 역사학과	MBC앵커, 대변인, 최고위원/혼합형	세대교체 이미지 역점(세대간 정권교체), 국가쇄신 역동적	대중연설, 순회경선에서의 바람몰이 기대	신기남, 추미애, 천정배
한화갑	전남 신안 서울대 정외과	DJ비서실장, 사무총장, 최고위원/참모위임형	TV토론 세몰이, 갈등없는 화합, 통일리더십, 국민편안, 국가부강	한화갑 제대로 알리기, 대중지지 확보(출판기념회, TV토론 적극참여, DJ비서 이미지 벗어나기)	문희상, 박상규

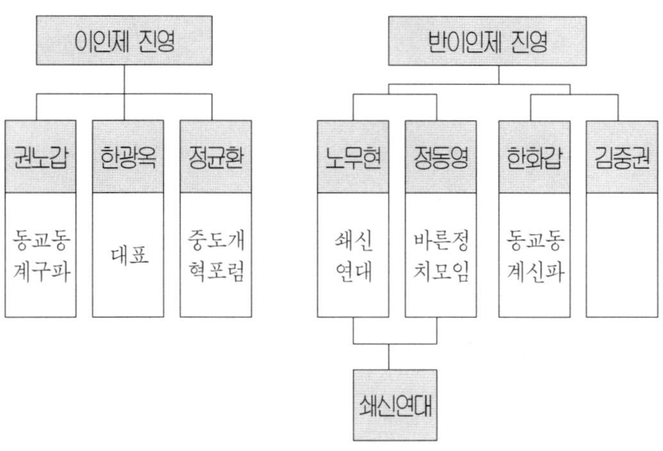

〈그림 4-6〉　　　새천년민주당 대선예비주자 경선 예상구도

자료 : 동아일보, 2002. 1. 7, 3면, 보완

〈표 4-40〉　　　새천년민주당내 정파별 각종 후보 선호상황

구 분		대통령후보	당대표	최고위원	원내총무
주류	권노갑 (동교동계)	이인제(?)	한광옥(?)	안동선, 김옥두, 박상천	이해찬(?)
	이인제계	이인제	한광옥(?)	김기재, 홍재형, 박상천, 이용상, 남궁석	이해찬(?)
	중도개혁포럼	이인제(?)	한광옥	정균환	박광태(?)
비주류	한화갑계	한화갑	한화갑	문희상, 박상규	장영달(?)
	쇄신연대	노무현, 김근태	한화갑	김원기, 정대철, 조순형, 신계륜	장영달(?), 임채정(?)
	바른정치모임	정동영	한화갑(?)	신기남, 추미애	천정배(?)

※정파간 연대에 따라 변화가능성 큼. 자료 : 조선일보, 2002. 1

2) 대권후보자 여론조사 비교

(1) 대권후보자 이미지 조사 비교

대선예비후보자들의 총체적인 이미지조사 결과는 다음과 같이 나타났다.

〈표 4-41〉　　　　　　　　대선예비후보자 이미지 조사

구　　분	김근태	김종필	김중권	노무현	박근혜	유종근	이인제	이회창	정동영	정몽준	한화갑	평균	순위
자 질 력	6.5	7.7	6.5	6.9	6.8	6.3	7.5	7.9	6.7	7.2	7.1	7.0	15
인　　품	6.8	5.2	7.0	7.6	7.8	6.0	7.9	8.1	7.9	7.4	7.0	7.2	10
국 가 관	7.4	7.5	6.5	7.7	7.4	6.5	7.5	7.8	7.4	6.8	7.2	7.2	6
통 치 력	7.2	7.9	7.3	7.1	7.0	7.2	7.4	7.8	7.2	7.2	7.3	7.3	4
제 왕 탈 피	6.8	5.7	6.4	6.8	7.1	6.0	7.2	7.7	7.1	7.0	6.5	6.8	19
인 재 등 용	7.5	7.0	6.3	7.8	7.8	6.4	7.4	7.6	7.6	7.7	6.8	7.3	5
정 치 안 정	7.0	6.5	6.6	7.6	7.2	6.4	7.9	8.1	7.2	7.6	6.9	7.2	7
건　　강	6.7	4.7	6.3	7.5	8.0	7.5	7.8	6.2	8.2	7.5	6.2	7.0	17
신 뢰 감	7.4	7.5	6.5	7.7	7.4	6.5	7.5	7.8	7.4	6.8	7.2	7.1	13
법 질 서	7.2	6.8	6.9	7.0	7.8	6.2	6.4	8.3	7.4	7.4	7.3	7.2	10
경 제 회 복	6.6	7.7	6.2	7.2	7.1	7.8	7.2	7.6	7.1	7.8	6.5	7.2	9
구 조 조 정	7.4	7.3	7.2	7.5	7.3	7.8	7.7	8.0	7.6	6.9	7.3	7.5	2
부정부패척결	7.2	7.3	7.5	7.3	7.3	6.3	7.4	8.0	7.1	7.3	6.4	7.2	7
지역갈등해소	6.9	6.2	6.8	7.5	7.2	6.3	7.2	7.6	7.1	7.5	6.8	7.0	15
빈부격차해소	7.8	7.4	7.1	7.6	7.0	7.5	7.5	7.5	7.3	7.0	7.5	6.8	18
복 지 문 제	7.1	6.9	6.4	6.8	7.0	6.5	6.7	6.9	6.2	6.3	6.6	6.7	20
교 육 문 제	7.1	6.8	6.6	7.3	7.1	6.8	7.3	7.9	7.2	7.2	6.5	7.1	14
남 북 문 제	6.9	6.4	7.0	7.3	7.1	6.7	7.5	7.9	7.1	7.7	6.9	7.1	12
외 교 력	6.9	7.0	6.7	7.4	7.3	7.4	7.8	8.0	7.3	7.8	6.9	7.3	3
균 형 발 전	7.4	7.2	7.6	7.8	7.5	7.0	7.8	8.1	7.5	7.4	7.4	7.5	1
비고 — 종합	141.8	136.4	135.9	146.4	146.0	136.1	147.9	154.8	145.3	146.1	138.3		
비고 — 평균	7.09	6.87	6.80	7.32	7.30	6.76	7.40	7.74	7.27	7.31	6.92	7.16	
비고 — 순위	7	9	10	3	5	11	2	1	6	4	8		

자료 : 채수명, 대권후보자 이미지에 관한 조사연구, 2002, 1

(2) 대권후보 지지율 조사

지금까지 각종 여론조사의 결과 한나라당의 이회창 총재가 우세를 보이고 있다. 하지만 성급하게 대세론이 거론되는 것은 한나라당과 지지자들의 입장일 뿐 과연 선거 당일까지 이러한 대세론이 계속 유지될 수 있을지는 누구도 장담할 수 없다.

이회창 총재 대세론의 가장 큰 적은 이총재 자신이다. 현정권의 거듭된 실정으로 인한 것일 뿐 주요 이슈에 대해 국가경영 비전을 제시하지 못하고 젊은 층의 지지가 낮은 것은 문제이다.

반면에 민주당에서는 이총재 개인의 인기보다는 반 DJ정서에 뿌리를 두었기 때문이며 상대성과 변수가 있는 장기전이고 후보가 결정되면 뒤집을 자신이 있다고 믿는다.

〈표 4-42〉　　　　　대선예비후보 선호도 여론조사 결과

구 분	후보자	선 호 층
직업별	이회창	화이트칼라, 가정주부, 공무원 / 지나친 독선 우려
	이인제	학생, 블루칼라, 자영업자, 농어업종사자 / 말바꾸기 우려
연령별	이회창	40대 이상 / 신선한 충격이다
	이인제	20~30대 / 젊어서 좋다
거주별	이회창	서울, 부산, 경남, 대구, 경북, 충북, 강원 / 중동부권
	이인제	경기, 인천, 충남, 대전 / 서부권
연령 직업	노무현	30대 블루칼라, 노동계 / 서민층, 저학력층
	정동영	20대 호남권, 호남권
정 당	한나라당	40~50대
	민주당	20~30대

자료 : 채수명, 대권후보자 이미지에 관한 조사연구, 2002. 1

〈표 4-43〉　　　　　　　　　당선 가능성 여론조사

성 명	%	성 명	%	성 명	%
김근태	8.4%	김종필	12.7%	김중권	8.1%
노무현	23.7%	박근혜	17.5%	유종근	4.4%
이인제	35.6%	이회창	41.5%	정동영	13.7%
정몽준	16.8%	한화갑	11.5%	고 건	20.5%

자료 : 채수명, 대권후보자 이미지에 관한 조사연구, 2002. 1

〈표 4-44〉　　　　　　　　　2002년 여론조사 결과

구 분	이회창 : 이인제	이회창 : 노무현	이회창 : 정동영	이회창 : 김근태	이회창 : 한화갑	이회창 : 김중권	이회창 : 유종근
한국갤럽, 조선일보	45.4:34.8	47.4:31.3	49.6:27.3	54.9:18.6	57.0:17.4	56.2:16.5	56.4:16.4
R&R, 동아일보	35.4:33.1	39.1:32.5	39.4:29.6	-	-	-	-
중앙일보	53.0:40.4	57.9:37.4	-	-	70.3:21.6	-	-
미디어리서치, 한국일보	45.9:34.7	51.5:32.3	54.9:27.6	61.8:19.6	59.3:17.4	60.9:17.3	-
현대리서치, 경향신문	41.7:39.4	44.7:34.1	48.4:29.4	52.6:19.8	-	-	-
한겨레신문	41.6:30.7	44.7:24.3	45.1:21.6	47.6:12.1	-	48.0:11.3	48.4:9.9
TN소프레스, 문화일보, SBS	41.6:33.4	40.9:30.3	44.0:35.1	43.0:18.2	48.0:16.5	46.7:16.3	-
한국갤럽,MBC	44.3:33.5	46.5:31.1	49.3:27.5	-	-	-	-
대안일보, 한국리서치	44.5:38.0	-	-	-	-	-	-
평 균	43.71: 35.33 (-8.38)	46.59: 31.66 (-14.93)	47.24: 26.87 (-20.37)	51.98: 17.66 (-34.32)	56.44: 17.00 (-39.44)	52.95: 15.35 (-37.60)	56.4: 16.4 (-40.00)

자료 : 조선일보 2002. 1. 3. 5면

V

차기, 차차기
주자 분석

1. 개혁세력군

1) 재야 제도권자 - 이부영(李富英)

(1) 인물과 주요경력

1942년 9월 26일 서울에서 출생하여 용산고(1961), 서울대 정치학과 (1969)를 졸업했으며 육군 병장으로 제대(1966)했다. 6·3세대로 재야 민주화운동 경력이 있고, 동아일보 기자(1968~1975) 시절에 자유언론운동 관련으로 해직되어 복역(1975), 통일주체국민회의에서의 대통령 선거 반대로 복역 (1979) 등 민주화 운동에 연루되어 다섯 번이나 옥고를 치르는 온갖 고생을 하였다.

민중민주운동협의회 공동대표(1984), 민주통일민중운동연합 상임위원장과 동 사무처장(1985), 5·3인천사건과 관련하여 복역(1986)하였고, 1987년 대선 때는 김영삼과 김대중이 후보 단일화에 성공하지 못하면 패배할 것을 예측하고 단일화에 앞장섰으나 실패하고 말았다. 1988년 광주학살 진상규명투쟁위원회 공동위원장과 전두환 전 대통령 구속수사 요구와 관련하여, 다음해 전국민족민주운동연합 상임의장, 문익환 목사 방북, 현대중공업 파업 등과 관련하여 각각 복역하였다.

1990년에 야권통합을 추진하면서부터 민주당 소속으로 부총재(1990), 정계에 진출하여 최고위원(1992)을 역임하고 제14대 국회에(강동 갑, 민주) 들어와 민주개혁정치모임 의장(1994)을 거쳐 1995년 민주당 부총재와 최고위원(1995)을 지냈으며, 김대중 총재가 정계에 복귀해 야권이 분열되자 민주당과 신한국당이 통합된 한나라당으로 당적을 옮겨 부총재를 하였다.

1996년 제15대 국회의원을 거쳐 김대중 정권이 들어선 후에는 야당파괴저지투쟁위원장으로서 대여 공세를 주도해 왔으며 원내총무(1999)를 지낸 3선의원이다. 한나라당 선출직 부총재이자 당연직 정무위원이며 국회 환경경제연구회 회장으로서 환경운동연합, 우리말 살리기 운동본부, 생명의 숲 가꾸기 운동본부 지도위원이기도 하다.

강한 이미지와는 달리 합리적인 성품과 막후 조정력이 탁월하여 이회창 총재의 신임이 두터운 가운데 보이지 않는 야심이 강해 차세대 대권주자로서 주목받고 전진하고 있다.

바둑과 독서, 등산이 취미이고, 구소원 여사와의 사이에 3녀가 있다. 저서로는 《언론과 사회》, 《윤용하 평전》, 《희망의 정치로 가는 길》이 있다.

(2) 노선과 해결과제

오랜 재야생활을 하다가 뒤늦게 정계에 입문하였지만 여·야 모두가 무시못할 중진으로 급성장하였다. 개혁성향이 강하고 1987년 노태우 후보가 김영삼과 김대중을 분열시키려 하자 강력하게 야권 단일화를 주장하였지만 김대중의 탈당으로 실패했다고 판단한 뒤 결별하였다.

꼬마 정당 민주당과 신한국당과의 통합으로 이회창과 관계를 맺은 그는 어려움이 있을 때마다 앞뒤에서 그의 반대세력들의 저격수로 맹활약을 하였다. 이로써 거대 야당의 핵심참모 나아가 차차기 대권주자로 급부상하는 그의 계산된 공식이 그대로 적중할 수 있었던 것은 우리 정치현실의 도움이 컸다고 할 수 있다.

재야 활동가 또는 핵심참모로서 충실하게 역할을 하고 있으나 대권주자로서의 폭넓은 인간관계와 포용력, 자금조달력, 공·사조직 등 함수관계의 극대화라는 우리 선거풍토에서는 건너야 할 강이 너무나도 많고 험하다.

흑백논리가 분명한 그의 성격은 장점이 될 수도 있으나 세력을 확대하지 못하는 상황에서는 오히려 불리하다는 점을 어떻게 극복할지 주목되는 부분이다. 지나치게 강한 이미지의 소유자로 핵심참모 역할은 충실히 하겠으나 대권주자로서는 아직 멀었다는 여론도 있지만 전문가 집단끼리 뭉치기만 한다면 불가능한 일은 아니다. 차차기 대권을 노리는 중진들과 연합전선을 펼치면서 명성

을 날리고 있는 원로들과 새시대 신진세력들과의 조화를 이루어 안정적인 진
보세력을 형성한다면 시대적인 요청에 따라 필요한 세력으로 인정받게 될 것
이고 그렇게 되면 그의 파괴력은 무시못할 정도로 커질 것이다.

그는 현재 세력이 미약함을 실감하고 이회창 후보의 훌륭한 핵심참모로서
충성을 하는 아이디어 뱅크 역할을 하면서 차기 선점의 프리미엄이 높은 선거
대책본부장으로서의 위치 확보가 급선무이다. 기회를 기다릴 것인가 아니면 기
회를 잡을 것인가에 대한 열쇠는 전적으로 자신의 결심과, 틀을 바꾸려는 시기
에 기회를 어떻게 이용할 것인가 하는 고도의 두뇌싸움에 미래가 달려 있다.

2) 경남의 기대주 - 강삼재(姜三載)

(1) 인물과 주요경력

1952년 7월 1일 경남 함안군 산인면 송정리에서 3남매 중 막내로 태어났
다. 1971년 마산고를 나와 경희대 신문방송학과에 입학하여 1974년 대학방
송연합회장, 유네스코 학생회장, 경희대 총학생회장으로 활동하다가 1975년
긴급조치 위반으로 구속·제적당하여 경남일보 사회부·정경부 기자생활
(1976~1985)을 했다. 이후 복교하여 뒤늦게 대학(1981)과 대학원(1983)
을 졸업했다.

1985년 신당 돌풍으로 신민당 당기위원회 부위원장으로 마산에서 제12대
국회의원에 당선되어 민추협 상임운영위원·신민당 부대변인으로 활동하면서
능력을 인정받아 주목받게 되었고, 1987년 통일민주당 창당에 일조를 하여 신
문윤리위원·중앙당청년위원회 부위원장으로 활동하였다.

1988년 제13대 국회의원(마산 을, 민자, 민주)으로 당선되어 민주당 원내
부총무, 유네스코 한국위원과 민주당 대변인(1990), 민자당 정세분석위원장
(1990), 1992년 제14대 국회의원·기획조정실장(1994)을 거쳤다. 1995년

40대 초의 나이로 김영삼 대통령의 신임을 받아 신한국당 사무총장(1996~
1997)을 맡아 능력을 인정받은 5선으로 한영의원친선협회 회장(1996), 한나
라당 부총재로 활동하고 있다.

강력한 추진력은 타의 추종을 불허하나 지나칠 정도로 강렬한 이미지는 오
히려 대권주자로서 마이너스로 작용할 수도 있다. 저서로는 《바니타스 바니타
툼》, 《새벽의 설레임으로》, 《세대교체와 비전의 정치》가 있다.

(2) 노선과 해결과제

한때 김대중 저격수였기에 DJ정권 수립 이후에 큰 시련을 겪어 정치생명이
끝나지 않나 하는 의구심도 있었지만 무사히 잘 넘겼다. 그러나 그 여파로 인
해 그의 당당했던 기세가 한풀 꺾인 분위기다. 어쨌든 정치 입문이 짧으면서도
중진으로 성장한 것은 주변에서의 육성도 있었으나 탁월한 순발력과 추진력
등 그의 자질이 가장 큰 힘이었다.

한나라당 내 경남의 선두주자이자 민주계의 김덕룡 다음으로 비중이 있는
맏형격이 되었다는 점에서 무시못할 존재인 것이다. 하지만 YS의 후광을 받아
충성을 다 바쳐 참모로서의 역할을 잘했던 핵심참모형이라는 인식이 강하게
남아 있기 때문에 이렇다 할 독자적인 노선과 정책제안 및 그만의 특성이 보
이지는 않는다.

물론 정당의 민주화를 통한 정치개혁을 강조하고 있지만, 이것은 정치인이
라면 누구나 강조하고 있는 것이어서 차별성과 전문성이 떨어진다는 점에서
이를 보다 구체적이면서도 합리적이고 장·단기적인 제안을 한다면 자기 것으
로 끌어들이는 기회가 될 수 있다. 김덕룡 부총재와 친밀하면서도 거리가 있는
가운데 보다 장기적인 대권 준비를 위해 경남도지사에 출마하고 당선되어 경
력을 살려 영남의 대권주자로 부각시키는 방법도 있으나 거기에는 관심이 없
는 듯하다.

왜냐 하면 그것도 모험이며 오히려 선거에서 조직확대나 경남의 적극적인
지원운동 등으로 지대한 역할을 한 후에 차기 당대표나 국회의장, 국무총리 등

을 통해 급부상해 보려는 의도가 있지 않나 생각된다. 오히려 이 길을 통해 능력을 발휘하여 인정받는 것이 차기 대권주자로 초고속 성장할 수 있는 확실한 방법이다.

반대로 과거에 민주화 투쟁에 앞장섰던 민추협 등 범민주 세력을 결집시키는 데 앞장서면서 3김연합을 이루는 밀사로서의 지대한 역할을 통해 무게중심을 갖는 국정운영진이 되는 길도 있다. 장고하고 있지만 이제 그의 명석함과 순발력, 추진력은 계산된 무엇인가를 생각하며 서서히 움직여야 할 때가 왔다.

3) 경기권의 맹주 - 손학규(孫學圭)

(1) 인물과 주요경력

1947년 경기 시흥에서 출생하여 경기중·고를 나와 서울대 정치학과를 졸업하고 영국 옥스퍼드대에서 정치학 박사를 받았다.

인하대학교 교수를 거쳐 서강대학교 교수로 재직하면서 반독재민주화운동과 인권운동의 핵심멤버로 과감히 활동하다가 기독사회문제연구원장으로 활동하는 동안 자신도 모르게 이미 정치권을 향한 준비를 착실하게 다질 수 있게 되었다.

이로써 제14대·15대 국회의원으로 자리를 구축한 뒤 기획력을 인정받아 김영삼 정권 때 보건복지부 장관을 지내 신상도동계의 인물로 두터운 신임을 받았다.

이 때문에 정치생리상 구민주계와 친밀하면서도 보이지 않는 알력이 생길 수밖에 없었다. 그러는 동안 급격히 성숙했고 그렇게도 원했던 경기도지사에 출마했지만 패하고 말았다. 하지만 여전히 재기의 꿈은 결국 대권을 향해 달려가고 있다.

탁월한 능력과 성실성을 인정받아 현재 한나라당 비전21 분과위원장으로 활동하고 있지만 만족하지 않고 점점 큰 그림을 그려가고 있다. 이회창과는 아주 긴밀하게 협조하면서도, 때로는 중진으로 차차기 대권주자로서 자기 목소리를 내는 등 서로간에 필요하면서도 때로는 심기가 좋지 않은 관계이다. 《한국사회 인식논쟁》과 《한국정치와 개혁》 등의 저서가 있다.

(2) 노선과 해결과제

그는 진보적 자유주의(HK Vision)를 강조한다.

즉 그 이념은 국가 경쟁력의 극대화를 통해 우리가 세계사의 주역으로 등장하는 계기를 마련해 줄 지구촌시대의 국가경영 철학을 강조하고 있고 한편으로는 생존과 번영을 이룰 수 있도록 구시대 정치를 과감히 청산하고 새로운 시대에 새로운 대안의 정치를 펼치려는 신개혁층 선두주자의 한 사람이다.

이를 통한 조화와 통합, 상생과 자율, 수평적 네트워크라는 패러다임을 통해 잃어버린 인간성의 회복을 추구하는 등 세계변화의 물결을 받아들이는 적극적 사고에 의한 정책을 펼치려고 한다.

우리의 과거와 현재의 문제를 검토하여 21세기의 도전에 응전할 수 있는 일을 모색해 서구 선진국가들의 실패를 반복하지 않기 위해 후발국의 장점을 최대한 발휘해야 한다는 이론이다.

이같은 노선은 아직 정치권에서마저도 큰 움직임과 호응도가 없어 확산을 위한 혁신적인 계기를 마련하는 것이 선행되어야 한다는 점에서 경기도지사에 출마하여 압도적으로 당선된 다음 행정경험과 능력을 쌓고 주가를 높여 국민들의 머릿속에 그의 이름을 우호적으로 심어주는 일이 시급하다.

이를 위해서는 당의 지원을 받아가면서 어느 정도 독자노선을 위한 정책연구 및 제안은 물론 은근히 자기 세력을 확장하여야 하나 현재로서는 차기 대권주자로 아주 미흡한 편이다.

대중적인 신세대의 수많은 리더층을 우파로 만드는 한편, 그 여파로 전국적인 그물망을 확산한 뒤에 정치권 세력과 협력하는 신구도 세력화 작업을 진행하는 방안도 고려해봄 직하다.

우선 대권을 향한 1차 캠프는 경기도지사의 당선이며, 이를 통해 축적된 경험과 지명도를 통해 최종 2차 캠프를 정복하기 위한 종합적이면서도 구체적인 플랜이 필요하다.

4) 매혹적인 언변자 - 홍사덕(洪思德)

(1) 인물과 주요경력

1943년 3월 5일 경북 영주에서 태어났다. 서민적인 가정환경으로 경제 사정이 좋은 편이 아니었으므로 서울사대부고 시절 같은 반 친구네 집에서 학교를 다니는 등 아주 어렵게 1968년 서울대 외교학과를 졸업하였다.

사병으로서는 최초의 서울대 출신으로 해병대에 입대하였고, 더구나 기강이 엄하다고 소문난 의장대에서 근무한 것을 자랑스럽게 여기고 있으니 그의 패기를 높이 살 만하다. 중앙일보 국제경제기자(1968~1975)로 이름을 날렸고 한국기자협회 부회장(1974)을 거쳐 삼양전관 전무(1976), 롯데평화건설 기획실장(1977)을 거쳐 1981년 제11대 때 국회에(영주, 영양, 영풍, 봉화, 민한) 들어와 선전국장(1981), 정책심의과학기술분과 위원장(1982), 국제의원연맹 대표(1982~1985)로 활동하였다.

구수하고 어눌하면서도 논리적인 말솜씨로 대변인(1985~1987), 1985년 제12대 국회의원, 민주당 중앙청년위원장(1987), 부총재(1990)로도 활동하였으며 1992년 제14대 국회의원(민주당, 무소속), 민주당 대변인(1992), 국회 노동·환경위원장(1994~1995), 제15대 국회의원(무소속, 한나라), YS 정권 때에는 정무 제1장관(1997~1998)에 발탁되었다.

지난 제15대 대선 때 이회창의 간절한 부탁을 받고 한나라당 선거대책위원장이라는 중책을 맡아 비록 대권에서는 패배한 결과를 안았지만 최선을 다한 능력을 인정받았으며 4선으로 제16대 국회의원에 당선되어 국회부의장을 역임하였다. 거구의 체격과 소탈하고 구수한 경상도 사투리에 말이 늦은 특성은 TV토론 단골손님으로서 오히려 특히 중년 여성들로부터 인기를 얻고 있다.

정치평론가로서 MBC 라디오에서 죽은 시간이라는 낮 11시대를 골든 타임으로 바꾼 진행 솜씨가 돋보였으며 TV에 단골로 출연하는 등 방송과 인연이 깊고 저서로는 《중공 어제 오늘 내일》, 《나의 꿈 나의 도전》, 《홍사덕 컬럼》, 《그러나 앞날은 밝다》, 《젊은이들에게 꼭 하고 싶은 말》, 《지금 잠이 옵니까》가 있다.

(2) 노선과 해결과제

대인관계가 폭넓고 모나지 않으면서도 특색을 갖고 있다. 그러나 지지세력이 너무 적어 중진들과 연합전선을 펼쳐 우군화시키는 한편 전문성이 있는 신진세력을 영입하여 정책으로 중무장하는 양면작전을 펼쳐야 할 것이나. 그렇게 하기 위해서는 시간이 필요할 수밖에 없다.

서울시장에 출마하여 인지도와 지명도를 높이고 경험을 쌓아보려는 의도는 여러 가지 상황으로 보아 여의치 않아 결국 불출마선언은 당권도전의사와 탈당이라는 양면작전을 구사할 것으로 여겨진다.

기존의 차차기 대권주자들이 대권욕에 눈이 멀어 순간적인 이해관계로 저울질하며 주가를 높이는 연속적인 발언과 행동에서 차별화시키기 위해서는 이미지 관리와 신뢰성은 물론 차기 대통령감으로서 조용히 내실있게 과학적인 준비를 차분하게 해야 한다. 한마디로 준비하면서 때를 기다리다 보면 자연스럽게 연합을 위한 줄서기가 펼쳐지게 되고 주가가 높아 세력은 몰려들게 마련인데, 주변에서 그냥 두지 않고 시급하게 활용하려고 유혹을 뻗칠 때 자기 중심을 잘 지켜야 한다.

이때 순간적인 이득만을 생각하여 손을 잡는다면 국내 정치관례상 최대한 활용한 후에 세력화가 두려워 제거작업을 펼칠 것은 뻔한 이치이므로 이를 돌파해 나갈 수 있는 지혜가 필요하다. 우선 서울시장에 출마하여 당선을 바탕으로 차기 대권을 향한 발판을 삼겠다는 의도가 앞으로 넘어야 할 첫번째 관문이나 패하면 주가는 추락하게 된다는 부담이 있다. 이를 위해서는 이명박과의 조율을 어떻게 순조롭게 이룰 것인지 당과 조율을 해야 하는데 이는 서울시민들의 여론조사 결과에 달려 있어 무엇보다도 인기도를 높이면서 시장감으로서의 노하우를 준비해야만 한다.

결국 자신의 기준과 국가운영의 정책구상과 비전을 구체적으로 수립하고 제시하기 위한 전문가들로 구성된 정책 브레인을 아무 보상없이 끌어들이는 자석과 같은 힘을 발휘한다는 것은 쉬운 일이면서도 또한 어려운 일이기도 하다. 소장파 의원들이 존경할 수 있고 자신의 계파를 형성하며 진정 국가와 민족을 위해 일하는 대통령상을 어떻게 구축할 지는 자신의 생각과 행동에 달려 있다.

5) 정치 개혁의 선구자 - 김근태(金槿泰)

(1) 인물과 주요경력

1947년 2월 14일 경기도 부천에서 출생하였으나 부친이 교장선생님이었던 관계로 양평에서 초등학교를 졸업하였다. 경기고(1965)를 졸업하고 서울대 경제학과에 입학하였다.

그러나 한국의 정치 현실에 불만을 품고 1967년 부정선거규탄시위를 벌이다가 제적당하여 군에 입대하였다가 제대후 복학하여 졸업(1971)했지만, 1974년에 긴급조치9호 위반으로 또 수배되어 피신생활을 했다. 이런 고통에도 굴하지 않고 활동할 수 있었던 것은 독재자들에 대한 분노와 정의를 표출한 증거이다.

민주화운동청년연합 의장(1983~1985)으로 활동하다가 투옥(1985~1988)된 이래 석방되어 민주세력이 총집결한 전민련 정책기획실장과 집행위원장(1989~1990)으로 다시 투옥(1990~1992)되었고, 1992년 대선에서 정권교체를 위해 민주대개혁과 민주정부수립을 위한 국민회의를 결성하여 집행위원장을 맡아 김대중을 지지했지만 낙선되고 말았다. 민주항쟁기념국민회의 공동집행위원장(1993), 통일시대민주주의국민회의 공동대표(1994) 등 오랜 재야 지도자로서 고생하였다.

드디어 1995년에 수평적 정권교체를 위해 야권통합에 참여한 이래 재야인 사를 이끌고 새정치국민회의를 창당하여 부총재(1995~2000)를 역임하였으 며, 1996년 제15대 국회의원(도봉갑, 국민회의, 새천년민주당)으로 원내에 진출하였다. 1997년에는 대통령 선거대책본부 수도권선거대책본부 의장과 파 랑새 유세단 단장, 당쇄신위원장(1999), 한양대 행정대학원 겸임교수(1999~ 현재), 당 지도위원, 제16대 의원으로 당선된 2선의원으로 새천년민주당 부총 재로 활동하고 있다.

서울시 선거대책위원장으로서 고건 시장 당선에 기여했으며 당내 지도위원 으로 활동하고 있다. 그 동안 재야 활동을 하면서 온갖 고문을 받은 관계로 인 권 운동에 관심이 많으며, 냉철하고 논리적이며 개혁 성향이 매우 강하다. 1987년 미국 로버트 케네디 인권상, 독일 함부르크자유재단에서 세계의 양심 수로 선정(1998), 제1회 백봉신사상(1998)을 수상하였고, 저서로는 《남영 동》, 《우리 가는 이 길은》, 《열린 세상으로 통하는 가냘픈 통로에서》, 《희망의 근거》 등이 있다.

(2) 노선과 해결과제

말이 아닌 정책과 몸으로 장기적인 투쟁을 해온 그의 삶은 수많은 고문을 이겨낸 산증인으로 불굴의 투사이자 인권운동가로 널리 알려져 있다.

탄압을 너무나 많이 받아 포용력이 약할 것이라는 생각과는 달리, 언제나 약자와 국민들의 편에 서서 성실하게 조사, 분석, 연구하는 아주 모범적인 의 원의 한 명으로 뿌리를 내리고 있다. 그는 아주 합리적인 민주주의자로, 민주 주의와 시장경제를 위해 그 누구와도 타협할 용의도 있으며 인권 분야와 경제 분야에 관심이 있고 개혁 성향이 많은 관계로 동교동계 해체론을 펼치는 등 당 내 민주화에 앞장섰다.

국내 상황으로 보아 어려운 난국을 타개하기 위한 유일한 방법으로 경제적인 자질을 갖춘 기업가형 리더십을 강조한다. 그는 이인제 후보야말로 가망 없는 대세론이고 노무현 후보는 신뢰할 수 없는 대안론이라고 평하고 있다. 문제는 자기색상이 분명하나 큰그림을 그리기 위해서는 당내 계파를 확산하는 한편 다양한 계층의 세력화를 모색하여 실천하는 가시적인 형태가 소극적이다.

그러나 그에겐 성실한 의정활동은 곧 의무이자 책임이며 민주화투쟁 속에서 얻은 자신과의 약속이고 대권을 위한 홍보인 동시에 이미지 관리임을 알고 있을 것이다.

정계진출 후 김대중정권을 도와 열심히 뛰었기에 최소한 노동부 장관이라도 희망하고 있었던 것은 국정운영과 행정경험을 통해 투쟁 이미지에서 벗어나고 조직장악력과 리더십을 발휘하여 행정능력을 인정받기 위해서였으나, 그렇지 못해 아주 서운했을 것이다.

현재 대권주자들의 지나친 과열경쟁은 오히려 개인감정과 세력싸움으로 영원히 도태되어 돌아오지 못할 강을 건너는 경우가 많은 자연도태현상임을 알고 있다. TV토론의 단골 패널로 차분하면서도 논리적이고 합리적이며 진지함에 빠져들게 해 호감을 많이 사게 하나 대중연설은 너무나 취약해 '한번 할 때마다 표 떨어지는 소리가 들린다.'는 말이 나올 정도여서 그의 합리성과 기획력 및 자기관리는 거리감을 주는 이미지에서 벗어나지 못하고 있다.

그의 합리성과 기획력 및 자기관리는 오히려 친밀감보다는 거리감을 주는 이미지를 탈피해 친근감이 있도록 대폭적인 수정이 필요하며 자기세력을 형성하기 위한 적극적인 자세가 요구된다.

2. 중도 세력군

1) TK의 우상 - 강재섭(姜在涉)

(1) 인물과 주요경력

1948년 3월 28일 대구 출신으로 경북고(1967)와 서울대 법대를 졸업(1974)하였다. 사법고시에 합격(1970)하여 1973년 육군 법무관과 광주·부산·대구·서울지검 검사(1980~1985), 대통령 법무비서관(1980~1985), 서울고검 검사(1987)를 거쳤다.

1988년 제13대 국회의원(전국, 민정, 민자)으로 민정당 청년특위부위원장, 청년자원봉사단 총단장, 1990년 민자당 기획조정실장, 1992년 제14대 국회의원(대구 서구), 1992년 민자당 정책위원회 부위원장의 업무를 잘 수행하여 능력을 높이 평가받았다. 1993년 대변인을 거쳐 총재비서실장, 1996년 신한국당 대구시지부 위원장으로 임명되면서 이미 대구의 간판 스타로 부각되어 제15대에는 1997년 신한국당 원내총무를 거쳐 대선 때엔 이회창 후보의 정치특보를 지낸 4선의원으로 부총재와 국회 정치개혁특별위원회 위원장을 맡고 있다.

말과 행동의 진실성이라는 강점과 냉철한 지성은 물론 소신 있는 발언과 추진력으로 노태우 정권의 박철언 이후 자타에 의해 TK를 대변하고 상징하는 새로운 인물로 급부상하였다. 1999년 백봉신사상과, 2000년 밝은정치시민연합이 주관한 '새천년 밝은 정치인상'을 수상하여 기존의 낡은 국회의원상과 차별된다.

(2) 노선과 해결과제

무엇보다도 그는 '희망의 정치·신뢰의 정치·정도의 정치'를 강조한다. 그만큼 지금까지 정치인들이 불신과 정도를 걷지 못한 국민들의 비난을 알고 있다는 증거이다. 그렇기에 말없이 실천에 옮겨야 한다는 것이며 밝은 사회를 꿈꾸는 사람들의 희망으로서 정도를 걷는 정치, 내일을 여는 힘을 실천하려는 의지를 지녀야 한다.

철새정치에 혐오감을 느끼며 정치적인 지역이기주의 반대는 물론 보수개혁파로 '급진주의는 득보다는 실이 많다.'며 새 시대 새 천 년을 이끌어갈 진정한 리더로서 믿음과 희망을 주는 정치를 고집하고 있는 것이다. '큰 일을 위해서 내 자신이 할 수 있는 일은 뿌리를 깊게 하는 것 뿐이다. 물이나 햇빛 등은 내 뜻대로 얻어지는 것이 아니다.'라면서 '속성재배는 바람직하지 않다.'며 정치적 과속을 경계한다.

그러면서도 대구는 물론 경북의 차세대 주자로서 세가 굳어지기를 바라면서 착실히 준비하는 길밖에 없다. 과거에 집착하여 대구·경북이라는 미시적인 사고에서 벗어나 차기 통일대통령으로서의 국정운영과 비전이라는 큰 그림을 구상해야 하는 것이다.

1961년 박정희가 정권을 잡은 후 전두환과 노태우에 이르기까지 무려 33년 동안 대통령을 배출한 텃밭이었기에 이를 다시 탈환해야 한다는 향수에 젖은 지역 소망의 압박에서 벗어나야만 한다. 이를 위해서는 지역의 후광을 벗어던지고 전국을 아우르기 위한 노력으로 전문성과 차별성을 가진 정책구상과 제안 등 기본적인 자질과 능력을 키우고 연구하는 준비된 대권주자상의 정립이 필요하다.

자신이 세운 신뢰와 정도의 정치를 진실로 실천할 수 있는 의정활동을 구축한다면 자연스럽게 지역을 떠나 연합세력과 신진세력들이 구름떼처럼 뛰어들어올 수 있도록 자신의 과제를 스스로 해결해야만 하는 것이다. 이 정도로 위대한 과업을 수행하게 된다면 역대 대통령들과 원로인사는 물론 정치지망생들의 헌신적인 지원과 국민들의 자원봉사로 이어질 수 있다는 점을 깊이 명심해야 한다.

3. 보수 세력군

1) 카리스마 추진형 - 최병렬(崔秉烈)

(1) 인물과 주요경력

1938년 9월 16일 경남 산청에서 태어나 부산고(1957)와 서울대 법대 (1964)를 졸업하였다. 1959년 한국일보에 입사한 후 육군에 복무하였다. 1963년 조선일보에 입사하여 정치, 사회부장, 편집국 부국장(1974~1980), 편집국장(1980~1985, 1983 이사)을 지냈다. 1985년 제12대에 전국구(민정)로 국회에 등원한 이래 정세분석실장과 국책연구소 부소장을 거쳐 대통령 정무수석(1988), 문화공보부 장관(1988), 공보처 장관(1990), 노동부 장관 (1990~1992)을 거치는 등 관운이 좋은 편이었다.

1992년 제14대 전국구(민자) 국회의원으로 민자당 당무위원(1993), 서울 시장(1994~1995), 제15대 국회의원(서초 갑, 신한국 한나라), 한나라당 부총재, 제16대 국회의원으로 4선의원이다. 전두환·노태우·김영삼 정권에서 인정받았던 이유는 카리스마적이고 일에 대한 애정과 소신 있는 추진력은 물론 충성심이 강했기에 요직을 거친 것으로 풀이된다.

평소에 관료적인 냄새가 풍기는 그는 일을 할 때는 황소처럼 우직하면서도 때로는 카리스마적인 추진력을 지니고 있으며, 성수대교 붕괴 사고시 민첩한 순발력과 함께 성실함이 입증되어 국민들에게 강한 인상을 남겼다. 관리능력, 풍부한 국정경험, 강력한 추진력이 그의 강점이나 지나친 냉철함은 오히려 포용력이 부족할 수 있다는 약점으로 남는다.

지금 우리에겐 백의 이론을 주장하는 사람보다 한 가지라도 실천하는 사람, 천의 회의보다 한 가지만이라도 끝까지 책임지는 인물, 만의 웅변보다 쇠죽 쑤는 한 사람의 일꾼이 필요하기에 국가혁신을 통해 나라를 다시 일으킬 수 있는 유일한 적임자임을 자임하고 있다. 국가 혁신 과제를 10=1로 삼고 정부의 기능과 조직의 합리적이고 과감한 축소는 물론 무엇보다도 선거의 공영제 및 감사원의 책임 아래 규제를 혁파하겠다고 주장한다.

무엇보다도 국가 경쟁력을 강화하기 위해 복안을 마련하고 교통난과 각종 안전대책은 물론 국내 병폐의 하나인 사교육비의 절감, 여성의 해방, 시민단체를 국정의 파트너로 여길 것이며 안보와 통일, 청와대 조직의 축소를 주장하고 있다. 소신, 원칙, 추진력을 인정받은 야전사령관으로서 '최틀러'라는 애칭은 대의를 위해 희생해 온 철저한 민주주의 신봉자임을 말해 주며 '진흙탕 싸움에서 이회창 총재를 보호해야 한다.'는 수석 부총재로서의 소임을 다하고 있다.

(2) 노선과 해결과제

지난 지자체 선거때 한나라당 후보로서 서울시장에 출마하였으나 고건에게 패하고 말았다. 그러나 그의 살신성인 정신은 당 내에서 크게 호응을 얻게 되었고 뚝심과 의리가 있는 남아다운 남아라 불릴 정도로 호탕하나 대중들에게 비친 그의 이미지는 지나치게 관료적이고 구시대적인 인물로 평가받고 있다.

과거부터 이회창대세론 이외에는 특별한 대안이 없다고 강력하게 주장을 펼쳐 무조건적이라 할 정도로 그를 적극적으로 지지하는 충성심은 놀랄 만하다.

김덕룡, 박근혜, 강삼재, 강재섭 등 신진 중진급들과 노선이 다른 구세대의 대표로 보수안정세력들에겐 찬사를 받고 있으나 개혁세력들과는 거리가 멀다. 따라서 앞으로 차차기 주자로서 세력을 규합하고 카리스마적이면서도 때로는 우유부단한 이미지로 변화의 물결에 어떻게 대처하여 순항할 지가 가장 큰 해결 과제이다.

자기 색깔은 분명하며, 언론에 자주 비치는 까닭에 지명도와 인지도는 매우 높으나 대중적인 지지도는 일부에 편중되어 폭넓지 못하다는 점이 있어 이를 극복할 수 있는 혁명적인 변신이 요구된다. 더구나 이회창의 핵심참모로서 대통령 만들기에 최선을 다하는 충성과 함께 차기 대권을 위해 총재를 향한 도전과 함께 그 나름대로의 정치경력으로 거대한 작품을 만들어 가고 있다.

이회창에 대한 적극적인 지원과 충성은 좋은 점도 있으나 지나치면 오히려 그늘에 가려 차기 주자로서의 약점으로 작용할 수도 있다. 이를 위해서는 적극 협조하면서도 지금부터라도 자신만의 특징적인 색깔을 합리적이며 장기적으로 만들어 가야 하며 국내 선거 관례상 막대한 자금, 조직, 정책, 자질이라는 함수를 어떻게 풀어갈지 궁금하다.

2) 서울, 영·호남의 관련성 - 김덕룡(金德龍)

(1) 인물과 주요경력

1941년 4월 6일 전북 익산 출신으로 1960년 경복고를 졸업하였다. 서울 대 사회학과 시절 문리대 학생회장(1963)으로서 1964년 대일본굴욕외교반대 서울대투쟁위원장으로 옥고를 치르게 된 연유로 인해 박정희 정권과는 악연의 관계가 되었다.

1970년 김영삼 의원의 수행비서로 인연을 맺은 후에 유신정권에 맞서 투쟁 하였고, 호남인으로는 드물게 신민당 총재 비서실장을 지낸 그야말로 YS의 분 신이었다. 1980년 서울의 봄과 광주민주화운동으로 신군부에 저항하다가 투옥 되기도 했으며 1984년 민추협 결성 이후 기획조정실장, 상임운영위원을 거쳐 민주당 총재특보(1987), 민주당 정무위원(1988)을 거쳐 1988년 제13대 국 회 원내(서초 을, 민주, 민자)에 진출하여 중앙청년위원장을 역임했다.

3당 합당과 함께 민자당 총재 비서실장(1992)을 거쳐 김영삼 정권이 들어 서는데 일등공신으로 활약하여 정무 제1장관으로서 공직자 재산 공개, 금융실 명제 등 개혁의 진두지휘자로서 견제하여 도중하차했다가 다시 사무총장 (1995), 1996년 제15대 국회의원, 1996년 정무 제1장관으로 복귀하는 우여 곡절이 있었다.

대권후보 경선에 나섰지만 김현철 인맥이라는 공격에 시달렸고 오히려 이것이 약점으로 작용해 결국 한나라당(이회창) 대통령 선거대책위원장(1997)으로서 호남 출신이면서도 영남인과 관계가 깊어 우리 나라의 고질적 병폐인 지역감정의 해결사라며 분전했지만 김대중 바람을 막기에는 역부족임을 실감했다. 현재 부총재로서 국회 대중문화미디어연구회 회장과 당내 뉴밀레니엄위원장, 제16대 국회의원으로 4선의원이다.

'하얀 머리의 멋진 사나이'라는 애칭과 함께 정치감각과 폭넓은 인간관계로 한나라당 내 주류와 비주류 간의 가교역할을 자임하며 주가를 높이기 위해 반이회창 세력 확장을 꾀하는 전술을 펴고 있다. 연극·영화감상·등산을 좋아하며, 부인 김열자 여사와의 사이에 2남이 있으며, 저서로는 《새벽을 열며》, 《고문정치학》, 《열린 세상 열린 정치》, 《머리가 하얀 남자》가 있다.

(2) 노선과 해결과제

한동안 김영삼의 영원한 비서라는 인식이 강하게 잠재했었다. 그러면서도 보이지 않게 나름대로의 독자 노선을 다져 세력과 실탄을 어느 정도 보유하고 있다. 과거 YS의 좌 김동영의 사망 이후 지난 대선 바로 전 우 최형우의 병환 등으로 붕괴 위기에 놓여 있는 상태에서 후배 이인제의 탈당 등으로 자연스럽게 과거 민주계의 리더로 급부상하게 되었다.

더구나 지난 총선 전 김윤환, 이수성의 탈당과 이한동의 자민련 입당으로 한나라당 내 반이회창 세력인 비주류 세력의 리더로서 당권 도전을 향한 끊임없는 도전은 제2의 민주화 투쟁을 연상케 한다. 어쨌든 현재는 탈당한 박근혜와 연계할 지 당에 남아 차기주자로서 자리를 굳혀갈 지는 여전히 안개속이다.

하지만 차기 대권주자로서 이렇다 할 정책과 능력 및 색깔이 드러나지 않고 있다는 것이 국민들의 일반적인 견해이나 나름대로 차기 주자로서 정책을 갖고 있기는 하다. 그는 무엇보다도 지역화합, 세대교체, 개혁전진을 함께 창조하며 국정 시스템을 완전히 바꾸는 개혁전략과 방법론을 구사하고 있다. 국가경영시대의 생산정치와 활력이 넘치는 고부가가치 경제 및 인간 중심의 상생공동체 사회라는 3대정책에 목표를 두고 그 아래 작고 효율적인 정부행정을 위한 개혁과 정치개혁은 물론이거니와 국력의 재집결을 이루겠다고 한다.

아직까지는 안보 아래 치밀한 통일 준비를 이룰 것이며 인간창의교육, 가정의 가치 존중과 여성의 자기실현을 위해 노력하겠다는 경영전략이며 한민족 르네상스 운동을 전개하고 경제 운용의 틀 재정비와 환경복지 공동선의 실현, 21세기에 맞는 과학기술의 집중운영이 중점과제이다.

지금 국민들의 관심사는 과연 이회창을 적극 도와주는 대가로 차기를 노릴 것이냐 아니면 여론 향방과 여권에서의 시나리오를 보면서 승산이 있는 곳으로 이동할 것이냐이다.

이회창 후보의 승산이 없다면 범여권 후보라는 명분을 내세워 결별하고 지지세력들과 동시에 탈당하여 과거 민주화 투쟁의 범민주 동지들과 재집결은 물론 신진세력들과 연합한 새로운 민주정권을 재창출할 것인가 저울질할 수밖에 없는 갈림길에 놓여 있을 것이다.

호남인이면서도 호남과는 거리가 멀었지만 아마도 이제는 영남과 서울 그리고 호남을 연결할 삼각관계를 그리고 있을 것이다. 문제는 극비리에 한화갑과 이수성, 김윤환 그리고 정대철과 같은 핵심세력이 모여 필승을 위한 가상 시나리오가 어떤 방법으로 범국민적인 파워로 응집될 수 있을 것인가이다.

3) 한양의 기수 - 정대철(鄭大哲)

(1) 인물과 주요경력

1944년 1월 4일, 아버지 정일영 박사와 어머니 이태영 박사 사이에서 서울 중구 신당동에서 태어났다. 직·간접적으로 부모의 영향과 후광을 많이 받았으며 잘 생긴 외모와 체격은 물론 구수한 말씨에 모나지 않은 성격으로 대중의 호감을 받는다. 경기고(1962)와 서울대 법대(1966)를 졸업하였고 동 대학원에서 국제법 석사(1969), 미국 미주리대에서 국제법을 전공한 후에 정치학 박사(1984)를 취득하였다.

1971년 27세라는 약관의 나이에 한양대 정치외교학과 교수 시절 부친이 박정희 정권과 싸우다가 국회에서 제명당하자 명예회복을 위해 1977년 제9대에 종로 중구 보궐선거에서 무소속으로 당선되어 국회에 입성, 신민당 간판을 걸고 1979년 제9대 의원으로 당선되어 정책위 부의장으로 활동하였다. 1985년 민추협 통일문제특별위원회 위원장, 1987년에는 드디어 평화민주당 대변인이 되었으며 1988년 정책위의장, 제13대 국회에서는 국회 문교공보위원회 위원장, 1990년 평민당 사회 담당 총재특보를 성실하게 역임하였다

이런 연유로 1992년 제14대 국회의원으로 민주당 최고위원, 상임고문(1993), 국민회의 부총재(1995~2000)가 되어 1996년 제15대 총선 선거대책본부장과 국민회의 선거대책위원회 공동의장으로 임무를 수행했지만 자신은 정작 KBS 앵커 출신의 정치초년병 박성범 신한국당 후보에게 패함으로서 큰 충격을 받았다. 그러나 그의 능력이 인정되어 1997년에는 국민회의 대통령 선거대책본부 위원장이라는 중책을 맡았지만 내각에는 관여하는 기회가 없었던 관계로 경영관리능력을 발휘할 기회가 없었다. 1998년 제11대 한국야구위원회 총재를 역임한 이후 제16대 국회의원이며 5선의 중진으로 새천년민주당 선거직 최고위원이다.

학자 출신답게 바쁜 의정활동에도 불구하고 《암탉이 울어야 새벽이 온다》, 《열린 생각 열린 정치》, 《새벽을 여는 젊은 정치》, 《정대철 유난히 큰 배꼽》, 《북한의 통일전략연구》, 《21세기 희망의 프로젝트》, 《장면은 왜 수련원에 숨어 있었나》 등의 저서를 펴냈다.

(2) 노선과 해결과제

부모와 DJ의 남다른 깊은 인연으로 이미 어릴 적부터 자타에 의해서 정치감각을 익혔다. 그의 탁월한 능력을 인정받고 DJ로부터 사랑과 신임을 받아 서울의 대표주자로 급성장했던 것은 아버지인 정일형 의원과 어머니인 이태영 박사의 탁월한 경력으로 그 혜택을 본 것이라는 점은 부인할 수 없다.

그 살벌하던 시절, 박정희 독재정권과 정면으로 맞서 싸운 의원이 손가락으로 꼽을 정도였다. 민주화를 위한 갈망을 마음과 몸으로 보여 주다가 결국 정권에 의해 국회에서 제명당한 고 정일형 의원의 맹활약상은 높이 평가된다. 또한 여성으로서 국내 최초로 사시합격을 했음에도 맹렬한 야당의원의 부인이라는 이유 하나만으로 판·검사가 되지 못한 이태영 박사는 가정법률상담소에서 활동하면서 여성의 권익 보호에 지대한 역할을 했다. 때문에 야당 정일형 의원과 이태영 박사의 아들로 더 유명하다.

그러나 지난 대선을 앞두고 대권·총재 역할론을 주장하며 김상현 의원과 협력하여 DJ에 정면으로 도전하였으나 당 내에서 크게 지지를 얻지 못하여 실패함으로써 그의 날개가 한풀 꺾이게 된 계기가 된 것이 아닌가 한다.

그러나 그의 경륜과 능력으로 볼 때 부모의 그늘에서 벗어나 정책과 자기 색깔 및 비전을 제시해야 할 때가 왔다. 그렇다고 해서 지난번과 같이 세력이 미약한 상황에서의 어설픈 독자노선은 오히려 지금까지 쌓아 놓은 탑을 송두리째 무너뜨릴 수 있다는 뼈저린 경험을 교훈삼아 발전적으로 성숙될 전략이 필요하다.

대중을 휘어잡는 탁월한 언변술과 능력 및 지명도를 에너지화시키는 새로운 저력은 경력에 비해 장관 등의 행정경험과 추진력, 정책이 부족하다는 것을 체계적으로 보완해야만 한다. 현재로서는 지지세력이 그리 많지 않아 다시 세력을 규합하는 것이 선결과제로 짧은 시간 안에 서울시장 출마를 염두에 두고 있을 것이다.

통일부나 행자부처럼 비중 있는 장관직을 수행한 후에 그 여세를 몰아 서울시장에 출마한다면 더욱 효과적이겠으나 이미 시간이 너무 촉박해 좋은 기회는 놓친 기분이다. 하지만 당 내 정동영 의원과 같은 차차기 대권주자들이 목표를 달성하기 위한 중간 기지라고 할 수 있는 서울시장 출마를 희망하고 있어 1차 관문을 어떻게 풀어갈지 의문이다.

가장 손쉬운 방법으로 소장파 세력들과 연합하거나 DJ에게 충성을 맹세하고 지금까지의 부모 그리고 자신의 인맥을 최대한 동원하여 큰 그림을 그리는 시나리오가 필요하다. 이럴 때만이 대권주자들로부터 세력 과시와 함께 일정 지분을 받을 수 있고 특정 역할을 할 수 있는 정치생리를 활용하는 방법은 캐스팅 보트는 물론 차차기를 노릴 수 있는 여건조성에 필수적이라 하겠다.

4) 대통령 만들기의 조련사 - 김윤환(金潤煥)

(1) 인물과 주요경력

1932년 6월 7일 경북 구미에서 태어나 경북고와 경북대 영문과를 졸업한 뒤에 조선일보에 입사하여 정치부 차장, 편집국장 대리를 지냈다. 정치 입문에 좌절한 선친의 한을 풀기 위해 고향 선산에서 무소속으로 제9대 국회의원 선거에 출마했으나 낙선의 고배를 마신 뒤, 1979년 박정희 정권 시절 정치기자로 인연을 맺어 유정회 의원으로 입문하였다.

호방한 성격과 거구의 체격으로 특유의 친화력은 물론 감각적인 판단력과 돌파력 및 조정력이 탁월한 반면에 기회주의자라는 평을 받기도 한다. 노태우 전 대통령과는 고교 친구로 정권창출에 기여한 공로로 비서실장을 하면서 급부상하였다. 당시 당 내의 최대 라이벌 김종필을 밀어내고 김영삼 당위론을 펼쳐 김영삼 대통령 만들기에 일등공신이 된 공로로 정무 제1장관과 사무총장을 지냈다. 지난 제15대 대선에서는 김대중 측의 유혹에도 불구하고 이회창을 밀었으나 아쉽게도 근소한 차이로 실패하면서 대통령 탄생 제조기의 신화는 무너지고 말았다.

이회창을 위해 헌신하였지만 결국 권력투쟁에서 밀려나 지난 총선 공천에서 탈락하는 비운을 맞자 조순·이수성·이기택·박찬종은 물론 김상현까지 가세하여 제3세력으로 급조하여 깃발을 들고 부활하려 했다. 그러나 낙선시민운동에 휘말리는 가운데 영남에서 이회창 바람을 잠재우지 못한 채 급조된 김윤환 호는 거센 파도에 휘말려 침몰당하고 말았지만 한계성을 느끼고 김대중 정권과의 협력을 통해 마지막 수순을 펼쳐 어려운 난국에서도 돌파구를 찾으려 노력하고 있다.

그는 이회창과의 대결에서 승리하기 위해서는 대연합전선의 필요성을 느끼고 전두환과 노태우 심지어는 김영삼 세력과도 연계해 그들의 위상을 존중하면서 한나라당을 분해하려는 작전을 펼치는 아주 큰 그림을 구상하고 있는 듯하다. 지금과 같은 춘추전국시대에는 자신과 같은 인물이 오히려 큰 역할을 할 수 있는 적임자임을 자청할 것이며, 여당에서는 시간이 갈수록 초조해져서 결국 그런 방법밖에 없을 수도 있다.

이렇게 하기 위해서는 우선 대구·경북에서 인기를 끌고 있는 박근혜 부총재를 명분 있게 빼내는 것이 기본이고 과거 민주세력들까지도 빼내 이회창 세력을 고사시키려는 의도가 있지 않나 생각된다.

이같은 각본 이외에 다양한 시나리오를 통해 당선 가능한 후보를 밀어 정권을 잡은 후에 대통령은 국방과 외교를 전담하고, 자신은 실세 국무총리로서 정권을 함께 거머쥐는 윈윈(win-win) 전략을 구상하고 있을 것이다. 독서와 골프가 취미이고, 부인 이정자 여사와의 사이에 3녀가 있다.

(2) 노선과 해결과제

평소 내각제 신봉자이지만 고집하는 것은 아니기 때문에 아호인 단주(丹朱 : 빈배)처럼 마음을 비우고 정국의 향후에 따라 지대한 역할을 할 저력있는 인물이다. 이회창에게 배신과 원한을 받아 어쩔 수 없이 반이회창의 편에 서서 다시 한 번 킹메이커로서의 역할을 할 것이나, 5공 정권을 아우르는 큰 그림을 그리는 기회만 주어진다면 직접 대권에 나설 수도 있다.

지난 번 총선에서의 완패로 세력이 와해되어 열세이지만, 탁월한 정치감각과 협상력 및 돌파력은 무시할 수 없다. 먼저 자신의 텃밭인 대구와 경북에서 추락한 인기를 어떻게 회복할 것인지, 의석 2명을 보유한 대표로서의 묘안이 변수이다. 이회창 총재가 내걸고 있는 대국민통합에 대응하는 전국 정당화를 축으로 역전의 민주투사인 개혁세력과 보수세력 그리고 영·호남과 중부권을 아우르는 신당 창당이나 연합세력을 구상할 확률이 가장 높다.

즉 한편으로는 한나라당 내 반이회창 세력을 빼내 연합하면서 다른 한편으로는 영남에서 이회창 세력을 무력화시키면 충분히 승산이 있다는 생각을 할 수도 있다. 문제는 대권도전 의사보다는 당선될 만한 후보자를 점찍어 놓고 캐스팅 보트로서 일정한 지분을 찾는 한편 추종자를 양성하여 세력을 키우는 쪽을 선택할 수 있다.

이후 내각제 불가론의 상황이 되었을 때 대통령보다는 내각 수반으로서 실질적인 준대권자의 영향을 펼 수 있는 길은 고려 왕건처럼 궁예의 세력에 몸을 낮추는 가운데 세력을 키우며 때를 기다리는 정신과 실천 뿐이다.

어쨌든 실추된 명예와 인기를 회복하여 어느 정도 세력화한 후에 연합전선을 펼쳐 지분을 확보하기 위해서는 기존의 틀을 바꾸는 것 뿐인데 이를 위해서는 마음을 비우고 장기적으로 다양한 계층을 아우르는 지지세력과 함께 무엇보다도 정책참모를 보유하고 운영하는 능력이 필요하다.

5) 경제학자, 서울시장의 이미지 - 조순(趙淳)

(1) 인물과 주요경력

1928년 2월 1일 강원도 강릉에서 태어나 어린 시절에는 한학을 배웠다. 신학문을 접하기 위해 서울로 상경하여 경기중학을 다니다가 그 당시로서는 호감의 대상이 되었던 이념서적을 읽었다는 이유로 제적을 당했다. 그러나 고교 졸업장도 없이 서울상대 전문부에 편입시험으로 합격하여 재학시절에 우리 국민의 가난을 벗기기 위해 일조하고자 경제학자가 되겠다고 다짐했다.

1949년 졸업 후에는 고향의 강릉농고에서 교직생활을 했고 육사(1951~1957) 교관으로 생도들에게 영어를 가르치는 과정에서 생도였던 전두환·노태우 전 대통령을 지도하는 관계를 맺었다. 넓은 세계와 선진학문을 배우기 위해 처자식과 과감히 생이별하면서 미국 보든대 졸업(1960)과 동시에 뉴햄프서대 조교수(1965)를 거쳐 버클리대 경제학 박사학위를(1967) 마치고 돌아와 1968년 서울상대의 부교수가 되어 경제연구소 소장, 사회과학대학장(1975), 국제경제학회장(1978), 학술원 회원(1981~1985), 미국국제경제연구소 객원연구원(1987)이 되었다.

《한국 경제의 현실과 진로》, 《중장기 경제개발전략에 관한 연구》, 《화폐금융론》, 《한국 경제의 이해》 등 수많은 저서를 펴냈는데 그 중에서도 《경제학원론》은 우리 나라에서 경제학 지침서로 자리잡을 정도로 초석을 이루어 학자로서 이름을 높이게 되었다. 노태우 정권때는 부총리 겸 경제기획원 장관으로 발탁되어(1988~1990) 관계에 직접적으로 인연을 맺게 되었으며 토지공개념 도입, 공정거래 강화를 이루었고 국가과학기술회의 자문위원(1991)으로도 활동했다.

한국은행 총재 시절(1992~1993) 정주영 후보가 '한은 3,000억 원 신권을 발행해 정치자금으로 활용'했다고 고소했으나 YS와 상의 없이 소를 취하해서 YS가 격분하자 등을 돌렸다. 이후 아태재단 자문위원으로 DJ와 인연을 맺어 민주당의 적극적인 지원을 받아 1995년 서울시장에 압도적으로 당선됨으로써 정치인으로 화려하게 등극하게 되었다.

그러나 DJ와 갈등이 생겨 자존심 대결을 하게 되었고 국민회의 창당에 합류하지 않아 결국 결별하고 무소속이 되었다. 인기가 치솟자 대선 전에 서울시장을 사임하고 민주당 총재로(1997) 대권도전에 나섰으나 여의치 않았다. 이에 거대여당 신한국당과 통합, 경선을 했지만 세가 불리하자 이회창의 손을 들어주는 대가로 한나라당의 총재가 되었다.

대권도전에 실패한 이회창이 당권에 도전하자 이를 극복하지 못하고 밀려나 1998년 강릉을 보궐선거에서 당선되었고 한나라당 명예총재로 추대되었지만 제16대 총선에서 이회창과 그 추종세력들이 공천을 해주지 않고 출당시키는 음모를 꾸미자 김윤환·이수성·이기택·김상현 등 중진들은 보수, 개혁세력과 규합한 민주국민당을 창당하여 대표최고위원이 되었다. 제3세력으로 캐스팅 보트를 꿈꾸며 돌풍을 일으킬 것으로 예상하고 창당했으나 한승수의 당선 외에 전국구 1명이라는 완전 참패를 당하면서 대표최고위원에서 물러났다.

바둑과 등산을 좋아하고, 부인 김남희 여사와의 사이에 4남이 있으며 특이한 흰 눈썹 때문에 '산신령'이라는 애칭을 갖고 있다. '다산경제학상', '매경 이코노미스트상'을 수상했다.

(2) 노선과 해결과제

학자, 행정관료로서는 순탄하게 성장한 거물급이나 거친 정치판에 뛰어들면서 그의 인생 항로는 과거 순탄한 것에 비례할 만큼이나 힘들었다. 학자, 행정관료, 서울시장을 거쳐 인기가 상승하자 민주당 총재로서 대권을 꿈꾸었으나 결국 출마조차 하지 못하고 말았다.

서울시장 재임시에는 경영 마인드를 도입하겠다고 강조했지만 이렇다 할 성과를 얻지 못했고 여전히 캠퍼스적인 이론과 리더십을 갖고 있다는 지적과 함께 특이할 만한 정책이 없다는 것이 약점으로 따라다닌다. 대중적인 인지도와 지명도는 매우 높으나 지지도는 급격하게 추락했기 때문에 이를 회복하기 위한 과감한 변신과 뒷받침해 줄 수 있는 강력한 조직을 창출해야 한다.

원내 진출의 실패로 세력을 완전히 잃어버린 현재는 대권을 향한 직접적인 도전에 앞서 정치환경 변화의 틀 속에서 경제전문가로서 경제회복의 기수라는 깃발을 내걸고 우군을 확대하는 돌파력을 발휘할 수 있을지 미지수이다. 경제학자들로 형성된 제자 참모의 한계성을 극복하고 다양한 계층과의 연계성은 물론 그들의 목소리를 하나로 만들어 강력하게 추진하는 정치 리더십으로 전환할 수 있을지 기대해본다.

아마도 그 한계성으로 인해 대권경쟁에서 당선 가능한 대권주자와 결탁해서 경제자문을 통한 소극적인 역할을 할 것이라는 예상이 지배적이지만 기회만 되면 언제든 대권의 꿈을 이루어보겠다는 의지가 남아 있을 것이다.

직·간접적으로 정치권에 입성해서 나름대로의 역할을 하겠다는 그의 계산은 주변 여건과 자신의 결단에 달려 있는 듯하다.

6) 무색무취자 - 고건(高建)

(1) 인물과 주요경력

1938년 1월 2일 서울의 한복판 청진동에서 출생했다. 경기고(1956)와 서울대 정치학과(1960)와 동 환경대학원 도시계획학과(1973)를 졸업했고 미국 하버드대 및 MIT에서 수학(1983)했다. 원광대에서 명예법학박사(1992)를 수여받았다.

대학 시절에는 총학생회장(1959)을 지내 이미 두각을 나타냈고 1961년 행정고시에 합격하여 내무부 수습사무관(1962)을 시작으로 내무부 지역개발담당관, 새마을담당관(1971~1973)을 지내 박정희 정권의 조국근대화의 핵을 이루는 데 기여했다. 이러한 공로가 인정되고 박정희 대통령으로부터 두터운 신임을 받아 1973년 당시로서는 파격적인 36세의 젊은 나이로 강원도 부지사, 내무부 지방국장, 전남도지사(1975)를 지냈다.

청와대 정무 제2수석, 정무 수석비서관(1979)을 거쳐 교통부장관(1980), 농수산부장관(1981~1982), 1985년 제12대 국회의원(군산 옥구, 민정), 내무부장관(1987)을 거쳐 서울시장(1988~1990)을 하였다. 이후 명지대 총장(1994~1997)으로 학교에 머물면서 환경운동연합 공동대표(1996)로 활동하다가 YS정권 말기에는 국무총리(1997~1998)로 활동하였고, 1998년에는 새정치국민회의의 간판을 걸고 정원식 전 국무총리와의 한판 승부에서 승리하여 다시 한 번 서울시장으로 재입성하였다.

180cm의 훤칠한 키에 미남형이며 제1보충역으로 편입되었다. 배현숙 여사와의 사이에 세 자녀를 두었고 2001년 국제투명성기구로부터 세계청렴인상을 수상 원광대와 미국 시라큐스대학으로부터 명예법학박사 학위를 받았다.

(2) 노선과 해결과제

재계를 제외한 관계·정계·학계를 두루 거쳤기 때문에 능력이 탁월하다.

그러나 그러한 명성에 어울리지 않게 소신과 추진력 및 자기 색깔이 없는 관운이라는 여론이 지배적이다. 모나지 않는 성격에 일을 처리하는 능력이 탁월하고 충성심이 강해 최고통치자들로부터 참모 혹은 영입 대상 1순위였으며 부하 직원들을 잘 챙기는 덕분에 인기가 높아 관리형이라는 평도 있다.

춘추전국시대에 팽팽한 싸움에서 중도 노선을 걷는 관리형으로는 무난하겠지만 어려운 난국을 협상이나 정면돌파로 치고나가기에는 역부족이라는 지적이다. 서울시장으로서는 큰 사건이나 사고 없이 업무를 수행하고 개인적인 물의도 없으며 정치권과의 밀착도 없어 그저 무난하다는 여론이다.

이와 같은 이미지와 과거 정권을 모두 아우르는 명성은 물론 그 세력을 연합할 수 있는 인물로 여겨져 여권에서는 대권주자 후보군으로 이름이 오르내린다. 자신은 정치보다는 강단으로 돌아가고 싶다고 하지만 당에서 확실히 밀어 준다면 한번 승부를 하고 싶은 마음도 내심 있을 것이다. 한편 정치권의 험난한 고지를 넘기에는 체질이 맞지 않는다는 점을 염려하고 있을 것이다.

이렇게 해도, 저렇게 해도 손해볼 것이 없으니 그저 시간을 갖고 지켜보다가 좋은 기회가 있으면 다각적인 지원을 받아 한판 승부를 벌이고 그렇지 못하면 갈 곳을 택하겠다는 계산이 깔려 있는지도 모른다. 그러나 그의 능력으로 보아 정치권에서 그냥 두지는 않을 것으로 보인다.

2002년 여당에 특별한 후보가 없으면 다시 서울시장으로 밀어 3선으로 만든 후에 전략적으로 부족한 점을 보충하고 키워 강력한 대권후보군으로 만들 수도 있다. 그 역시 강한 추진력과 자기 색깔을 보여 주기 위해 지금까지의 이미지에서 과감히 탈피함으로써 가속력을 붙여 김대중 대통령의 지원 아래 과거 정권으로부터의 지원을 받고 차차기 대권주자들과 연합을 이룬다면 이회창 파괴력이 가능하다.

하지만 차차기 대권주자들의 거센 저항과 이탈을 어떻게 무마시킬지가 의문이며 하루아침에 변신한다는 것이 그리 쉬운 일이 아니나 반면에 여권에서는 대권주자로 저울질하다가 가능성이 없으면 그의 능력과 명성을 활용하기 위한 강력한 요청을 뿌리치기 어렵게 될 것은 뻔한 이치이다.

서울시장으로서의 타이틀과 청렴성은 물론 정치 보복과 갈등으로 이루어진 과거정권을 진정으로 화합하고 직·간접적으로 공생하기 위해서는 그가 연합전선의 선봉에 나섬으로써 중대한 역할을 할 수 있는 시나리오가 준비될 수 있기에 충분하다는 점에서 그의 역할을 기대해 본다.

7) 총장총리의 야망 - 이수성(李壽成)

(1) 인물과 주요경력

1939년 3월 10일 함남 함흥에서 출생하였으나 본적은 경북 칠곡이다. 서울에서 초등학교를 나왔고 울산 제일중, 서울고(1961)를 거쳐 서울법대(1964), 동 대학원(1964, 1976 법학박사)을 졸업하고 1999년 명예정치학박사(원광대)를 수여받았다.

1962년 서울대 법대 전임강사를 시작으로 미국 피츠버그대 교환연구원(1970), 법대학장(1978), 1985년에는 학생처장 시절부터 학생들의 편에 서서 학생들의 목소리를 대변하여 주목받기 시작했다. 한국형사정책학회장(1985), 법대학장(1988), 1995년 직선 총장과 서울대병원 이사장, 삼성언론재단 이사장을 거쳐 김영삼 문민정부에서 최장수 국무총리(1995~1997)를 지낸 후부터 일약 스타로 자리잡으면서 과거부터 꿈꾸었던 대권을 바라보며 야망을 키웠다.

일찍부터 통·반장까지 인사할 만큼 마당발이라는 소문이 날 정도로 자기관리와 인간관계를 폭넓게 갖는 등 장기적인 투자를 하는 자상함도 있다. 지난 제15대 대선때는 김대중 총재로부터의 끈질긴 손짓에도 불구하고 더 큰 것을 바라다가 기회를 놓쳤고 한나라당에서 대권을 향해 노력했으나 경선에서 실패함으로써 인생 최초로 고배를 마셨다. 민주평통 수석부의장(1998~2000)으로 제16대 총선때는 DJ의 손짓이 있었으나 대표최고위원을 바라는 등 상호간의 이해가 일치되지 않아 결국 조순, 김윤환, 김상현, 이기택 등과 민주국민당을 창당하였다.

경북 칠곡에서 출마했지만 어이없게도 서울법대 출신 제자에게 패함으로써 가장 초라한 위기에 놓였지만 앞만 보고 달려온 그는 새로운 인생공부를 하면서 여전히 대권에 대한 야망을 버리지 못하고 새로운 기회를 잡기 위해 묘수를 구상하고 있는 중이다. 저서로는 《형법 총·각론》, 《형사정책》, 《신뢰와 희망, 그 조용한 변혁을 위하여》 등이 있고, 부인 김경순 여사와의 사이에 1남 1녀를 두고 있다.

(2) 노선과 해결과제

서울대 총장, 국무총리, 평통부의장이라는 화려한 이력으로 급부상했지만 특별한 자기노선과 정책이 없는 듯하다. 일부에서는 화려한 경력에 비해 실체가 부족한 상황하에서 굉장한 파괴력을 가진 것으로 그저 몸값 올리기만 했다는 여론이 지배적이다. 아무리 한나라당 돌풍이 있었다고 한들 서울법대 출신 제자와 겨루어 비참할 정도로 패한 것을 보면 알 수 있다는 것이다.

만약에 당선되었다면 여권에서 국무총리와 당 대표까지 선뜻 내놓았을지도 모른다. 지금도 그는 다른 후보자가 두려워 하는 대선필승의 확실성, 동서남북은 물론 상하 등 총체적인 대통합을 이룰 큰 그릇임을 자청한다.

정직과 신뢰로 한 번 맺은 신의를 생명처럼 여기고, 장애인과 여성 및 어린이 등 국민이 편안하고 행복한 나라를 구축하는 서민 총리, 서민 대통령이 될 수 있다는 주장과 함께 무엇보다 탁월한 설득력과 업무 추진력으로 우리 민족이 바라는 21세기 한민족 웅비시대를 이끌어 갈 희망의 기관차임을 자임한다.

국가경영을 위한 정책은 인본적인 시장경제실현을 통한 국가경쟁력의 강화, 확고한 안보와 평화통일의 실현, 대화합과 대통합의 정치 실현, 정부개혁을 통한 선진행정, 삶의 질 향상과 문화대국을 향한 노력이 주요 정책이다.

총선에서의 낙선은 충격이었고 이미 세력을 잃었지만 희망은 남아 있다. 이북 5도민과 경북의 상징성 그리고 5공정권 및 서울대를 아우르는 새로운 그림을 그릴 수만 있다면 대권도전과 당선의 희망은 있다.

그의 능력과 활용성 때문에 여권에서는 국무총리 영입설이 끊임없이 제기되었고 그 또한 돌파구를 위해 이를 희망하면서도 은근히 대권지원을 약속받기 위해 주가를 높이려는 기회가 점점 좁혀져 가고 있다. 한마디로 여론의 향방과 대권주자의 변수 속에서 치열한 심리전이 벌어졌을 때 그의 계산이 얼마나 맞아 떨어지느냐가 관건이다.

반면에 대권에 도전하기보다는 차기를 노린 지분 확대를 위해 범여권 중에서 유력후보와의 관계개선을 통한 역할과 캐스팅 보트로 재기를 노릴 것으로 본다. 그러나 지나칠 정도로 관료적이며 딱딱한 엘리트 냄새가 풍겨 대중들에겐 어딘가 거리감이 있다고 느껴지는 이미지를 씻어 내려는 노력도 강구되어야 하며, 보다 근본적으로는 통일대통령이라는 이슈를 내걸고 이를 구체화시키기 위한 정책 준비가 필요하다는 것이다.

수많은 제자들과 전국을 아우르는 전문가 집단은 물론 자신을 지지하는 전국의 소그룹을 형성한 가운데 중진 정치인들과 소장파를 한데 하는 리더십을 발휘하여 원로정치인들의 지지를 받는다면 승산이 있다는 점을 인식하여 이에 대한 준비가 요구된다. 대권에 대한 강한 야욕만큼 국가경영을 위해 준비하는 실천을 하는 것이 훨씬 경제적인 대권도전의 방향이다.

8) 신뢰와 협상력을 갖춘 덕장 - 한광옥(韓光玉)

(1) 인물과 주요경력

1949년 1월 29일 전북 전주에서 출생했다. 중동고(1960)를 졸업하고 서울대 영문과 재학시절인 1962년 학생정치외교협회장, 전국민권수호학생연맹 준비위원장으로 활동했다. 국회의원 비서관(1971), 신민당 최고위원 보좌역(1980), 제11대 민한당 소속 국회의원으로 국회에 진출하여(관악) 5·17내란음모죄로 구속된 김대중 총재의 석방을 강도 높게 요구한 것을 계기로 DJ와 인연이 되었다.

1985년 민추협 대변인으로 동교동 캠프에 합류해서 1987년 평민당 대통령 선거대책본부 상황실장, 비서실장(1988), 제13대 국회의원(관악), 국회 노동위원장(1990)으로 활동하다가 1992년 DJ가 대선에 실패하고 정계를 은퇴하자 독자노선을 구축하기도 하였다. 제14대 국회의원(관악, 민주)으로 사무총장, 최고위원(1993), 부총재(1995), 새정치국민회의 사무총장(1996), 부총재(1997~1999)를 지냈다.

그는 충성심이 강하며 원만한 성격의 소유자로 업무처리 능력이 뛰어나고 신중하면서도 대인관계가 원만한 덕장형 스타일로 협상력도 뛰어나 밀사역을 많이 담당했다. 이로 인해 DJP 후보단일화 협상의 주체가 되어 일을 관철하였고 정권교체 후에는 노사정위원회 위원장(1998)을 맡아 능력을 발휘했다. 서울시장 출마를 원했지만 김대중 대통령이 고건을 지원하자 갈등을 겪으며 한때 멀어지는 듯했다. 그러나 제2건국위원회의 출범과 함께 민족협의상임의장(1998)을 맡았고 여·야 서로가 당의 운명을 걸고 혈전을 벌였던 제15대 영등포 보궐선거에서 당선되어 정치권에 재입성했다.

이후 김대중 대통령의 부름을 받고 비서실장(1999~2001)으로 발탁, 실세로 부각됨으로써 통치자 공부를 하면서 조용하고 신중하게 차차기 대권을 꿈꾸다가 김중권의 사표로 결국 그렇게도 바라던 관리형 대표최고위원에 낙점되는 행운을 얻었다.

독서·등산·구기 운동이 취미이고, 부인 정영자 여사와의 사이에 1남 1녀를 두고 있다. 저서로는 《새벽》, 《가슴이 넓은 사람 이야기》 등이 있다.

(2) 노선과 해결과제

걸출한 키와 늠름한 체구의 미남형으로 우직하고 온건보수적이면서도 개혁성향이 있는 합리적인 성격 때문에 적이 별로 없다. 협상의 귀재로 불리는 한편, DJ에 대한 충성심과 폭넓은 인간관계로 적이 많지 않다는 점이 강점이면서도 이것이 대권을 꿈꾸는 후보로서는 취약점이 될 수도 있다는 것을 명심해야 할 것이다.

오랫동안 DJ의 그늘에 있었던 관계로 자기 주장과 정책이 없는 것이 취약점이나 무엇보다도 성실하며 신뢰적인 이미지로 호남의 색채가 많이 나지 않는다는 점이 우호적으로 작용하고 있다. 동교동계에서도 한화갑 이외에 라이벌이 없어 차차기를 노릴 만하나, 그의 지지세력인 서울도 확고부동하지 않고 고향 전북에서는 이미 정동영 최고위원이 자리를 굳히면서 대권을 향해 치고 올라오고 있어 만만치 않다.

여전히 호남 전체를 통합할 수 있는 대표인물로서 한화갑과의 한판 대결은 불가피하나 아직은 불리하다. 그러나 대표최고위원에 오른 이상 한번 해볼 만하다. 다양한 경험을 바탕으로 리더십을 발휘하여 차기를 위한 준비 과정으로 과거부터 그토록 원하고 있던 차기 서울시장 출마를 고려할 수도 있겠다.

2,000만 인구의 서울과 수도권에서 확실하게 지지를 얻어내고 호남의 지지 아래 영남과의 연계를 통해 확실하게 대권을 잡겠다는 중기적인 복안을 잡고 있을 것으로 추정된다. 반면에 대표최고위원으로서 당에 복귀한 이상 능력을 인정받아 한화갑과의 밀약과 한판 승부로 당권을 완전히 장악한 후, 다른 용들과의 치열한 암투에서 승리하기 위해서는 지지세력을 확고하게 다질 필요가 있다. 다만 김대중 대통령의 지원과 대권주자들과의 연합을 어떻게 하느냐에 따라 의외로 잘 풀릴 수도 있지만 이 또한 만만치 않고 거부세력들의 탈당을 막을 수 있는 복안도 고려해야 한다.

따라서 앞으로 국가정책 제시를 위한 목소리를 거세게 내는 한편, 세력을 규합하기 위해 폭넓은 관계를 보다 더 밀착시키는 것이 해결과제이다. 정치인으로서는 드물게 믿음직스러운 이미지를 갖고 있다는 것이 최대의 장점이지만 반면에 독자적인 색채가 보이지 않는다는 것이 취약점이어서 이를 해결해 나갈 방안의 모색이 중요하다.

VI

국가경영
정책방안

1. 대통령과 국가정책방안

1) 대통령의 국정운영방향과 핵심참모

(1) 대통령제도와 통치력

국가란 운명을 같이한 일정 지역 안에 있는 사람들에게 합법적인 권력을 독점해서 행사할 수 있는 인간공동체인 동시에 전체를 위한 덕과 정의를 함께 실현하는 존재로서의 윤리공동체이자, 과거·현재·미래의 공동체이다.

이와 같은 국가개념에서의 대통령은 과거처럼 국가를 개인 소유물로 보아 좌지우지하고 군림하는 제왕적 통치자가 아니라 거대한 주식회사를 운영·관리하는 최고전문경영자이자 세일즈 외교가가 되어야 한다.

따라서 대통령은 통일·외교·국방 분야만을 전담하고 그 외의 임무는 국무총리에게 전권을 위임하여 소신있게 추진하도록 지원하며 자문을 하는 방향으로 나갈 때 효율적이다.

대통령은 국외적으로는 외부로부터의 위험을 막고 국내적으로는 모든 국민들이 편안하게 일하며 더불어 함께 정신적·물질적·환경적 풍요를 누리며 행복하게 살면서 계층·지역 간의 균형발전과 국가발전 및 민족적 숙원사업인 민족통일의 과업을 순리적으로 달성하여 국제적인 지위 향상과 인류평화 발전에 기여하는 일이 주요 임무이다.

이를 위해서는 급변화하는 세계정세를 살펴, 국가의 이익과 국민들의 욕구를 충족시키며 행복의 실현을 위해 모든 에너지를 극대화시키는 비전 아래 과학적인 장·단기 플랜으로 올바른 의사결정을 위한 리더십이 필요하다. 대통령이 임명할 수 있는 3,000명의 고급 관료, 연구기관, 국영기업체, 임원진의 합리적인 적시·적소·적재의 인사배치는 국가정책 및 정권수행에 지대한 역할을 하므로 '인사가 만사'가 되는 것이다.

　　행정의 품질과 서비스를 향상시켜 국민의 행복과 기업의 발전을 촉진시키며, 고질적 병폐인 지역감정과 지역·계층 간의 균형발전을 모색하는 근본적인 시스템의 패러다임 변화를 이룩하기 위해서는 국민들의 신뢰 구축이 선행되어야 한다. 이런 점에서 대통령은 제왕에서 최고전문경영자로 변신해야만 한다.

〈그림 6-1〉　　　　　　　　CEO 대통령의 시스템 과제

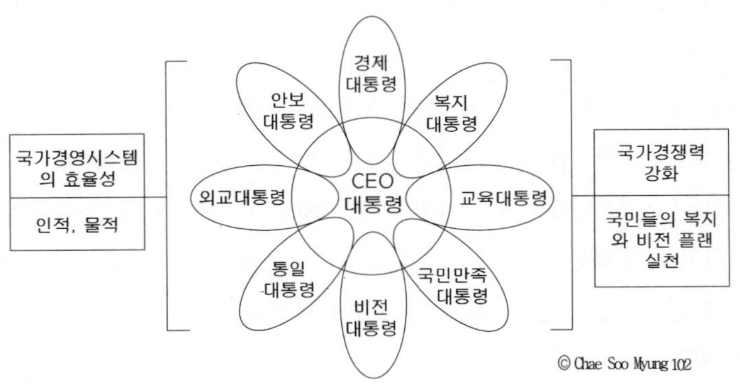

〈표 6-1〉　　　　　　　제왕적 대통령과 CEO형 대통령의 비교

구 분	제왕적 대통령	CEO형 대통령
기　능	영도자, 통치자, 제왕	유능한 전문경영자, 전문조정자
사　고	장기적 군림, 독재, 관리마인드	국민의 행복과 국가 번영에의 봉사, 경영마인드
리더십	폐쇄적, 권위적, 제왕적	민주적, 개방적, 합리적
의사결정 과　정	측근에 의해 자기중심적인 수직적 의사소통(의견수렴 형식적)	개방적 의사소통, 실질적인 협의와 토론, 구체적인 비전창출과 공유
내　각	정치적 고려, 업무관여, 배후조종	전문가집단 활용, 업무위임
집행과정	부처간의 갈등(조율미흡), 국회와 야당관계 경직	합리적이고 강한 추진력, 국회와 야당 관계 유연성
결　과	모순과 갈등의 악순환, 침체	삶의 질 향상, 번영, 추앙

자료 : 중앙일보, 2002, 1

<표 6-2>　　　　　　　　CEO형 대통령의 국가관리 시스템

구분	지향방향	내　　용
대통령과 청와대	순수 전문참모 기능강화	실질적 협의, 토론문화의 정착, 의사전달과정 간소화, 탈권위화(의전, 경호절차)
대통령과 내 각	권한위임(부처 CEO), 수평적 네트워크화	총회의 실질권한 보장(각료임명제청·배임건의권), 조세권 불개입, 국정원 정치중립, 검찰권 독립보장, 장관책임하 정책결정, 부처별 팀제 활성화, 대통령은 비전제시, 변화관리, 관료 실적평가, 외교, 국방
대통령과 국 회	의회의 견제기능 강화	인사청문회 확대(국정원장, 검찰총장, 국세청장, 경찰총장, 금감위원장, 국무위원)
대통령과 정 당	자율성 보장	대통령 총재직 이탈(당정분리), 상향식 공천, 정치자금 투명화, 생산적 의망 정치풍토, 여야 견제와 국정운영 파트너십

자료 : 중앙일보, 2002, 1, 10 3면, 보완

　권력은 생리적으로 탈선과 유혹 및 남용에 빠지기 쉬우므로, 대통령은 역사적인 안목을 갖고 당면 과제를 합리적으로 해결하며 민족의 발전을 위해 스스로 원칙을 지키는 한편 인기보다는 합리적인 소신이 요구된다. 역대 대통령들이 제왕적·방관적인 통치로 인해 국민들로부터 비난을 받았던 것은 결국 국가적인 이미지 실추라는 점을 잊지 말아야 한다.

(2) 핵심참모들의 역할

　핵심참모의 역할은 대통령의 업무수행과 의사결정 및 국가정책 반영에 절대적인 영향을 끼친다. 따라서 핵심참모들의 자질과 전문성, 의식과 사명감, 윤리성과 도덕성, 추진력과 인적 구성 및 팀워크에 따라 국가경영의 결과가 달라지기 마련이다. 때문에 핵심참모들은 개인과 가문의 영광보다는 국가적 사명감과 책임의식, 국민들의 편익과 국가발전에 기여할 수 있는 봉사정신이 뚜렷해야 한다. 그러나 수많았던 대통령 핵심참모들 중에서 역사에 남을 만한 존경받는 인물이 거의 없다는 점은 한번쯤 생각해 볼 만한 문제이다.

  임명권자에 대한 충성도와 선거시의 기여도 등과 같은 감성적인 임명도 있었으나 대부분 개인적으로 사명감과 자질, 능력, 도덕성, 책임감이 부족했고 지나친 아부와 과욕을 부렸던 것이 사실이다.

〈표 6-3〉   대통령 핵심참모진의 유형

<table>
<tr><th colspan="2">구　분</th><th>내　　용</th></tr>
<tr><td rowspan="3">구성</td><td>학　　계</td><td>전직 교수, 현직 교수</td></tr>
<tr><td>정　　계</td><td>현직 국회의원, 전직 국회의원, 전현직 지구당위원장</td></tr>
<tr><td>전 문 계</td><td>법조계, 재야계, 재계, 시민단체, 여성계, 종교계, 각계각층</td></tr>
<tr><td rowspan="12">출신요소</td><td>학　　력</td><td>석·박사, 학사, 중·고졸 / 명문대, 특정고교 / 국내파, 해외파</td></tr>
<tr><td>기　　타</td><td>지역, 성별, 연령별</td></tr>
<tr><td>원　　로</td><td>역대 대통령, 정적 지도자(정치, 학계, 종교계, 민주)</td></tr>
<tr><td>행 정 부</td><td>각 행정부처 장·차관, 도지사</td></tr>
<tr><td>청 와 대</td><td>비서진(실장, 수석, 비서진, 국장, 경호)</td></tr>
<tr><td>주요기관</td><td>국정원장(참모), 보안사, 군(육·해·공군 장성), 경찰청</td></tr>
<tr><td>위 원 회</td><td>각종 대통령직속위원회(교수진, 재계, 시민단체, 여성, 종교인사)</td></tr>
<tr><td>정부기관</td><td>정부 산하기관장(공사 사장, 임원진)</td></tr>
<tr><td>비 조 직</td><td>자문위원(각계각층 비공식조직, 위원회)</td></tr>
<tr><td>기　　타</td><td>지자체장, 고급공무원</td></tr>
<tr><td rowspan="2">역할</td><td>직 접 적</td><td>집행 관리(계획, 조직, 지휘, 조정, 통제)</td></tr>
<tr><td>간 접 적</td><td>자문, 보고</td></tr>
<tr><td rowspan="4">소신</td><td>소　　신</td><td>책임전문성 / 과욕(업적을 쌓아 승진에 관심), 합리</td></tr>
<tr><td>무 소 신</td><td>시간 때우기, 자리 지키기에만 관심</td></tr>
<tr><td>아 부 성</td><td>상위 권력에 맹목적으로 온갖 아부</td></tr>
<tr><td>개인욕심</td><td>온갖 비리, 부정</td></tr>
</table>

한편 유사부서와의 업무는 통·폐합하여 능률을 극대화하고 국민들의 편에
서서 정책을 기획·수립하며 의사결정에 문제가 있을 때는 진언하는 소신있는
진정한 핵심참모가 요구된다. 하지만 행정부의 정책결정권이 청와대 비서실에
지나치게 집중된 결과 국정 전반에 걸친 지나친 간섭과 정책조정 기능의 미흡
으로 국정의 혼란을 야기시키고 있다. 이러한 핵심참모진 권력의 남용으로 인
해 문제가 발생되지 않도록 하는 제도적 장치가 절실하다.

(3) 국가 비전 정책방안

지금까지의 국가경영은 중심체와 목표가 없었던 관계로 혼란의 연속이었다.
즉 대통령 선거 때마다 정권창출을 위해 수단과 방법을 가리지 않고 인기 위
주로 선거 이슈를 내세웠고, 정권창출 후에도 단명의 관리형 장관이다보니 전
술적 임기응변식의 정책으로 일관될 수밖에 없었다. 이런 점에서 정권의 변화
에 관계없이 국가의 백년대계를 내다볼 수 있는 장·단기 플랜을 수립하고 조
율하기 위해서는 실무형의 국가비전연구원(가칭)의 설립이 필수적이라 하겠다.

현재의 각종 현황을 진단하는 것은 물론, 다가올 통일플랜 수립과 한민족부
흥플랜까지도 아우르기 위해서는 경제, 정치, 군사, 통일, 외교, 지자체 등으
로 분야를 나누어 확실한 비전 아래 구체적인 방법론을 제시하는 것이 그 임
무여야 한다. 또한 정권과의 밀착이 아닌 여·야와 학계, 재계, 시민단체 및
국민들이 공인한 완전한 독립기구로서의 연구 활동이 필요할 때이다.

〈표 6-4〉　　　　　　　국가체제의 재구성과 과제

구분	세부사항	내　　　용
국가 체제의 재구성	작고 강한 정부	기구축소, 지방이양/정통·효율성 추구
	삼권분립 자율화	의회(생산정치)·사법·행정의 완전독립과 책임, 네트워크
	민관학 협조체제	정부관료체제 개방화, 정책공동체
	대통령의 권한축소	제왕적 대통령 탈피, 희망, 세일즈외교
	국가경영 마인드 도입	국민봉사, CS행정, 경영마인드기법 도입

	민주정치질서의 확립	선거문화 혁신, 참여, 정책, 생산성 향상, 희망
	선진경제 재도약	질적 도약, 벤처기업 육성, 고가치창출
	정신혁명, 사회재통합	천민자본주의 해방, 계층·지역별 갈등 해소, 지역균형발전, 과거사 해결
	창의개성 교육개혁	능력중시, 시장원리, 프로근성
국가 과제	문화복지공동체 형성	예술문화 계승발전, 복지(소외계층) 향상, 환경개선
	안보·사회질서 확립	방어군사 첨단화, 사회준법질서 확립
	외교·통상·국가경쟁력 강화	외교력·국제경쟁력(세계1등상품 육성) 강화
	통일국가 비전 수립	화해무드(다각적, 인내 플랜)
	신지식정보기술 혁신	정보통신 시스템·기술혁신(첨단, 생명, 신소재, 공학)

© Chae Soo Myung 104

이같은 국가비전쟁책방안은 문명의 서진설에 의해 세계중심축이 동북아로 이동하고 있는 상황하에서 한민족 3C 부흥주기설과 맞물려 유사 이래 가장 부흥할 수 있는 아시아 현대판 신르네상스시대를 맞이해 더욱더 중요하지 않을 수 없다.

〈그림 6-2〉　　　세계 문화중심축의 이동변화(문명의 서진설)

이집트		그리스		이탈리아		스페인		네덜란드		영국		미국		동북아
AD 7C	⇒	AD 8~1C	⇒	2~16C	⇒	17C	⇒	17C	⇒	18C	⇒	20C	⇒	21C
스핑크스, 피라미드		그리스 문화, 이슬람		중세 카톨릭 문화		마드리스 바르셀로나		항해술 (나침반 이용)		산업 혁명 (기계)		2차 세계 대전		중국, 한국
카이로		아테네		로마		마드리드		암스테르담		런던		뉴욕		?

자료 : 채수명, 다음세기 내다보기(2천년대 지구촌 흥망 시나리오), 해돋이, 1997, p.188 보완

구 분	내　　　　　용
3C	3국, 고구려(영토확장), 백제(중국교류·일본 고대국가 발전에 기여)
6C	삼국문화의 부흥기
9C	동북아해상권(중국, 신라, 일본) 확보(장보고)
12C	고려귀족문화(청자, 불교, 공예) 부흥기
15C	문화과학기술 융성, 훈민정음 창제, 4군6진 설치 / 세종대왕, 조선초 부흥기
18C	대동법, 탕평책, 균역법, 규장각 / 영·정조시대, 조선중후기 부흥시대
21C	한민족 통일(남북한 → 만주 → 몽골), 대연합국가(세계중심축), 신르네상스시대의 도래

자료 : 채수명, 다음세기 내다보기(2천년대 지구촌 흥망 시나리오), 해돋이, 1997, p.228

2) 선진정신혁명

(1) 국가지도층의 정신개혁

지도자는 권력, 돈, 명예에 의한 부러움의 대상이 아니라 신뢰와 존경의 대상이 될 수 있도록 근본적인 지도자층의 개혁과 관리가 필요하다. 건전하고 존경받는 지도자상을 정립하여 국민들로부터 지도자층은 부패하다는 인식을 시급히 개선하는 것은 매우 중요한 문제이다. 능력과 자질보다는 도덕성, 사명감, 책임 등 신뢰를 우선하여 도덕성이 결여된 경우에는 엄중하게 문책하여 다시는 공직에 발을 들여 놓지 못하도록 해야 한다.

직위를 남용해 부당한 이익을 챙기거나 불이익을 초래했을 경우에는 이를 환수조치하고 구속시켜 강력한 공직의 기강을 확립하며 우수 공직자는 존경과 추앙을 받을 수 있도록 상벌조항이 엄격해야 한다. '윗물이 맑아야 아랫물도 맑다.'라는 말을 실천할 때 국민들의 지지를 기반으로 하는 리더십을 발휘해 선진국으로 진입하는데 기여할 것이나 그렇치 못할 때는 부패공화국, 천민자본주의라는 오명에서 벗어나지 못하고 선진도약의 문턱에서 추락하게 되고 말 것이다. 사고와 행동에서 올바른 지도자의 역할을 할 때에만 지도자로서의 명예와 존경도 뒤따르게 된다는 사실을 잊지 말아야 할 것이다.

(2) 범국민 정신혁명운동의 전개

지나치게 짧은 기간 동안 경제성장을 최우선의 과제로 상정하다보니 가장 기본적인 기초질서, 준법, 세법 등의 준수에 대한 개념이 무너졌다. 온갖 시기와 위협 등으로 인해 안전하고 편안하게 살 수 없을 정도로 사회가 점점 험악해져 가고 있으며 정계, 재계, 교육계, 예술·문화계, 언론계, 종교계 등 부패하지 않은 곳이 없을 정도로 그 도를 넘어 만성적 위험의 상태에 도달했다. 우리의 정서 또한 이를 아무렇지 않게 받아들일 정도로 위험수위에 도달했다.

때문에 도덕성회복운동을 펼치는 등 정신개혁운동을 펼쳐 건전한 소비·향락·음주, 예약, 경조사, 약속문화 운동을 전개하기 위한 방안이 강구되어야 한다. 옛부터 내려온 지역 간의 갈등과 현대에 이루어진 계층 간의 갈등 및 집단이기주의를 근본적으로 제거하고, 이를 악용하는 경우에는 법으로 엄벌하고 사전에 예방하는 방안이 절실하다.

〈표 6-6〉 　　　국민들의 여러 집단 갈등에 대한 인식

집단	매우 심각	심각한 편	집단	매우 심각	심각한 편
여 와 야	61.5%	35.8%	지 역 간	29.5%	18.7%
공무원, 시민	16.9%	37.0%	군과 민간	14.0%	32.5%
노 와 사	23.68%	43.6%	재벌과 서민	53.6%	39.8%
세 대 간	45.5%	32.9%	도 농 간	45.8%	41.1%
종 교 간	23.7%	34.6%	학 력 간	65.3%	24.2%

자료 : 채수명, 국민의식조사, 2001. 7

정신혁명 없이는 발전할 수 없으며 선진국으로의 진입도 포기해야 한다는 강한 의지로 총체적·자발적·합리적인 국민정신개혁운동본부를 운영하여 과

거청산과 미래 비전을 갖고 구체적인 방법론을 모색해야 한다. 즉 윤리, 도덕, 법을 준수하면서 성실하게 땀흘리며 일하는 사람이 대우받고 잘 살 수 있는 분위기를 조성하고 악질적인 경우 이를 신고·고발할 수 있도록 보안과 신변 보호, 적정한 포상제도를 도입해야만 한다.

근·현대화 과정에서 파생된 정신적인 가치를 가볍게 여기는 물질만능주의와 이기적 개인주의 및 자연파괴는 결국 정치·경제·사회적 문제로 대두되어 의식개혁, 제도개혁을 위한 범시민 운동은 필수적일 수밖에 없다. 이를 바로잡기 위한 과정 또한 합법적인 절차와 민주적인 과정 아래 평화적인 수단으로 이루어져야만 기대하는 효과를 얻을 수 있다.

당당한 세계인으로서의 관용과 아량, 민족공동체 의식, 국민 모두의 의식개혁을 위해서는 이성적·합리적·개방적인 사고 아래 이를 실천하려는 노력이 필수적이다. 무엇보다도 근검·절약하고 성실하며 창의성을 갖고 프로 근성을 가지고 열심히 일하는 사람이 대우받고 잘 살 수 있는 사회풍토를 조성해야 한다. 또한, 허례허식과 과소비풍조를 바로잡고 아나바다(아껴쓰고, 나눠쓰고, 바꿔쓰고, 다시쓰는) 운동을 범국민적으로 전개하기 위한 구체적인 방안이 절실하다.

외형적으로 보이는 돈과 명예보다는 어떤 사고를 가지고 어떻게 살아가느냐 하는 내면적인 삶의 지표를 존중하는 사회풍토를 만들기 위해서는 결과중시주의에서 과정중시주의로 변해야 할 것이다.

〈표 6-7〉　　　　　　　국민의 정신병폐와 혁명방향

구 분	내　　　　용
병폐	적당주의, 무사안일주의, 이기주의(개인, 집단), 인기주의, 획일주의, 학벌주의, 지역주의, 계층갈등, 무책임주의, 양적중시주의, 물질만능주의, 편의주의(질서파괴), 강약약강주의, 외세배척주의
혁명 방향	원칙주의, 능력주의, 약자보호주의, 봉사주의, 창의개성주의, 책임주의, 질적중시주의, 외세융합주의, 상호인정협력주의, 저비용고효율주의

2. 정치·행정분야

1) 국가기구 메카니즘

(1) 3권의 완전독립

입법·행정·사법부의 3권 독립은 민주주의의 기본이다. 그러나 우리 나라의 경우 이론상으로는 이에 일치하지만 현실적으로는 그렇지 않다는 것이 국민적인 여론이다. 정권을 잡으면 대통령과 핵심참모진에 의해 권력은 사유화되고 여·야는 서로를 파트너로 여기지 않고 적으로 여겨 반대를 위한 반대를 습관화하다 보니 정권, 비정권이라는 이분법으로 나누어져 있다는 데 그 심각성이 있다.

중책을 맡기 위해 줄서기를 하다 보니 입법·행정·사법부는 자의적 혹은 타의적으로 정권의 시녀가 되었다고 국민들은 인식하고 있으니 질서가 무너질 수밖에 없다. 이런 점에서 국가의 원활한 운영을 위해 입법·행정·사법부의 완전한 독립을 통해 국가기구 메카니즘을 혁신하며 건전하고 합리적인 상호견제와 협력이 요구된다. 더불어 행정·입법·사법부를 아우르는 총체적이고 강력한 감사기능을 위해 감사원은 완전독립을 하는 것이 바람직하다.

(2) 생산적인 의회정치제도

정치는 국가를 바르게 통치하는 고품질 서비스가 되어야 한다. 그러나 우리의 반 세기 정치문화는 권위주의, 1인중심의 붕당정치, 정경유착, 지역할거주의 등 고비용 저효율의 구태의연한 관행과 특권의식으로 인한 불신이 가중되어 국민에게는 고통을, 국가발전에는 걸림돌이 되고 있다.

지금이야말로 그 어느 때보다도 정당보다는 국민을 위한 의회와 누구나 참여할 수 있는 참여민주주의로 생산적인 정치에 의해 신뢰를 구축하는 선진 정치문화를 이루는 혁신이 필요하다. 이를 위해서는 정치꾼이 아닌 전문성과 사명의식, 책임감이 강한 전문가들이 정치에 입문할 수 있도록 금권·관권선거의 구태를 합리적으로 개선하고, 중·대 선거제도의 도입 및 전국구의 축소로 지역할거주의를 바로잡아야 한다.

또 지나치게 비대해진 중앙당사를 처분하고 국회 본관에 있는 교섭단체 사무실을 신생당과 중앙당으로 활용하며, 미디어 정보시대에 걸맞는 원내 정당으로 변신해야 한다. 한편 지구당은 연락사무소 역할을 할 수 있도록 축소하거나 아예 없애 선거 때는 대책위를 구성해 후보별로 사무실을 활용하는 등 현행 중앙당 체제의 고질적인 문제를 해결하기 위한 파격적인 발상의 전환이 필요하다.

국회를 정치의 본산으로 삼아 정책기능 강화는 물론 국고보조금을 각 후보에게 나눠줌으로써 중앙당이 후보를 지배하는 하향식 구조를 타파하고 정치자금의 투명성이 제고되며 책임정치가 실현되는 등 정당민주화가 가능하다는 점에서 아예 국고보조금을 줄여야 한다.

단독선거법원으로 선거에 관련된 업무를 하여 중립성과 원활성 및 후보자의 각종 문제를 사전에 예방하는 것이 절실하다.

〈그림 6-3〉　　　　　　　　국내 정당 국고보조금 지급추이

1996년	1997년	1998년	1999년	2000년	2001년	2002년
477억원	503억원	818억원	252억원	516억원	269억원	1139억원 (추정)

자료 : 중앙선관위

정치자금의 공개와 합리적인 활동평가제 도입으로 의정활동이 직업이 되도록 하는 한편 산업화와 민주화 과정에서 발생된 비효율의 낮은 정치문화를 과감히 청산하고 국민을 위한 본사열림정치 등 근본적인 선진국회 문화를 정착해야 한다.

즉 국회는 국가운영의 입안과 감시 기능을 한다는 점에서 자율적인 전문성으로 효율성을 높이기 위한 연구를 해야 한다. 국회의장은 국정의 원활한 수행을 위해 직접선거에 의해 선출된 후에 중립성과 입법부의 위상을 위해 탈당을 고려하는 것이 바람직하다.

당의 총재, 부총재, 원내총무, 정책의장, 대변인 등을 경선으로 선출하는 한편 대통령 후보는 완전 경선으로 하고 국민의 의견을 적극 수용함으로써 당내 민주화부터 정착시켜야 한다.

(3) 법 제도 체제와 실행

법의 목적은 인간으로서의 존엄과 가치를 최대한 보장하여 사회공동체의 조화와 복지증진을 실현시키는 데 있다. 따라서 국가가 추구하는 법적 가치와 목표에 맞는 합목적성이 있어야 하며 법이 명확하고 함부로 변경되지 않아야 할 뿐 아니라 국민의식에 맞게 하여 국민이 안심하고 생활할 수 있게 해야 한다. 강제·보편·상대성을 가지지만 이해관계의 조절과 사회통제, 행위평가, 분쟁해결, 정의실현, 인권보장 기능이 있다.

비현실적인 법은 현실성 있게 재정비하고 누구나 법 앞에 평등하다는 인식을 갖도록 집행하여 법을 존중하는 풍토를 조성하며 감정적인 고소·고발을 막기 위해 힘이 있는 현실적인 각종 조정위원회를 설치하여 화해를 조성하는 것이 바람직하다. 사법시험제도를 윤리도덕성, 사명감, 책임의식 등과 같은 자질 위주로 개선하고 수습연수(경찰청 등 각종 법률관련 전문연구기관 파견근무) → 변호사 → 검사 → 판사 과정을 거칠 수 있도록 하는 한편 배심원 제도의 도입도 고려해 볼 만하다.

검찰의 완전독립은 불가피하고 선거문화제도를 개선하기 위해 중앙선거관리위원회와 연계한 단독선거법원을 설립하여 관리·감독·판결하여 중립성을 유지하도록 하는 제도적 장치가 필요하다. 그러나 문제는 법체가 아니라 이를 수행하는 사람이므로 인성, 전문성, 사회성, 책임성 등에 대한 교육 육성 및 지도관리체제가 선행되어야만 한다.

2) 행정개혁

(1) 행정혁신 패러다임

지금까지의 정권들은 작은 정부론을 펼쳐왔으나 정부의 불완전한 지식과 정보, 정체적인 제약조건과 근시안적 규제, 시장경제와 유인동기의 부족, 관료집단적 이기주의, 부정부패로 인해 실패하고 말았다. 자본주의의 모순점이 대두되면서 정부의 개입은 결국 시장실패와 지나친 개입으로 인한 부작용으로 문제가 발생되어 해결 과제로 남아 있다.

따라서 작은 정부, 효율적인 정부를 위해서는 무엇보다도 국민을 위한 봉사행정, 품질행정, 서비스행정, 책임행정, 복지행정으로의 전환이 시급하다.

이를 위해서는 관료적인 사고와 행동을 버리고 전문성을 갖춘 국민을 위한 서비스맨으로 변신해야 한다. 이를 위해 인사혁신과 함께 국가안전을 위한 기본적인 기능을 제외한 정부기능을 지방정부로 이양하고 관리보다는 기획정책을 수립하고 지원해 주는 시스템으로 변화되어야 한다.

〈그림 6-4〉　　　　　　　　행정개념 변화 예상도

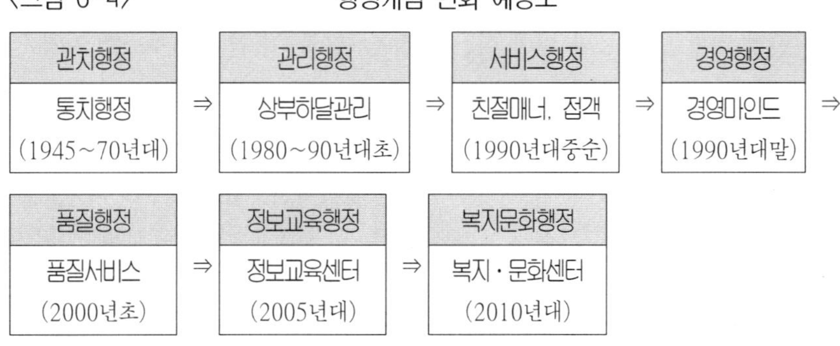

사명감과 전문 책임성을 살리기 위해서는 지나친 직급체제에서 벗어나 팀제운영 및 합리적인 연봉체계를 갖추고 공무원들의 사기앙양을 위해 복지향상과

상벌규정, 공정한 인사가 이루어져야 한다. 또한 엄격하고 소신있게 봉사할 수 있도록 인력개발과 조정 및 외부 전문가의 영입은 물론 신인 고급인력들이 모이도록 지원을 아끼지 말아야 한다.

즉 전문화와 이에 따른 책임을 강화하고 경력과 호봉, 시험 위주보다는 기획력과 추진력 등 능력을 중시하는 공직 풍토가 이루어져야 한다는 점에서 인사 시스템 자체를 혁신해야 한다.

따라서 지금까지 시행되어지고 있는 현행의 고시제도는 암기력 중심의 서열화를 부추기고 광범위한 행정 수요와 지시, 통제에 민첩하게 대처할 수 없어 효율성이 떨어진다. 이러한 고시제도로는 국제화와 주민 중심의 행정시대에는 전문성과 책임성을 갖춘 우수인력을 확보하는 데 한계가 있으므로 근본적인 개선이 요구된다.

정책기획 관리 부분 이외의 단순한 집행 서비스 부분은 민영화 혹은 민간에 위탁하거나 시민단체에 위임하고 행정의 온라인 서비스 및 저비용, 고효율화를 통한 행정의 생산성 향상을 위한 구축이 시급하다. 즉 통제 중심의 페이퍼 행정에서 벗어나 주민의 요구와 필요를 찾아내 해결하고 더 나아가 미리 찾아 서비스해 주는 선진복지행정으로 전환해야만 한다.

또한 생활권에 의한 70(농어촌)~100(도시)만 명 단위의 광역화로, 불필요한 다단계 지방행정구조와 이에 따른 경비를 줄이는 한편 동사무소를 지역 정보·교육·문화·복지센터로 육성하기 위한 체계적인 연구가 이루어져야 한다.

현대 복지국가에서의 정부는 교통, 정보통신과 같은 사회간접자본의 확충은 물론 육아, 교육, 의료, 복지 등 사회생활의 일반적인 조건뿐만 아니라 치산과 치수, 방재와 공해방지, 청소와 폐기물 처리 등 국토와 자연환경보존도 잘 해야만 한다.

또한 시장에서의 경쟁조건의 정비와 독점규제의 역할 등 한정된 자원의 효율적인 배분과, 빈부격차 완화, 계층 간 위화감 해소 등 불평등한 소득분배의 개선, 재정정책과 금융정책을 통한 고용기회 확대라는 완전고용 기능을 담당해야 한다.

〈그림 6-5〉　　　　　　　　　　지역특화산업 방안

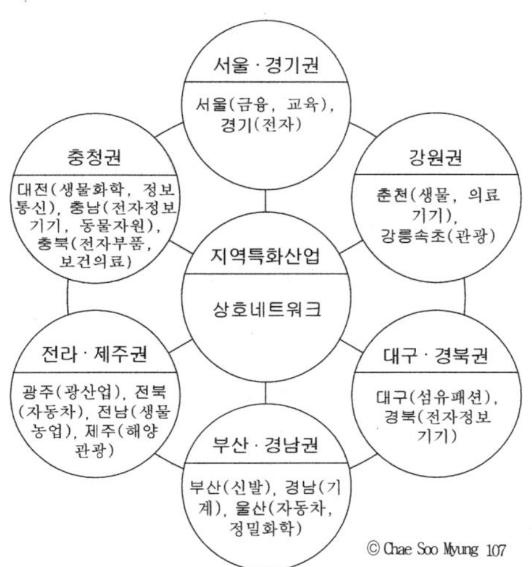

〈그림 6-6〉　　　　　　　　　　수도권 국토기획안

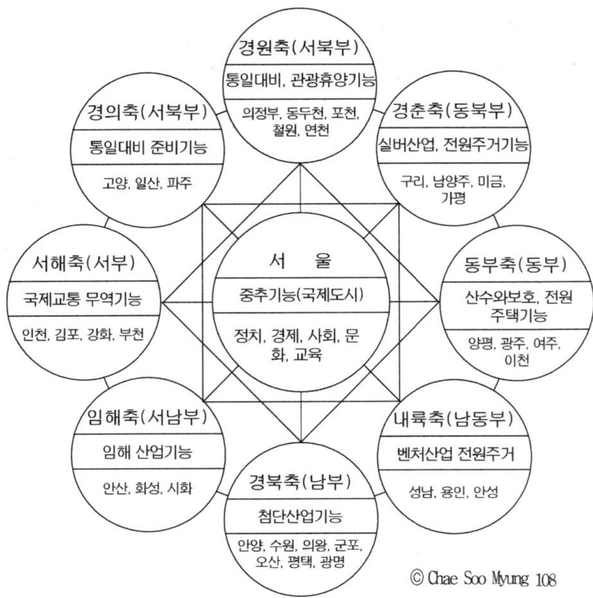

(2) 지방자치의 활성화

지방자치는 권력의 중앙집권 방지와 지역특성을 살리기 위한 민주주의의 원천일 뿐만 아니라 교실이므로 불가분의 관계이다. 더구나 지역의 전통문화와 생활의 공동운명체로서 지역 특화와 함께 물질적·정서적·환경적인 풍요를 추구하려는 과제를 해결하기 위한 노력이 최대과제이다.

따라서 작은 정부로서 국가안보와 외교 및 경제 활성화를 위한 국책사업을 제외하고는 문제가 없는 한 지방으로 이양하면서 갈등을 합리적으로 조절하는 것이 바람직하다.

지역에서도 무조건 지방이양만을 고집하기보다는 자립책을 강구하기 위해 온갖 에너지를 극대화시켜 지역 특화와 주민복지를 위한 노력은 물론 재정자립도를 향상시키기 위한 노력을 하여 지방자치의 뿌리를 튼튼하게 하기 위해 노력해야 한다.

무엇보다도 정서적인 안정을 위해 다양한 갈등을 최소화시키고, 쾌적하며 살기 좋은 정주조건 제공은 물론 노약자들의 보살핌과 낙도·오지 개발 및 건전한 문화시설의 보존과 체계적·합리적 개발이 요구된다.

지방자치시대를 맞아 차기를 노린 인기위주의 직권남용으로 문제를 남기는 경우가 있으므로 이를 방지하기 위해 주민 참여를 제도화하여 지역의 문제를 함께 고민하고 해결하는 투명한 열린 행정이 절실하다.

본래의 취지와는 달리 현재의 지방의회는 그 비효율성으로 인해 주민들로부터 신뢰받지 못하고 있다.

특히 권한의 남용과 인·허가의 개입으로 많은 문제가 발생하고 있으므로 지방의회의 본질을 살리면서도 전문효율성을 높이는 봉사기관이 되기 위해서는 이에 대한 근본적인 보완이 시급하다.

3. 경제, 과학기술

1) 경제활성화 방안

(1) 국가경제 활성화

무엇보다도 경제활성화대책을 위한 장·단기 플랜이 시급하다. 이를 위해서는 정부, 여·야, 재계, 학계, 노동계, 시민단체, 종교계 등이 참석한 범경제활성화추진위원회를 발족시켜 입체적이고 근본적인 대책을 강구해야 한다.

소비자물가를 낮춰 서민생활을 안정시키고 소득수준에 맞는 건전한 소비를 장려하며, 해외지출과 탈세를 방지하기 위한 다각적인 제도적 장치와 함께 이를 어길 경우에는 구속과 다단계 세무조사 및 압류조치 등 조세법의 개정과 강화가 요구된다.

건전한 기업을 살리기 위해 금융, 기술, 디자인, 무역 등 여러 분야로 분리된 정부 산하의 기관들을 하나로 통합하여 원활하게 지원함으로써 생존, 성장할 수 있도록 하는 제도적인 개선이 시급하다. 건전한 재택사업을 할 수 있도록 하고 아이템과 재정력의 만남을 주선하며 산학협동을 위한 현실적인 지역 벤처센터를 육성하여 지원하는 등 획기적인 전환이 필요하다.

영구임대주택의 건설과 특색 있고 모범적인 자립형 미니 신도시의 개발 및 적극적인 해외건설 수주 그리고 지역특성에 맞는 차별화된 패키지 관광산업을 지원하여 고용창출과 경제활성화에 기여해야 한다. 지속적인 금융개혁과 자율화 추진으로 경영효율화를 높이며 건전한 증권시장을 통한 기업들의 자기자본 확충으로 금융개방에 대비해 경쟁력을 강화해야 한다.

(2) 기업의 경제활성화 방안

21세기는 국제화·정보화에 의해 국가 간의 경쟁이 더욱 치열해지는 기술과 경제경쟁의 시대이다. 자유민주주의에 의한 시장경제 원리 아래에서는 기술과 경제가 취약한 국가는 강대국에 의해 구속받게 되므로 기업경영환경에 도움이 되지 않는 각종 규제를 완화하거나 혁신하며 또는 사안에 따라 강화하여 기업하기 좋은 나라로 만들어야 한다.

<표 6-8>　　　　　　　　　기업하기 좋은 나라의 조건

구 분		내　　용
투입요소		과학기술, 양질의 인적자본, 풍부한 자본
경쟁력있는 일류 기업	인프라	SOC, 지식기반, 국가혁신 시스템
	규　제	경제활동자유, 정책의 일관성
	통　합	기업의 사회적 신뢰, 갈등 최소화
국가경쟁력		국가신용등급 향상, 외국인 투자증대, 부가가치 창출

기업 활동을 잘할 수 있도록 불필요한 규제들은 모두 풀어 신바람나게 일할 수 있도록 의욕을 불어 넣어야 한다. DJ정부 들어 4년 동안 약 5,000여 건의 규제가 개선되었지만 경쟁국에 비하면 아직 멀었다. 지리적 이점에도 불구하고 다국적 기업의 아시아 본부가 드문 이유를 충분히 고려해 국가적 부를 창출하는 주역으로서의 긍지감을 주어야 하는 것은 당연하다.

정경유착으로 성장한 일부 기업들 때문에 전부를 매도하거나 감시하기보다는 각종 준조세를 줄여 경쟁력을 강화시키는 등 적극적으로 지원·육성해서 기업의 의욕을 살려야 나라가 산다는 것을 깊이 인식해야 한다.

이를 위해서는 합리적·점진적인 방법으로 재벌을 해체하고 부가가치가 없는 산업에서 탈피하여 전문화, 차별화, 고객만족화를 통해 고부가가치 기업으로 육성하기 위한 패러다임의 변화가 요구된다. 현재의 구조조정은 기업경영의 투명성 제고, 상호지급보증의 해소, 재무구조의 획기적인 개선, 지배주주 및 경영진의 책임강화, 핵심역량의 강화에 역점을 두고 기업은 스스로 진행하되 정부는 가이드 라인만 제시하여 은행을 이용하는 것이 바람직하다.

고비용, 저효율의 경제구조를 개선해야 하며 전문경영인 및 사외이사, 외부 강사, 공시제도 등의 개선으로 건전한 기업가 정신 아래 기술혁신, 마케팅 등의 개선을 위해 인재를 육성하고, 유통혁신을 통해 직거래를 실시하기 위한 지원은 물론 기업 간 정보교류와 경영·마케팅의 네트워크화를 권장해서 세계적인 기업으로 육성해야 한다.

이밖에 노사 간의 협조와 신뢰 속에 임금을 안정키고, 근로의욕을 고취시키기 위해 후생복지제도를 지도·지원하며, 노동시장의 유연성 제고와 사회보험의 확대를 통해 비정규직근로자 보호는 물론 외국산업연수생과 불법체류자에게도 최소한의 인권보호를 실시해야 한다.

세계에서 1등할 수 있는 상품과 브랜드 개발을 구축하며, 국제경쟁력을 강화하기 위해 산업별 장·단기 마스터 플랜을 수립하고, 다각적이고 적극적인 지원 및 자체 노력을 위한 지원과 지도가 절실하다. 특히 공기업의 민영화는 시대적 과제이므로 합리적으로 진행하고, 외국인 투자유치와 관련해 외국인 경영자나 기술진이 국내에서 아무 불편없이 살 수 있도록 외국인학교의 자유로운 설립을 허용하는 등 생활환경을 개선하는 것이 급선무이다.

(3) 통상무역

경상수지 적자와 외채를 줄이기 위해 적극적이고 다각적인 방안의 모색은 물론 기업, 학계, 정부가 협력하는 통상대표부를 설치해서 시장정보를 수집·분석해서 체계적으로 대비해야 한다.

특히 미국·일본의 고품질·고가격 상품과 중국·동남아의 중품질·저가격 상품과 경쟁하여 이기기 위해서 기술혁신, 품질, 디자인, 브랜드, 마케팅력을 강화하기 위한 지원과 지도가 필요하다.

단기적으로는 OEM(주문자상표부착) 방식을 탈피하고 국내경쟁에서 벗어나기 위한 연구, 중기적으로는 동남북, 장기적으로는 세계에서 유명한 브랜드 상품을 개발하기 위한 추진방안을 강구하기 위해 경제단체들의 원활한 업무연계 지도와 지원이 절실하다. 더구나 13억의 인구가 있는 중국과 10억 인구를 가진 인도는 물론 동남아 시장의 무한한 성장성을 고려하여 이에 걸맞게 세분화된 상품 개발과 유통 및 서비스 시스템 혁신은 통상의 중대한 역할을 할 것이므로 장·단기 플랜 수립에 의한 추진이 고려되어야 한다. 상품무역보다도 더 확실한 것은 인재의 수출이므로 사람의 품질과 서비스가 선행될 때 상품무역은 뒤따르게 된다.

2) 농어촌

쌀정책은 추곡수매가의 국회동의제 등 시장경제에 맞지 않는 제도를 과감히 없애는 방향으로 정부수매제도를 개편해야 한다. 또한 도시민의 소규모 농지취득을 허용키로 하는 전향적인 자세에도 불구하고 아직도 경직된 농지규제가 많아 쌀값 하락에 허덕이는 농민들의 발목을 잡고 있어 이에 대한 보완이 시급하다.

3) 정보통신과 과학기술

(1) 정보통신

21세기의 정보통신은 국가전략산업이므로 국민 편익에 직결되도록 해야만 한다.

무엇보다도 정보의 중요성을 인식하고 정보맨으로서의 자질과 능력을 향상시킨 뒤에 초고속통신망을 구축하여 정보 시스템을 강화하는 것이 바람직하다. 공공행정 정보화 → 산업경제 정보화 → 교육 정보화 → 민생생활 정보화를 추진함으로써 정보강국으로 도약하기 위한 비전 및 플랜이 요구된다.

정보의 대중화와 평등화는 물론 영어와 중국어를 익히기 위해 투자되는 시간적·경제적 낭비보다는 동시통역기의 개발로 근본적인 비효율성을 제거하는 연구·노력이 절실하다. 또 정보통신의 대중화로 문제되는 각종 불건전성과 보안문제를 강화해 이를 사전에 예방·관리할 수 있는 정보통신보호법을 강화해야 한다.

이미 대중화된 휴대폰의 요금을 인하하고 공공장소에는 소음공해를 방지하기 위한 차단장치를 설치하고 운전중 통화는 강력하게 단속해서 사고를 예방하는 것이 바람직하다.

통신위성의 발사로 동북아 위성방송 주도국으로서의 전망을 세우고, 난시청 지역 완전해소와 방송의 활성화 및 영상전화, 영상회의, 의료전산망 구축, 교통정보 시스템, 범죄정보 시스템 등의 효율성을 높여야 한다.

(2) 과학기술

각종 가전제품과 통신기기에서 발생되는 전자파로부터의 피해를 방지하기 위한 관계 제도의 개선을 강화해야 한다. 인간공학, 감성공학적인 접근으로 안전하고 편리하며 쾌락을 줄 수 있는 한편 고품질, 적정가격화로 내수는 물론 수출에도 기여할 수 있도록 산학연구체계가 절실하다.

정보통신, 생명공학, 신소재 개발, 우주항공공학, 컴퓨터 소프트웨어 등 고부가가치가 있는 산업으로 전환하고 각종 연구기관과 기업들과의 협력을 통해 부가가치를 창출할 수 있도록 제도를 개선하고 지도 및 지원을 해야 한다. 발명과 특허를 활성화하고 지적 재산권을 보호하고 강화함으로써 지나치게 특허출원만 하고 생산되지 않은 경우, 일정 기간이 지난 후에는 보호를 받지 못하도록 하는 방안도 검토될 사항이다.

한 국가의 미래는 과학과 문화에 달려 있으므로 장기적인 투자계획을 수립하여 산업발전의 원동력이 될 수 있도록 하기 위한 과학기술기획단의 설치가 필요하다.

4. 교육, 문화

1) 교육개혁

(1) 창의·개성 존중의 교육개혁

교육은 획일적인 암기 위주의 입시교육 등 개인적인 출세와 생존의 전투 같은 경쟁교육에서 벗어나 전인교육, 취미·특기 교육, 창의력 연구 교육, 사회봉사 교육 등과 같은 참여교육으로 변신해야 한다.

'홍익인간의 이념 아래 모든 국민으로 하여금 인격을 완성하고 자주적 생활 능력과 공민으로서의 자질을 구유하여 민주국가 발전에 봉사하며 인류공영의 이상실현에 기여한다(교육법 제1조).'라는 자주·생산·과학·평화적 인간으로 육성하기 위한 국적 있는 철학 교육으로의 실천 방안이 시급하다.

유치원과 초등학교 교육은 인성, 법질서, 환경, 특기, 공동체 생활교육으로 전환하고 중·고등 교육은 국민의 기초생활 교육, 대학은 지도자 능력 교육, 석·박사는 최고지도자 전문교육으로 국가 전체의 인력개발 계획에 따른 플랜이 필요하다.

도덕성이 있는 신지식으로, 상품을 수출하기보다는 인력을 수출하여 외화를 벌어들이고 국가 이미지를 향상시키는 등 확실하고 영원한 국가 구축 방안을 위해서는 지역문화를 이해하고 봉사하는 장기적이며 시스템화된 노하우 교육이 절실하다.

학력 위주, 명문대학 위주에서 벗어나 능력 위주, 봉사 위주로 사회 시스템을 바꾸면 우리의 만성적인 병폐인 교육에 대한 불필요한 정력과 경제의 낭비를 없애는 등 교육 문화가 변화할 수밖에 없다.

즉 교육은 개인적인 출세를 위한 수단이 아닌 인성과 공동체 생활을 영위하는 학습장이자 개성과 창의성을 길러 조사·분석함으로써 원리와 해결방안을 찾아 사회에 기여하기 위한 학습장으로 변신해야 한다. 때문에 무조건 암기력 (IQ) 하나에 의존해서 암기한 것을 직업과 연계하려는 입시풍토에서 벗어나 적성과 도덕책임성을 중시하는 발전성을 고려한 발굴육성 교육으로 전환해야 한다.

한마디로 교육에 대한 근본적인 인식의 변화와 함께 실정에 맞는 참교육이 이루어질 수 있도록 학생, 교사, 학부모, 지역 사회인들이 함께 고민하고 해결할 수 있는 풍토 조성이 절실하다.

학제를 개편하여 유치원(2년)을 정규교육으로 영입하고 초등학교(5년), 중·고교(5년 통합), 전문학교(중학 2년 반+전문 2년 반), 전문대학(3학년/9학기), 대학원(석·박사 4년/12학기)으로 하는 방안도 검토해 볼 만하다.

현행 고교평균화제도로는 학교 개혁이 어려우므로 사립고교의 자율권을 최대한 보장하고 학부모와 학생들이 학교를 선택할 수 있도록 공급자 중심으로 확대해야 한다. 지방대학의 정원관리 폐지는 물론 학생선발 및 운영방식의 자율화도 점진적으로 검토되고 해결해야 할 과제이다. 특히 법과·의과·교육대학원은 국가 차원에서 체계적으로 양성하여 이 나라를 이끌어가는 전문그룹으로 육성하는 것이 효과적이다.

법과대학원은 미국의 로 스쿨처럼 교육체계를 바꾸는 한편 의과전문대학(원)은 8년으로 예과를 폐지하여 생물, 물리, 화학, 약학 전공 2년 수료자에 한하여 입학 가능케 하여 석사과정까지 이수하게 한다.

교육대학의 폐지를 검토하고 교육대학원은 일반 대졸자를 전공별로 모집하여 등록금을 저렴하게 하여 2년(6학기) 졸업자를 예비교사로 발령하는 것이 바람직하다.

더구나 초·중·고교 교사들의 잡무를 덜어줌으로써 연구하고 상담하며 21세기 인재를 양성할 수 있도록 지원을 아끼지 말아야 한다. 또한 교육에 지장이 없는 한도 내에서 근무시간의 자율화, 점차 대기업 수준의 보수체제로의 전환은 물론 안식년제 도입과 함께 무자격교사나 무능교사는 재교육 나아가 퇴출시키는 방안이 필요하다.

(2) 평생 사회교육의 보편화

청소년, 성인교육은 교육기회의 불균등 현상을 바로잡아 주는 수단이 되고, 급변하는 사회에 개인을 적절히 적응시켜 주며, 개인이나 사회의 특수한 요구를 만족시켜 주는 효과가 있다.

평생교육은 학교 교육에서 탈피하여 개인의 일생을 통한 교육과정의 수직적 연결과 개인 사회생활의 모든 면과 수평적 결합을 이루기 위해서는 전체성, 통합성, 융통성, 민주성이 요구된다.

따라서 교육을 받을 기회를 놓친 계층이 학교, 관공서, 종교단체, 자원봉사 단체 등에서 교육을 받을 수 있도록 지원을 해주며 문맹 탈피와 컴퓨터, 외국어, 교양, 취미, 건강, 전문교육을 할 수 있는 혁신적인 방안들이 강구되어야만 한다.

이밖에 가정은 최초이자 최종의 작은 사회학교이므로 가족 상호 간의 생생하고 직접적인 교섭에 의해 자연발생적으로 이루어지는 교육이 되도록 유도해야 하며 정신·육체적인 노작교육까지도 이루어져야 한다.

이를 위해 학교는 전통적인 지식 위주의 학교 학습에서 학생 중심의 진보적 학교, 생활공동체를 통한 교육의 사회적 책임을 실현하는 생활 중심의 지역사회학교, 나아가 국제협동학교로 발전해야 한다.

〈그림 6-7〉　　　　　　학교의 개념과 목적 변화 예상도

2) 예술·문화·관광 및 스포츠

(1) 민족문화 창달과 인재육성

21세기 중·후반은 문화시대가 도래할 전망이므로 정신문화와 민족 전통문화의 계승·발전 및 창의력 강화에 대한 준비가 필요하다. 세계 곳곳의 교민 밀집지역에 한민족 문화학교와 박물관을 개설하여 긍지와 모국애를 심어 주고 외국인들에게 우리를 알리는 기회로 삼는 동시에 남·북한 간 다각적인 문화 교류를 통해 통일문화 기반에 일익해야 한다.

5,000년의 유구한 역사를 지닌 우리 민족은 문화와 예술을 사랑하고 1인 1기 예능교육으로 정서순화와 국가문화로 육성하기 위해 지역별 문화센터의 활성화와 지원이 요구된다. 더구나 전통 예술문화를 계승, 발전시키기 위해 초·중·고·대학의 관련 커리큘럼을 개선하고 언론 매체에서도 친근감 있고 즐거운 프로그램을 통해 유도해야 한다.

(2) 문화·관광산업 촉진

문화·관광산업은 재정을 확충하여 국가적인 고부가가치 전략산업으로 육성하기 위한 플랜이 필요하다. 영화·연극·애니메이션·게임·패션 산업을 지역 특성에 맞게 체계적으로 육성·관리하고 도자기나 한복 등 전통문화를 생활화할 수 있도록 지원한다. 보고, 느끼고, 먹고, 즐기며, 휴식하여 감동을 받아 다시 찾을 수 있도록 지역별 패키지 특화관광사업 계획과 운영관리 및 품질, 서비스, 가격관리 등 관광 마케팅 기법의 도입이 절실하다.

전통가옥과 전통마을의 보존 및 외국관광객들에게 전통생활 체험으로 민간 외교를 육성하고 활성화하며 재정적 홍보, 인적 지원을 아끼지 말아야 한다.

국보, 보물, 지방문화재, 인간문화재 등 유·무형문화재에 대한 관리체계를 점검하고 박물관을 감상기능에서 학습, 체험, 연구하는 스터디 그룹으로 육성·지원하고 중요 문화자원의 유네스코 유산등록을 지속적으로 추진한다. 특히 제주도를 세계적인 관광특구지역으로 조성하기 위한 근본적인 계획, 연수교육, 관리의 추진이 필요하다.

또 북한과 협력하여 설악산과 금강산을 연계한 4계절 평화관광단지를 조성하는 한편 경주, 공주와 부여를 각각 신라·백제 역사문화관광지역으로, 부산과 목포를 이어 남해상권관광지로, 인천을 한국관광의 관문지로 각각의 특성을 살려 체계적·효율적으로 개발하는 것이 바람직하다. 지역별로 주기적인 음악, 연극, 전시회 등 무료 이벤트 행사를 열어 지속적으로 예술문화를 보급하고 접할 수 있도록 하고, 휴식시간을 이용할 수 있는 작은 음악회 등을 지원해 정서순화에도 일익을 담당하는 것이 효과적이다.

책을 읽지 않은 분위기에서 벗어나기 위해 독서인구의 저변확대에 주력하고, 동사무소별로 건전한 도서를 구매하여 특화된 전문도서관을 만들어 독서의 생활화를 꾀하는 한편 침체된 출판산업을 육성·지원한다. 한편 남·북한 간 음악, 영화, 미술 등 다양한 민간 문화교류와 학술연구를 통해 서로에 대한 이해의 폭을 넓혀 통일 무드 조성에 기여해야 한다.

(3) 스포츠 산업

과거의 체육은 국위 선양을 위한 체육인들만의 분야였지만 앞으로는 생활복지체육으로의 전환이 시급하다. 국민 모두가 누구나 1인1기체육을 실천하기 위해 체육활동 기반시설을 지역 곳곳에 확충하고 공공시설을 공개하며 민간 체육시설 설치자금 융자제도 등을 신설·운영하여 대중화시켜야 한다.

지역 곳곳에 마라톤, 축구, 족구, 길거리 농구 등을 할 수 있는 시설을 확대하며, 직장체육을 활성화하여 참여하고 즐기며 직접 건강과 연계될 수 있도록 다각적인 모색을 해야만 한다. 특히 골프는 밀실협상을 위한 VIP들만의 스포츠가 아니라 대중적 스포츠 문화가 될 것을 대비하여 스포츠 교육, 정보, 문화 공간이 되도록 제도적 개편과 지원·유도가 요구된다.

체육지도자 등 인재육성과 장애인, 노인, 아동, 주부 등 계층별로 다양한 프로그램을 개발하고 태권도, 택견, 궁도 등 전통무예의 계승·발전을 지원, 육성하여 보급하기 위한 체계화가 필요하다. 각종 경기에는 선수만이 모여 경기가 이루어지는 실정이므로 선수 가족, 노인, 꿈나무 선수들에겐 무료로 입장시키고 각종 이벤트 행사를 실시하며 모든 경기장에 관중들이 가득찰 수 있게 경기력 향상과 적극적인 관람을 유도한다.

남·북한의 스포츠 교류를 위한 인적·물적 지원과 주기적인 행사는 물론 국제경기에는 단일팀을 구성하여 동족애를 느끼게 함으로써 통일무드를 촉진시키는 방안이 강구되어야 한다.

이밖에 스포츠용품은 고부가가치산업이 될 수 있으므로 감성인간공학적이면서도 디자인 및 신소재 개발에 의한 브랜드마케팅 경쟁력을 강화해 수출에도 기여할 수 있도록 구체적인 연구가 시도되어야 한다.

5. 사회, 복지, 환경

1) 사회치안과 계층별 과제

(1) 사회치안

날로 다양화되고 지능화되는 각종 사건·사고를 근본적으로 해결하고 예방하기 위해서는 치안의 정보화와 입체화를 위한 첨단 장비의 보급과 인력의 전문화가 절실하다. 특히 상습범죄자를 정서순화시키고 철저히 교육시켜 준치안사로 고용하는 한편 비행청소년들의 선도를 위해 프로그램을 개발하고, 유흥지역에는 공익근무요원을 치안요원과 함께 장기적으로 투입한다면 어느 정도 질서가 잡히리라 예상된다.

민중의 지팡이라는 말대로 편안하고 친절한 질서유지를 위해 봉사한다는 인식을 주려면 무엇보다도 친근감과 신뢰성을 주고 문턱을 낮춰 생활안전센터 기능으로 승화시키려는 노력이 필요하다.

국민들의 기초생활질서를 위해 각종 계몽운동을 꾸준히 전개하고, 도덕성 회복을 위해 다양한 계층으로 구성된 자원봉사를 효율적으로 활성화하고 불필요한 각종 위원회를 통·폐합 또는 폐지해야 한다. 지나친 고소고발 사건으로 인해 많은 문제점을 낳고 있으므로 전문가로 구성된 조정위원회를 통해 중재와 화해를 유도하는 것이 바람직하다.

이밖에 교도행정의 과학적인 선진화를 위해 지나친 통제로 인권을 유린하기보다는 자숙과 반성의 과정을 거쳐 새로운 삶으로 재탄생되도록 해야 한다. 인성교육과 준법교육을 받은 후 사회로 돌아와 생활에 적응할 수 있도록 개성과 특기를 살린 전문교육을 실시하는 것이 바람직하다.

이를 위해서는 종교·시민단체, 대학, 기업체 등의 민간기관에 의한 위탁관리도 고려해 봄직하다.

(2) 교통문화 시스템 구축

자동차 1,000만 대가 넘어선 현재, 도로의 협소로 출·퇴근시간과 공휴일 및 명절에는 고속도로조차 주차장으로 변한 지 오래다. 운전자들의 의식과 습관이 잘못 정착되어 하류교통문화국가로 낙인찍혀 있으며 각종 교통사고가 극에 달하여 수많은 인명 피해와 재산 피해는 물론 평생 동안 고통을 겪으며 살아가고 있다.

따라서 건전한 교통문화 정착을 위한 의식운동과 함께 법을 강화하고 장기간의 단속을 펼쳐 근본적으로 개선해야 한다.

한편 도로의 과학적인 설계와 현재의 도로상황을 체크하여 문제점을 개선하고 철도·항만 투자와 확대 등의 노력이 절실하다. 교통신호와 횡단보도, 지하, ·입체 교차로, 센서 신호 등 교통 시스템을 재정비하고, 상습 정체·사고 지역에는 공익요원이나 군인을 투입하는 것도 좋겠다. 시민단체와 군·경 합동으로 교통지도반을 설립하여 사고예방과 교통의 원활성을 도모하는 방안도 고려해 볼 만하다.

문제가 경미한 사항은 경고조치하는 교통문화 지도와 함께 상습적인 악덕 운전자는 영원히 운전을 못하도록 법을 개정하는 것이 바람직하다. 나아가 음주운전시에는 시동이 걸리지 않는 장치 개발과 시속 100㎞ 이상 달릴 수 없도록 하는 연구도 시도하여 안전사고 예방에 기여할 수 있다.

(3) 실직자와 청소년, 일하는 여성

사회문제가 되고 있는 실직자, 청소년, 일하는 여성 등에 대한 근본적인 대책을 강구해야 한다. 실직자 중에서 실제적 생계곤란형은 철저히 조사하여 기초생활비를 지급하고 전문성을 살리는 장기적인 공공봉사사업에 활용하며 일거리추구형은 자원봉사로 유도하는 방안이 시급하다.

청소년의 갈등과 탈선을 예방하기 위해 학교, 공공기관, 시민단체, 학부모, 학생은 각종 프로그램을 함께 개발하며 문제가 발생했을 경우에도 이들을 이해하고 포용하여 밝고 건전한 시민으로 성장할 수 있도록 지도하고 지원하는 노력과 프로그램이 절실하다.

특히 여성들의 사회참여 확대를 위해 탁아시설과 탄력적인 근무제 확대는 물론, 자택에서도 건전한 비즈니스 활동을 할 수 있도록 각종 제도개편과 지원이 시급하다.

실직자와 청소년의 문제를 해결하지 못하면 가정파괴와 심각한 사회문제를 낳을 수 있다는 점에서 정부와 지자체에서는 여러 기관들의 협력으로 해결해야 한다.

2) 의료, 복지 후생

(1) 의료 관리 운영과 식품위생

국민건강을 위한 보건 의료 서비스의 질적 내실화와 신뢰를 위한 노력이 절실하다. 보건소의 기능을 강화하고 광역별, 시·도별 단위로 전문 의료기관을 지정·설립하여 기초적인 의료문제는 정부에서 종합적으로 관리하는 것이 바람직하다.

각종 의료사고를 철저히 규명할 수 있도록 의료사고분쟁조정위원회를 구성하는 한편 의료과실과 보험수가를 조작하는 악덕의사는 면허증을 취소하고 형사처벌을 강화해야 한다. 제약사와 대형병원 간의 리베이트 제공을 근본적으로 차단할 수 있는 제도적 장치 보완과 국제경쟁력이 있는 신약, 의료기구 개발을 지원하는 것이 바람직하다.

신선한 양질의 식품, 의약품 관리를 위해 규제를 강화하고 영세한 업체에는 자금을 지원하며 리콜제도와 부정·불량제품은 주기적으로 감시하며, 언론에서는 이러한 정보들을 교육하고 신고정신으로 예방하는 동시에 악덕 사업자는 형사처벌을 강화해야 한다. 반면에 건전한 프로그램은 각종 지원으로 육성 및 선의적인 경쟁을 유도할 필요가 있다.

(2) 소외계층과 노인층의 복지 향상

2000년이 되면서 이미 65세 이상의 노령인구가 전체 인구의 6.8%를 넘어섰고 2020년에는 12.5%인 633만 명이 될 것으로 추계되는 등 고령화 현상이 새로이 사회문제로 대두되고 있다. 근본적인 노인복지 정책을 수립하여 건강관리와 취미, 특기활동을 활성화하고 정보화사회에 걸맞는 다양한 교육훈련 및 자문위원으로의 취업 알선과 봉사활동으로 사회에 참여할 수 있는 획기적인 대책이 시급하다.

또한 독거노인, 장애인, 소년소녀가장 등 소외계층의 문제를 위해 지자체에 부서를 신설하고 자원봉사자들과 협력하여 주기적으로 보살펴 주어야 한다. 응급자동신고 시스템을 확대하고 타노인을 모시는 사람을 경제적으로 지원하며, 소규모의 노인공동체를 활성화하며 재가노인의 복지서비스를 확대하는 등 지역별로 노인복지센터를 운영해야 한다.

장애인법을 개정하여 사회구성원으로서 사회에 참여할 기회의 폭을 넓히기 위한 혁신적인 대책을 세워야 한다. 현실적인 생계보조와 재활보조기구의 무상지원, 각종 세금감면, 의료지원 강화, 각종 편의시설 확대, 지원사업 참여 및 직업훈련을 통해 재활의지를 지원해야 하는 것은 당연한 일이다. 저소득 서민층의 생활을 위한 최저생계비의 현실화 및 자활을 위한 지원과 센터·훈련기관의 확대, 학업보조비를 지원하는 한편 융자금액의 인상 및 보증인 제도를 개선해야 한다.

소년소녀가장을 위한 경제지원과 자매결연을 통해 건전하고 바르게 자랄 수 있게 하며 무엇보다도 사회적 편견을 없애야 한다. 양자제도를 확대하며 휴일과 방학에도 보살펴 주는 등 지자체별로 책임 있게 보호·지원토록 하는 것이 바람직하다.

국가를 위해 몸과 마음을 던진 국가유공자의 명예가 존중되는 사회풍토 조성과 공헌도에 따라 기본연금의 현실적 인상과 호국용사묘지, 진료비 감면, 전문병원과 휴양시설 설립 및 자활과 취미특기교육을 위한 지도관리를 해 주어야 한다.

한편 여성의 사회참여와 위상 정립으로 남녀평등문화의 정착 및 재산권 보호, 민주적이고 평등한 가족관계를 추진하기 위해 다각적인 법 제도의 보완과 정비가 요구된다. 잠재해 있는 여성인력을 적극 활용하기 위해 건전한 각종의 봉사활동, 시민활동을 활성화하고 정보화 인력으로 육성하며 홈 비즈니스 등으로 전문성을 살리고 취미, 특기 및 가계 경제에도 도움이 되도록 해야 한다.

근로평등, 여성할당제, 정치참여, 군의 여성인력 확대, 성폭력과 가정폭력의 근절, 아동학대방지법을 마련하여 행복한 가정과 사회문화를 조성하고 사별, 이혼, 미혼자들을 위한 사회편견의 해소와 각종 프로그램을 만들어 효율화를 꾀하는 것이 좋다.

이밖에 국가유공자들에게 보훈정신이 존중되도록 사회풍토를 조성하고 복지 대책, 연금확대·인상, 무료의료치료, 교육훈련, 각종 지원제도 및 독신자들을 위한 보훈복지센터를 설립하여 관리·운영해야 한다.

(3) 주택문제와 도시계획

기본적인 생활안정을 위해 30~50년 영구임대주택의 계획화를 추진하여 투기바람을 완전히 제거하는 방안을 강구해야 한다.

대형 평수에는 중과세를 부과하여 이를 영세민의 주거안정에 사용토록 하는 방안의 일환으로 주거환경이 나쁜 지역에 복지센터를 건립해서 식당, 화장실, 목욕탕 등을 설치하고 인간의 기본적인 행복추구권을 보장하려는 노력이 절실하다.

한편 지나친 초고층 공동주택의 난립으로 인해 각종 문제가 발생되어 이에 대한 인·허가와 시공감독의 강화가 필요하다. 대기업의 지방으로의 분산은 수도 서울의 각종 문제를 덜어주고 주택보급율 95%를 끌어올리는 데에도 기여할 수 있다.

앞으로 20~30년 후에는 전원주택의 정착이 예상되므로 낡은 아파트가 심각한 문제로 대두될 것이라는 점을 고려하여 단기보다는 장·단기의 도시계획을 추진해야 한다.

3) 그린 환경조성

(1) 그린 환경운동

환경은 우리의 공통적 삶의 터전이자 미래임을 직시하여 교육적으로 환경의 중요성을 강화하는 것이 필수적이다. 공터와 옥상 등 빈 공간을 활용하여 특성에 맞는 소규모 공원을 조성하고 1인 1나무 가꾸기운동을 펼치며 매월 넷째주 토요일 오후는 청소의 날로 정해 주변을 깨끗하게 가꾸는 것을 생활화하도록 유도해야 한다.

멸종 위기의 야생 동·식물에 대한 보호책으로 야생 동·식물 보호지역과 이동통로를 조성해 보호·육성·관리하고, 생태박물관을 설립하여 연중 이벤트 행사를 하는 것이 바람직하다.

또한 남·북한 간의 환경협력기구를 설치하여 정보교류, 공동조사, 공동보호 및 보존은 물론 건전한 환경조성을 위해 주기적인 환경영향 평가와 대책을 강구해야 한다.

산림녹화에 경제성 있는 산림을 조성하고 폭우와 산불의 사전예방을 위해 산림도로를 확보하고 산림자원산업의 활성화를 위한 지원을 아끼지 않으며 동시에, 무계획적인 난개발에 대해서는 허가하지 않을 뿐만 아니라 그 책임을 철저하게 물어야만 할 것이다.

단기간의 이익을 위한 무분별한 간척사업으로 인한 환경과 경제적 손실 등을 지양하고 자연과 함께 어우러지는 환경친화적 정책과 관리가 요구된다.

도시에도 효율적인 나무를 심어 고부가가치를 창출하며 건물과 공동주택 및 각종 시설에는 어두운 색보다는 녹색, 청록, 청색, 연두색 등을 권장하여 쾌적한 분위기를 조성하면 효과적이다.

합리적인 개발과 보존으로 자연친화적인 삶의 터전을 마련하고 조상들로부터 물려받은 아름다운 강산을 더욱 아름답게 가꾸어 후손에게 물려주도록 노력해야 한다.

(2) 환경 운영 관리 체계화

상·하수도, 폐기물 등을 일원화된 종합관리체제로 전환하여 낭비를 없애고 효율화 및 책임체계를 조성해야 한다. 더구나 물부족대상국가로 소규모의 환경 친화적인 다목적댐을 조성하고 4대강 종합대책을 위해 지금까지 중·하류에만 집중되던 관리구조를 상류부터 점차 하류로 이동하면서 깨끗하게 개선하기 위해 하나로 통합 관리해야 한다.

특히 하수처리장, 분뇨처리장, 공단폐수처리장의 시설운영 관리체계의 비효율성을 정비하고 환경경찰대, 환경감시대를 운영하여 예상되는 오염을 사전에 방지해야 한다. 터널과 운하를 뚫어 부족한 물 공급을 관리하며, 깨끗한 계곡 물을 식수로 사용할 수 있는 방안을 모색해야 한다. 상수도관의 노후로 인한 누수를 방지하고 재활용을 위한 시설을 개발하고 관리해야 하며, 농어촌의 상수도 시설 확충과 물관리를 지원하고 지나친 물 시추공 추진을 방지할 필요가 있다.

지자체들이 서로 협력하여 소각시설을 안전하게 공동으로 관리하며, 공동으로 처리하여 주민들의 불안과 불만을 해소시켜 주어야 한다. 또 음식물 찌꺼기를 이용해 양질의 사료와 퇴비를 만들고, 폐기물의 재활용을 극대화하기 위해 관련 기관들의 연구를 다각적으로 지원하고 건전한 환경의식과 운동을 펼쳐 사전에 예방해야 한다.

자동차 매연을 줄이기 위해 전기차 또는 장기적으로 물을 에너지화하기 위한 연구투자와 지하철, 터미널, 백화점 등 사람이 많이 모여드는 곳에는 공기정화시설 기준 강화와 주기적 점검을 강화해야 한다.

서해바다는 수질오염이 매우 심각한 상황이다. 극심한 오염으로 인한 막대한 피해를 방지하기 위해 중국과 공동으로 다각적인 연구·협력기구가 설치되어야 한다. 해마다 봄이면 찾아드는 불청객인 황사 현상으로 인한 막대한 피해를 방지하기 위해 중국, 몽골, 한국, 일본, 북한 간에 장기 플랜 을 수립하여 공동으로 나무를 심어 추후 재목으로 사용할 수 있도록 협력하는 것도 고려할 필요가 있다.

<표 6-9>　　　　　　　　국제자연보전연맹 지표 평가

우리 나라의 생활행복지수(HWI)는 전세계에서 비교적 상위권인 27위이지
만 환경오염, 생물 다양성 등 자연 생태계 건강지수(EWI)는 최하위인
161위인 것으로 드러났다.
국제자연보전연맹(IUCN)이 2001년 말 세계 180개 국을 대상으로 사람과
자연생태계가 공존하는 지속가능성의 지표로서 국가의 복리후생지수
(Wellbeing Index : WI)를 조사한 결과, 한국은 100점 만점에 47점을
받아 58위를 차지했으니 개선이 시급하다.

국가별 복리후생·생태계 지수

국 가	전　　체 복리후생순위	전　　체 복리후생지수(WI)	국민 생활 행복지수(HWI)	자연 생태계 건강지수(EWI)
스웨덴	1	64	79	49
핀란드	2	62	81	44
노르웨이	3	62	82	43
아이슬란드	4	61	80	43
오스트리아	5	61	80	42
캐나다	7	60	78	43
독 일	12	56	77	36
일 본	24	52	80	25
미 국	27	52	73	31
영 국	33	51	73	30
네덜란드	38	50	78	22
싱가포르	43	49	66	32
한 국	58	47	67	27
북 한	153	33	21	45
중 국	160	32	36	28
이라크	180	25	19	31

자료 : 국제자연보전연맹, 2001

<h1 align="center">6. 통일, 외교, 안보</h1>

1) 통일외교

(1) 남북통일 방안

우리의 소원은 통일이다. 이를 평화적으로 이루기 위해서는 무엇보다도 상호개방과 교류를 통해 화해 분위기를 조성하고 상호간의 신뢰회복이 선행되어야 한다. 이를 위해 남북정상회담과 대표회담 등을 개최하여 정전협정을 평화협정으로 전환하고 이산가족상봉, 고향방문, 북한고향돕기, 남북 억류자와 국군포로의 송환, 무의탁노인들의 희망지역 이주정착 유도 등이 요구된다.

또한 다양한 학술교류, 예술문화와 스포츠 교류, 국제경기대회의 단일팀 구성 출전, 설악산과 금강산 관광 연계교류, 매스미디어의 점진적 상호개방이 필요하다. 이밖에 북한 주민의 삶의 질을 향상시키기 위해 식량, 생필품, 의약품 등을 지원해 주고 농업기술과 경제 활성화를 위해 곳곳에 경제협력사업을 확대해야 한다. 대규모의 탈북사태 대비와 대남 적개심 해소, 경의선과 경원선을 복원하여 유라시아 철도화로 물류비용의 절감과 경제 활성화 및 상호 공존공영을 이루게 한다.

민족 동질성 회복과 경제발전을 위해 남북협력 공동사업을 추진함으로써 다양한 효과를 거둘 수 있도록 상호간 긴밀한 대화와 협력이 필요하다. 또한 정전협정을 평화협정으로 전환하기 위해서는 남·북한 간 주기적인 정상회담 및 고위급회담을 통해 실현하는 방안을 모색하는 일이 중요하면서도 시급하다. 한편 북한 주민이 제3국으로 대량 탈북할 경우를 대비해 많은 문제점이 예상되므로 보호와 정착, 수용대책, 주변국과의 조정 등에 대한 사전준비가 요구된다.

흡수통일보다는 평화협정 안에서 군비감축으로 신뢰를 회복하고 그 경비를 경제활성화에 투자하여 북한을 남한의 80% 수준으로 끌어 올린 후 완전한 통일을 이루는 장기적이고 체계적이며 후유증을 최소화하는 방안이 연구되어야 한다. 이를 위해서는 상호신뢰 → 평화협정 → 경제통합 → 사회통합 → 정치통합 과정을 거치는 것이 가장 합리적이므로 남북한 상호불가침협정 → 남북한 경제협력기구 설치 → 민족자존과 통일번영에 관한 특별선언 → 남북연합 발족을 거쳐 민족공동체헌장채택 → 남북평의회 → 통일헌법 → 총선거를 실시하는 것이 바람직하다.

〈그림 6-8〉   남북통일 방안

1단계		2단계		3단계		4단계		5단계
상호인정·신뢰		공동시장·동맹		선진민주복지사회 건설		대한민주연방공화국		민족국가
1민족	⇒	1민족	⇒	1민족	⇒	1민족	⇒	1민족
2제도		2경제제도		1경제사회제도		1경제사회정치제도		1체제
2국가		2사회제도		2정치제도		1연방국가		1국가
2정부		2정치제도		1국가연합		1중앙정부		1정부
		2국가		1중앙정부		2지방정부		
		2중앙정부		2지역정부				
경제협력		경제통합		사회통합		정치적 통합		완전통일

자료 : 채수명, 다음세기 내다보기(2천년대 지구촌흥망 시나리오), 해돋이, 1997, p.236~237, 요약 도표화

평화·민주·자주적인 방법으로 민족성원 전체가 참여해야 하는 한편 통일기금 자원을 위해 비축하고 통일기금마련 통장 개발과 남북통일기획단을 구성·운영해야 하며 주변의 강대국들의 협력과 지원을 받아내야 한다.

(2) 외교 역량 강화

안보와 통일정책으로 신뢰적인 평화통일 기반을 조성하는 한편 새로운 세계질서에 맞추고 주도적으로 이끌어 국익과 주변 국가들에게도 도움이 되는 통

일경제 통상외교를 추진해야 한다. 이를 위해서는 유엔 안전보장이사회 이사국으로서의 안보리 활동과 평화유지군의 활동에 참여함은 물론 OECD 회원국으로서 국제무역에서의 역할과 APEC에서의 환태평양 경제의 주역으로 활동 함은 물론 WTO에서 통상마찰에 대비해야만 하는 것이다.

또한 대미, 대일, 대중국 등 거점국에서 협력과 실리적인 외교는 물론 해외 거주 500만 한인들에게 민족공동체 실현과 거주지역에서의 융화, 민족적 정체성, 인권보장 등 효율적인 교민정책 방안을 강구해야만 한다. 이밖에 가깝고도 먼 나라 일본과 한·일 어업협정에 따른 문제점 보완과 우리 어선들의 조업권 보장, 정신대 문제는 일본 정부 차원에서 사죄, 보상을 받도록 하는 등 한·일 과거사 문제 등을 합리적으로 매듭짓고 미래를 향해 전진할 수 있는 방안이 필요하다. 또 한미행정협정(SOFA)의 불평등 조항을 개선해야 할 때가 왔다.

이같은 일을 위해서는 장기적으로 비중이 있는 단체에 고위임원이 되어 외교역량을 발휘할 수 있도록 관심과 함께 유력인사에게 의도적으로 힘을 실어주어야 한다.

2) 국방안보 시스템

(1) 국방안보와 외교역량

국가안보는 곧 국민의 생존문제와 직결된다.

2000년 6월 15일은 평양에서 남과 북의 정상이 만난 감격스러운 날이다. 이로 인해 화해 무드가 조성되고 있는 상태이나 아직까지 내심에는 골이 너무 깊어 냉전체제인 휴전 상태이므로 긴장을 늦추지 말아야 한다.

따라서 한반도 평화유지와 전쟁 발생 요소 제거 및 외교활동의 강화 등 상호신뢰의 선행과 함께 한·미·일·중·러·북한 등 6자 회담은 상호 이해관계에 얽혀 사전 정보 및 긴밀한 조율이 필요하다.

반면에 유사시의 방어태세를 위한 만반의 준비를 하면서도 상황에 따라 대처하는 방안이 강구되어야 하나 어디까지나 이에 상관없이 국방안보는 철통같아야 할 의무와 책임이 있다.

이밖에 해양시대에 동해와 남해 및 서해의 중심에 있는 관계로 일본, 중국, 러시아, 북한의 민간 어선, 항공기의 돌출 행동까지도 예측하고 분석하여 대비해야 한다.

〈그림 6-9〉　　　　　　　한반도 평화를 위한 외교활동

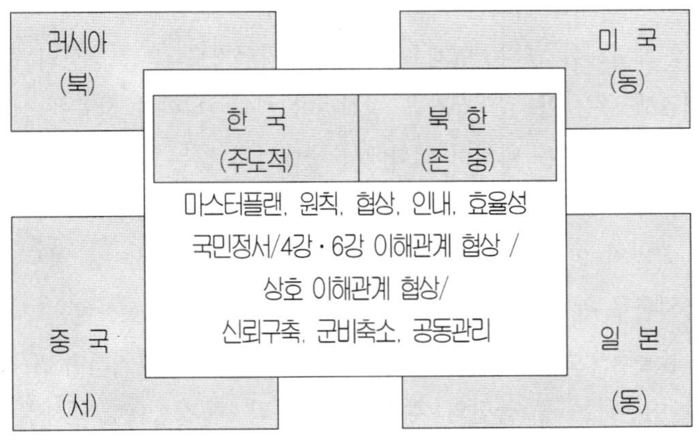

© Chae Soo Myung 111

(2) 군 행정시스템 구축

군 개혁으로 국민 편익과 첨단화를 통해 비합리적인 요소를 제거하며 경제적이고 효율적인 연구 방안이 시급하다. 군 인사의 지연, 혈연, 학연 등 정치성을 배격하는 인사관리 시스템의 합리성으로 국방에만 전념할 수 있는 신뢰의 국방행정관리로 거듭나야 하며 무기 도입시의 각종 비리와 의혹을 제거하기 위해 제도적 장치가 필요하다.

특히 군의 위상과 사기증진을 강화하기 위해 장병들의 복지를 증진시키고, 구타, 비인격적인 언행 등과 같은 비민주적이고 불합리한 관행을 제거해야 한

다. 또한 병영생활에서 전공과 특기를 최대한 살릴 수 있도록 하여 인적 자원을 과학적·합리적으로 관리해야 한다. 더구나 신세대들의 욕구를 고려해 군생활이 헛되지 않도록 외국어, 컴퓨터, 운전면허 등 각종 자격증의 취득과 정신교양에 대한 훈련 등 부대발전을 위한 다양한 프로그램의 개발로 군복무 혁신방안이 요구된다.

특히 장교와 하사관 및 사병들 간에 인간적인 관계를 통해 서로 존경과 사랑을 받도록 하는 등 조직이 인간관계 학습의 장이 되도록 하는 연구가 절실하다. 장기 복무자들과 가족을 위한 연금제도와 후생복지를 강화하고 대학(원) 위탁에 의한 전문교육 기회를 확대하며, 학자금 지원과 전역 후의 다양한 교육 프로그램을 개발해야 한다. 인재육성, 취업·창업지도 및 건강상의 문제를 국가에서 치료해 주는 등 권익신장을 강화해야 한다. 나아가 전공을 살릴 수 있도록 선택 지원의 문을 넓히며 대학에서 반대하지 않는 한도 내에서 전문대학 과정을 개설하는 것도 가능한 일이다.

누구나 국방의 의무를 마칠 수 있도록 투명하고 합리적으로 병무행정을 운영하며 공익근무 분야를 다양한 분야로 확대하고 군사보호시설은 지역발전을 고려하여 융통적으로 조정·통제해야 한다. 불법시설은 철거하며 도심지 시설은 교외로 이전하는 등 국민의 재산권에 정신적·물질적으로 피해를 주지 않도록 합리적인 조치가 필요하다.

예비군 훈련과 민방위 교육은 생업을 고려하여 자율선택권을 부여해 주고 교육의 내용도 실정에 맞게 개편하는 것이 좋으나 상습적으로 참석하지 않는 사람에게는 강력한 처벌을 하는 것이 바람직하다.